JN064058

東日本大震災からの復興に向けた グローバル人材育成

福島大学グローバル人材育成企画委員会＝編

八朔社

序　文

東日本大震災からの復興に向けた福島大学のグローバル人材育成の取り組み

佐野　孝治

2011年３月の東日本大震災・福島第一原子力発電所の事故により，福島県は，地震，津波，原子力災害，風評被害という四重の複合的災害に見舞われた。その後，官民一体となった努力により，ようやく震災前の水準に回復しているが，11年が経過した現在でも避難住民も多く，福島に対する偏見や風評が払しょくされたとは言えない状況である。

このような「課題先進地域」ともいえる福島において，福島大学は，「うつくしまふくしま未来支援センター」「環境放射能研究所」「食農学類」「発酵醸造研究所」を設立し，復興支援と研究に取り組んできた。また教育面でも，「解のない問いにチャレンジできる人材育成」を教育理念とし，「福島大学でしか学べないことを学ぶ」という全国でも例のない復興教育を行ってきた。

一方，世界レベルでも，福島に対する風評や誤解は根強く残っており，厳しい状況にある。例えば，福島大学の留学生数は2010年の173名から，2015年には61名に激減し，コロナ禍であるとはいえ，2021年現在も93名と震災前の水準に回復していない。

このような逆境の中で，福島大学は，2012年に国際交流センターを設置し，2014年のグローバル推進方針の下で，グローバル教育と復興教育を組み合わせた「グローバル人材育成の福島モデル」を設計し，「グローバルに考え地域とともに歩む」人材の育成を目指してきた。その結果，2010年には８カ国14校であった国際交流協定大学数は，21カ国54校に激増している。さらに，福島大学は，海外への正確な情報発信とともに，海外の災害からの復興についての情報共有を図ることを目的にグローバル復興教育に取り組んできた。主な取り組みに，OECD 東北スクール，多文化体験による国際人育成プログラム，Fukushima Ambassadors Program，海外インターンシップ・プログラム，トルコとの世界展開力事業などがある。

ところで，本書の執筆メンバーは，三浦学長を除く全員が福島大学経済経営学類・グローバル人材育成企画委員会の委員である。言語学，文学，経済学など多様な専門分野および多国籍な約10名の委員により構成されている。これまで「多様性」と「共創」をコンセプトに，全学と協働しつつ，新たなグローバル教育の構築に取り組んできた。その一つが，「多文化体験による国際人育成プログラム」である。これは，参加学生の国際感覚や語学力，異文化適応力などの涵養だけでなく，食や観光などについて福島県の復興の一助となることをも強く意識したものである。また教育実践にとどまらず，2019-2021年度の文部科学省の科学研究費に採択され，「福島県の食と観光についての海外の認識に関する国際比較研究」として着実に研究を進めている。

本書は，震災後10年を契機に，これらのプログラムの成果をとりまとめ，逆境の中でのグローバル人材育成の福島モデルについて広く世界に発信することを目的としている。

*

次に，章ごとの簡単な説明については，各部の最初にまとめてあるので，序文では，本書の全体的な構成について述べておきたい。

第１部は，震災後における福島大学の特徴的なグローバル人材育成プログラムについて紹介する。「OECD 東北スクール及びその後継事業である地域創造イノベーションスクール2030」（第１章），「Fukushima Ambassadors Program」（第２章），「Work Experience Abroad カリキュラム」（第３章），「ドイツ語のタンデム学習プログラム」（第４章）等，いずれも，異なった目的・理論・教育手法で実践されているが，その根底にあるのは，多様な価値観・能力を持つ者との協働による新たな価値の創造，すなわち「国際共創」の精神である。また同時に，国際交流の中で，福島の被害や復興の状況を正確に海外に伝えることで，福島の復興に寄与することをも目標としている。

第２部は，福島大学経済経営学類・グローバル人材育成企画委員会の取り組み，特に，多文化体験による国際人育成プログラムを取り上げる。これは，

2017年から2019年まで福島大学学生教育支援基金の支援を受け，毎年，一つのテーマを決め，米国，中国，ロシア，ドイツ，韓国，ベトナム，タイ，マレーシア，ブルネイ等への海外研修の際に，大学生へのアンケート調査を行い，帰国後，分析結果を，市民向けのイベントで広く公開するものである。

2017年は，「食」をテーマに，海外各地域における食習慣や日本食へのイメージ，福島の食品の安全性に関して調査した（第５章）。2018年は，「観光」をテーマに，各地域の人々の観光観，日本や福島の観光地に求めるものについて調査した（第６章），2019年は，「若者の消費行動」をテーマに，世界各地域の若者の消費感覚や決済方法などに焦点を当てて，調査した（第７章）。

第３部は，「多文化体験による国際人育成プログラム」で，各国の大学生を対象に行った「食」，「観光」，「若者の消費行動」についてのアンケート調査をもとに国際比較を行うとともに，インタビュー調査によるケーススタディを紹介する。福島の「食」，「観光」について海外の大学生がどのように考えているのかについては他に研究がなく，風評被害を乗り越えるヒントになると自負している。

まず，「食」について，アンケート調査を基に，福島県の「食」についての海外の大学生の認識比較（第８章）を行うとともに，ベトナムへの福島県産農産物の輸出可能性（第９章）について考察する。次に，「観光」について，アンケート調査を基に，日本・福島へのインバウンドについての海外の大学生の認識比較（第10章）を行うとともに，タイから日本・福島へのインバウンドの可能性（第11章）について考察する。続いて，「若者の消費行動」について，アンケート調査を基に，若者の消費行動についての海外の大学生の認識比較（第12章）を行うとともに，中国におけるキャッシュレス化の現状と課題（第13章）について考察する。

＊

以上，本書で紹介する福島大学のグローバル人材育成プログラムは，震災・原発事故という未曽有の災害と地方国立大学の厳しい財政状況の中で，多様な専門の教員と学生が知恵を出し合い，試行錯誤して作り上げてきたものである。これからも，「課題先進地域」である福島において，多様な個人が，お互いを尊重しあいながら，協働して「解のない問い」にチャレンジするグローバル人材を育成していきたいと考えている。本書で紹介する福島大学のグローバル人材育成プログラムが，読者の皆様に何らかのヒントになることを期待する。

目　次

第3部　多文化体験による国際人育成プログラム
――海外の認識に関する国際比較アンケート

第1部　福島大学のグローバル人材育成プログラム

第１部では，福島大学の特徴的な国際教育プログラムを紹介する。1990年代初頭から急速に世界に広がったIT・オンライン技術の革命は，地球規模での経済活動のボーダーレス化を推し進めた。その結果，世界中の国や地域が互いに発信・受容・理解しあう必要性が今まで以上に重視され，それを支える高等教育の国際化が求められるようになった。教育の国際化とは，「21世紀スキル[(1)]」を身につけることを企図した教育カリキュラムの開発と，大学全体の理念や地域社会でのそれらの大学全体の理念や地域社会での役割へ接合させるプロセスを指す。福島大学では，地域の拠点大学として「グローバルに考え地域とともに歩む」を基本理念として提唱し，2007年の「グローバル化推進ポリシー」の導入，2014年の「グローバル推進方針」の策定，2019年の「福島大学の新教育制度」におけるグローバル化対応の重点事項指定など，地域のニーズと併合させながら独自の教育の国際化を段階的に進めてきた。とりわけ，2011年３月11日の東日本大震災以降は，グローバル教育に復興教育の要素を掛け合わせた「グローバル人材育成の福島モデル」を整備し，震災が顕在化させた様々な地域的・地球的課題に対して，国際的な観点を持った解決策を創造できる人材の育成を目指してきた。

第１章から第４章では，この過程から生まれた福島大学の特徴的な国際教育プログラムをまとめ，その成果を検証する。具体的には，第１章ではOECD東北スクール及びその後継事業である地域創造イノベーションスクール2030を事例に，「解のない問い」に対し，若者と大人が協働して１つの目的を達成するプロジェクト型学習を紹介する。第２章では，被災地域で行われる短期留学プログラムを考察し，短期間で福島県に対する正しい現状の理解を醸成させると共に，グローバルスキルを習得する教育手法としての効果を検証する。第３章では，アメリカ・ヒューストン市での７週間のインターンシップ・プログラムと，その前後に行われる語学学習プログラム「Work Experience Abroad」を通して，４つのR（Real Environment, Real Working Experience, Real English, Real Communication）をコンセプトに国際的な素質を習得する実践型学習プログラムを紹介する。第４章では，国籍が異なる学習者同士が，互いの語学知識を発揮し協力しトライアンドエラーを通して学び合う「ピア（タンデム）ラーニング」を取り入れた，ドイツの大学との国際共修型プログラムを考察し，特筆すべき教育手法について紹介する。

第１部で紹介されるプログラムは，どれもが異なる地域のニーズに応える形で開発され，多様な教育手法と活動内容で構成されている。しかし，どのプログラムも多種多様な背景を持つもの同士が協働し，新しい価値観の創造を共に探究するという「国際共創」の精神に基づいて作られている点に，共通点をもつ。この国際教育へのアプローチこそが福島大学における国際教育の特徴であり，また，これらが互恵的に合わさる事で，文部科学省とOECDが提唱する「グローバル・コンピテンシー（実践的外国語運用能力・異文化理解等）」や，創造的復興教育が目指す「復興コンピテンシー」を醸成しているという，福島ならではの教育成果も生まれていることを，第１部では読者の皆様に紹介したい。

（マクマイケル ウイリアム）

(1)　すなわち言葉や文化の違いといった障壁を乗り越え，世界と協働するための異文化コミュニケーションスキルや感受性。

第1章

OECD東北スクールと教育の新しいカタチ

三浦　浩喜

1　はじめに

記録に残る冷夏と長雨にたたられていた2014年のパリの夏。8月31日，この日のために貯めてきたかのように，突然，エッフェル塔のそびえ立つシャン・ド・マルス公園に明るい日差しが降り注いだ。

園内に勇壮な日本の祭のかけ声がこだまし，法螺貝の音とともに，大漁旗を翻して東北の高校生の一団が勇ましく特設ステージに駆け上がる。「東北復幸祭〈環WA〉in PARIS」の開幕である。バカンスで世界中から集まってきた人々は，東日本大震災の津波の最高位26.7mと同じ高さに揚げられたバルーンを見上げ，遠い東北に思いを馳せた。

1.1　震災・原発事故と学校教育

2011年3月11日に発災した東日本大震災とそれに伴う東京電力福島第一原子力発電所の事故により，福島県は地震・津波に加え，長く苦しい放射能被害とのたたかいを続けていた。原発が立地している双葉郡を中心に，全町・全村避難の対象地域のコミュニティは崩壊し，54の学校が避難を余儀なくされ，そのうち23が実質消滅するなど，教育は困難を極めた。学齢期の子どもを持つ多くの親たちは，避難先でわが子が通う学校を求めてさまよった。

放射能汚染によって，福島県内の子どもたちは屋外活動が制限され，土や植物に触れることもできなくなり，親しい友達は別れの言葉もなく転校し，転校先ではいわれもない差別に遭う。自然や社会，そして人との関係の多くが断ち切られた。

避難所となった学校で多くの教師達が，わが身を省みることなく避難所運営に励み，学校は「命を守る砦」と化した。皮肉にも，限界状況の中で学校は本来の力を発揮し，教師や教育行政に携わる多くの者は「目の前の子どもたちに本当に必要な教育とは何か」を，本気で考えることになった。

1.2　教育復興プロジェクト・OECD 東北スクール[(1)]

震災の年の11月，突然，OECD（経済協力開発機構）のスタッフ２人が福島大学を訪れた。被災地の生徒たちを復興の担い手として育てるグローバルなプロジェクトを始めたいので，協力してほしいという。知っている人を集めてワークショップでもやればいいのかと思い，「できる範囲内で」と承諾した。これが，後に，日本政府や国際機関まで巻き込むとてつもないプロジェクトになるとは，全く予想もしていなかった。

この返事によって，その後の３カ月のめまぐるしい準備期間が始まり，OECD，文科省の協力を得ながら，どういうわけか福島大学が主催者となって国際プロジェクト「OECD 東北スクール」がスタートした。責任者（筆者）+コーディネーター１人＋大学院生３人だけのにわか仕立ての運営事務局を発足させ，スクールへの参加団体を募集し，市町村教育委員会や文科省等の諸機関の協力を取り付けに奔走した。すべては震災後の混乱の渦中で「それどころではない」と門前払いを食らったところは枚挙にいとまがない。

OECD 東北スクールの目的は，大震災の復興に留まらず，政治的にも経済的にも課題を抱える東北の再構築，人口減少・少子高齢化に象徴される急激な社会の変化に対応した新しい教育の開発，21世紀型能力としての OECD キーコンピテンシーの再定義という，想像の域をはるかに超えるものだった。ICT化・グローバル化が急発展する世界の中で日本は大きく教育改革に遅れをとっている。一向に改革が進まないわが国にあって，「1000年に一度」とも言われる大災害を乗り越える復興のエネルギーが，新しい教育を生み出す原動力にな

(1)　OECD 東北スクールについては様々なサイトで紹介されているが，以下のサイトがオフィシャルサイトなので参考にされたい。http://oecdtohokuschool.sub.jp/index.html

るのではないか，というOECDの仮説に根ざしている。加えて，「日本の沈没はもう始まっているのに，気づいている人があまりにも少ない」と言われ，提案を拒否する理由が思いつかなかったというのが筆者の本音であった。

OECDは，世界34の加盟国（当時，現在は38カ国）の拠出金で運営する世界一のシンクタンクで，一国の災害復興に労力を費やす組織ではない。仮にそれを行うとすれば，その成果は残りの33カ国に利益をもたらす先進性を持つ内容であることが条件だ。OECD内部の賛否両論の厳しい議論を経ての決行で，OECDにとっても失敗の許されない極めて重要なアクション・リサーチ(2)だった。

2　OECD東北スクールの取り組み

2.1　OECD東北スクールのプレーヤー

2012年3月25日，福島県いわき市で第1回集中スクールが開催され，岩手，宮城，福島の被災3県から約80名の中高生が集まった。彼らは被災状況が全く異なる9つの地域からチームとして参加しており，その人数や構成(3)は多様であった。

参加した彼らは「復興のために何かの役に立ちたい」という気持ちを持ってはいた。しかし，友達を津波で亡くした，自分自身が津波に巻き込まれたという生徒もいれば，被災地にいたというだけで何の被害も直接受けてはいない，自分が被災者なのかどうなのかもわからない，さらには「パリに行けるというから参加した」(4)という生徒も少なくなかった。異学年間・地域間・国際間などの多様な交流を通して「異質」と接触すること，これによる「化学反応」を期待したが，当初は自分の地域以外に関心をもつ生徒も，異なる出身地の生徒との交流を楽しむ生徒も少なかった。

(2)　ちなみに，OECDからは金銭的・物的支援は一切なく，アドバイスや国内外機関との関係調整のみである。

(3)　中学1年生から高校2年生，1つの学校か複数の学校か，NPO主催の塾から，地教委の関与のあるなしなど，地域チームの構成は極めて多様であった。人数も2名から30名まで幅があり，プロジェクト期間，途中で参加を取りやめるケースや逆に途中から参加するチームもあった。しかし全体の9割の生徒は期間を通して継続して参加した。

(4)　当初からパリに行ける保証は全くなかった。

後に「エリート中高生が取り組んだプロジェクト」と誤解されたこともあったが，実際にはプロジェクトに集まってきたのは，極めて普通の発達途上の中高生であった。しかし，大震災の復興期を，多感な10代後半の成長期を生きる「特別の世代」である点が，とても大きな意味を持っていた，と言えよう。

東北スクールに結集したのは東北の生徒・大人ばかりではない。被災地の生徒をサポートするエンパワーメント・パートナー（以下 EP と略）と呼ばれる，東京や奈良の高校生や教師，企業のプロボノも参加していた。当事者だけで問題を解決するのは限界があり，第三者，つまり「よそもの」が介在して初めて問題を対象化し，客観的な知見を得られる。実際，彼らは極めて重要な役割を果たすようになる。

「異質」との接触は，プロジェクトに参加している大人にとっても重要なテーマで，とりわけ，新しい教育の担い手となるはずの教師たちに期待が集まっていた。異校種間，企業や NPO などの民間，大学や政府機関など，分野を超えた連携が求められていた。しかし，プロジェクトの進展とともに異文化交流は「異種格闘技」たる混乱の様相を呈してくる。OECD 東北スクールは「授業をしながら教室をつくる学校」だった。

2.2　パリから世界に東北をアピールせよ

第 1 回集中スクールの冒頭，OECD 教育スキル局長のバーバラ・イッシンガーからビデオを通してミッションが下された。「2014年，パリから世界に向けて東北の魅力をアピールせよ」というものであった。生徒は「パリに行ける」と思ったろうが，大人にとっても全く雲をつかむような話だった。渡仏経験のある大人はごく少数で，どこから手をつければいいのか皆目見当も付かない。学校の中で一つの答えだけを求めてきた生徒や教師にとって，この「解のない問題」への取り組みは無謀なチャレンジ以外の何物でもなかった。教室の中で完結するはずもなく，外部の様々な力に頼らなくては一歩たりとも前に進むことはできない。それどころか，イベントの開催地であるパリ当局，OECD，OECD 日本政府代表部，日本大使館，海外のイベント会社などの海外機関とも密接なやりとりもしなければならない。さらに驚くべきは，渡仏費用やパリでのイベント開催費用などの巨額の資金「1 億円」も自分たちで調達しなければばならないことだった。

一連の問題を解決することによって，参加者は多くのスキルを身につけ，新しい教育を生み出すシステムが生まれるはず，OECD東北スクールは，OECD教育スキル局によって巧みに，そしてダイナミックに構築されたプロジェクト学習だった。

写真1－1　2011年3月，チーム環の誕生

2.3　OECD東北スクールの活動内容

軸となる活動は3つあり，一つ目が集中スクールである。これは夏と春に実施する4泊ほどのワークショップ形式の合宿で，参加者全員が一堂に会する唯一の機会である。多彩な講師によるレクチャーや体験活動，熟議を行うもので，期間中5回開催された。ちなみに第4回集中スクール（2013年8月）は東京で開催され，そこで行った取り組み発表会には，当時の皇太子ご夫妻も参加されている。

二つ目が，中高生がそれぞれ地域で展開する地域スクールである。地域の被災状況に応じて復興プロジェクトを企画し，地域の協力者とともに実行に移す。これらの指導はローカルリーダー[(5)]（以下LLと略）と呼ばれる教師やNPOら，地域の大人たちである。地域によって活動は様々であり，地元漁協との協力による漁業学習，伝統芸能の復活，農業復興のための商品開発，再生可能エネルギーの研究，演劇による表現などが取り組まれた。東京を介さず，国内外の地域が直接連携することを想定し，海外の支援者も複数紹介された。その一方で，いつまで経っても何をするのか決まらず，時間を浪費するチームもあった。

三つ目は，パリでのイベントを作り上げるためのテーマ別活動である。イベ

(5)　ローカルリーダーの名称は，ドイツやオランダで取り組まれている「イエナプラン」の「グループリーダー」を参考としている。イエナプランでは，教師と児童生徒とのフラットな関係を構築するために，教師を「グループリーダー」と呼んでいる。

ント内容を組み立てる「シナリオ班」，企業や自治体への協力を呼びかけ資金を調達する「産官学連携班」，チーム内部のコミュニケーション活動を活性化させ外部に PR する「コミュニケーション・PR 班」，自分たちの活動を記録し動画にまとめる「セルフドキュメンタリー班」が設置され，タブレットなどの ICT ツール(6)を用いて，被災３県＋東京・奈良などを縦断して活動を進めた。

LL や EP も役割分担をしながら各活動に参加し，縦横に交流した。プロジェクトが進展するにつれ，さらに多くの役割分担(7)が必要となり，さらに EP も国内外に広がっていった。チームが巨大になるにつれ，組織内のガバナンスも重要な課題となり，大小含めて10近い会議体(8)も設置された。

3　苦悩と前進

3.1　チーム「環 WA」の成長

第１回集中スクールで，生徒達は自分たちのチームを「環 WA」と命名した。被災者と非被災者，東北と東北外，日本と外国，生徒と大人などが境界なくつながるという願いがこめられた命名だった。集中スクールを重ね，キャッチコピー「わたしたちは，過去を超えます，常識を超えます，国境を超えます」が生まれ，プロジェクトのコンセプトを形にしたロゴマークをつくり，やがてテーマソング(9)も制作された。

当初，プロジェクトへの地域間の温度差が生徒達の団結を阻んだが，作業量が増すにつれ，地域を越えて連携せざるを得ない状況が増え，次第に広域にわ

(6)　回線付きのタブレットコンピュータは賛同企業から借り受け，全員が使用した。Skype, Facebook, LINE, Office365などのアプリケーションを駆使し，ビデオ会議や情報共有，情報発信，ドキュメントのアーカイブ化などを生徒の手によって進められた。

(7)　PR のための様々な国内イベントが開催され，それを運営するためにその都度組織が生まれた。また，パリイベント自体も「ステージ」「ブース」「桜の植樹」「2030年の学校構想」などと拡大・分岐し，担当チームを作った。

(8)　文科省・外務省・OECD 日本政府代表部・福島大学による「ハイレベル円卓会議」，OECD・文科省・LL・EP・運営事務局による「関係者連絡会議」，生徒と LL・EP などによる「生徒リーダー LL 会議」などが定期的に開催された。

(9)　生徒達はシンガーソングライター miwa と詩のイメージを練り，miwa の作詞作曲による『希望の環（WA)』が制作された。

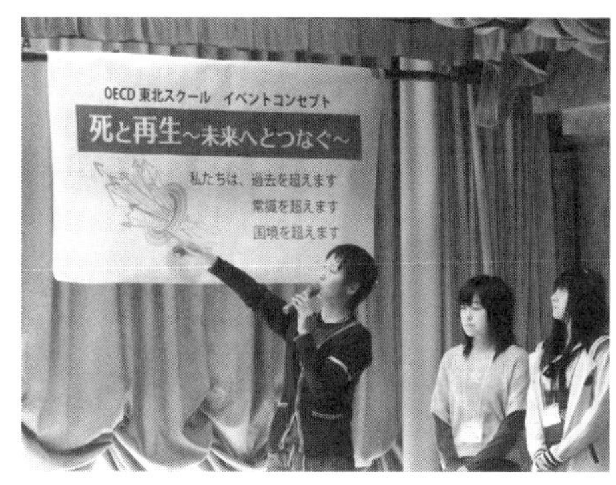

写真１－２　イベントのコンセプトの決定

たるチームワークが築かれていった。ここで重要な役割を果たしたのが福島大学の学生である。当初３人の大学院生から始まったサポートチームは中盤には10名以上に増え，生徒と教師の間，地域と地域の間，日本と海外の間に入ってコミュニケーションをとり，生徒たちの個別の相談にのり，作業の手伝いをした。「観光旅行ならお金があれば誰でもできる，海外と仕事をするには信頼関係が必要」とされ，海外への生徒の引率なども行い，彼らはその信頼に十分に応える能力を発揮した。あらゆる場面で学生たちはプロジェクトを裏側から支え，プロジェクトに一体感をもたらした。このサポートの流れはその後10年以上経つ現在も学生の間で受け継がれ，福島大学ならではの教育システムとなっている。

リーダークラスの生徒も頭角を現し，大人との連携も進んだ。特に企業のプロボノとの共同作業は生徒達に極めて新鮮に映り，後述するように，ロールモデルとなって生徒の進路選択に大きく影響を与えた。

一人の生徒は，「はじめ自分達が一番悲惨と思っていたら，他地域の人の方が自分達よりも大変な経験をしていてがんばっている。自分ももっと頑張らなければと思った」と述べている。異なる被災地の生徒同士の触れあいが，生徒間にシナジーをもたらしたと言えよう。当初期待していた「異質性との接触」による「化学反応」が，少しずつ目に見えるものになってきた。

2013年５月には，リーダーたち20人がイベントを開催するパリに事前訪問し，後に市長となるアンヌ・イダルゴ副市長を通してパリ市当局の協力を取り付け，フランスの新聞にも大きく取り上げられた。生徒たちはグループに分かれて，パリ市内の企業を訪問してプロジェクトを説明し，協力の依頼を行った。さらに，図書館に集まるパリの高校生たちと会い，初めて海外の同世代との交流をなしとげた。これらの経験は，プロジェクト遂行の気運を高めるのに十分であった。

3.2　光と影

「異種格闘技」による前例のないプロジェクトは，最終的な局面まで困難を極め，2014年が明けても，本当にパリでイベントができるのかすら，全く見通しを得られない状態が続いた。

最大のネックとなったのは資金調達である。準備に関わる経費は復興予算から出ていたが，渡仏しイベントを開催する経費は自分たちで調達しなければならない。それは，若者であっても経済的な自立が必要と考えるOECDの方針でもあった。「お金がないことをできない理由にするな，お金がなかったら自分たちで作る方法を考えよ」とよく言われたが，われわれは誰一人として資金調達のノウハウを持ち合わせていない。資金がないとイベントの規模を決められない，イベントが決まらないとPRできない，PRできないと資金が集まらないという悪循環が長く続く。当初パリ側で資金の半分を集めてくれるはずだったが，既に東北への同情心は過去のものとなり，結果的に1円も集めることができなかった。

このプロジェクトでは，このような「生の現実問題」も，生徒と大人が「フラット」に議論し，同じ歩調で取り組むことを原則とした。だから，やることが何倍にも増え，時間がかかる。いつまで経っても前に進まない状況にあきれ果て，プロジェクトから離脱する生徒や教師も出てくる。作業の進捗の差が地域間で広がり，事務局と地域チーム間の情報の混乱と誤解も数限りなく生まれた。とりわけ遠隔地間で作業するため，不信感や猜疑心を原因とするヒューマン・トラブルが次から次へと生まれ，運営事務局の仕事の半分以上はそれらのトラブル解決に費やされた。生徒たちに問題解決能力を身につけさせるプロジェクトで，最も能力を身につけたのは他でもない事務局メンバーだ，と苦笑いした。

さらにパリ側とのコミュニケーションも多くの障害を抱えた。通訳を介しても情報が正確に伝わらず，大きな誤解が生じ，予算やロジスティクス面の打ち合わせ・再確認のため何度もパリに飛び，オンラインの会議では国際弁護士も間に入れて行わざるを得なかった。

3.3　レジリエンス（resilience）

2014年にパリ・OECD本部で開催されたOECDフォーラムのメインテーマ

は「レジリエンス」で，OECD 東北スクールのブースも会場に設置された。(10)代表生徒の二人が世界中の参加者の前で「自分たちのレジリエンス」を語った。「東北の被災者の自立こそがレジリエンス，全滅したカキの養殖をこの機に一から作り直し，以前よりも良質のカキが取引されるようになった」という，南三陸町の高校生の言葉に，聴衆から惜しみない拍手が贈られた。

われわれのすべての苦労もまた，レジリエンスを発揮するための「教材」だったと言えるのかも知れない。東北と東京を駆け回った末に，目標金額5000万円のところを7800万円集めることに成功し，本番３カ月前にしてやっとパリへの道がつながった。突破口を開いたのは，生徒たちの本気度が企業の共感を得たことだった。

被災三県もパリの会場にブースを出すことが決定し，参加自治体や支援企業を含めて30近くのブースがシャン・ド・マルス公園に立ち並ぶことになる。また，本番直前の７月には，東京国際フォーラムで開催されたキッズジャンボリーの中でイベント・プレビューを披露することができた。

それでも，パリのイベントが形になるかどうかは，神のみぞ知るというほど，大きな不安を抱えたまま飛行機は成田を飛び立った。

4　東北復幸祭〈環 WA〉in PARIS

4.1　東北の若者のパワーを世界に

多くの苦難を乗り越え，2014年８月30日～９月２日にかけて，最終ゴールである「東北復幸祭〈環 WA〉in PARIS」関連イベントが開催された。

スクリーンには震災前の自然豊かな東北が映し出され，東日本大震災と原発事故の悲劇，OECD 東北スクールとの出会い，復興に向けて突き進んできた東北スクールの様子が語られる。リーダーたちにより，「東北復幸祭〈環 WA〉in PARIS」の開幕がフランス語で高らかに宣言された。

テーマソング「希望の環（WA）」を，アーティストの miwa さんと歌い上げ，

(10)　この年の OECD フォーラムは発足50年の記念式典で，日本が議長国を務めていた。安倍首相もここで講演しており，OECD 東北スクールは注目された。

写真１－３　東北復幸祭〈環 WA〉in PARIS の会場

震災体験と未来への希望を語り，自分たちの力で復活させた伝統芸能を舞うその姿は，世界から集まってきた多くの来場者に感動を与えた。文科省事務次官，OECD 日本政府代表部大使，OECD 教育スキル局長，パリ当局関係者らも来場し，生徒達に言葉をかけた。英語に不慣れな生徒達が身振り手振りで必死に外国人に自分たちの地域を伝えようとする姿は，２年半の成長を証明するものであった。

会場一帯には，生徒一人ひとりの「過去・現在。未来」を日・英・仏語で記した「100の物語」が設置され，来場者は熱心に読み込み，生徒一人ひとりの心に触れた。

写真１－４　パリ市長（中央）との記念写真

表敬訪問で来場したアンヌ・イダルゴ・パリ市長は「この公園をお貸ししたことは，パリ市にとっても意味深いこと」と述べ，イベントの成功を祝った。

直前まで形になるのかすら危ぶまれた「東北復幸祭〈環 WA〉」は，２日間で，成功指標として設定した来場者15万人にほぼ達し，予想以上の大成功を収めることとなった。

4.2　桜の植樹と生徒大人合同熟議

このプロジェクトの内容は，ステージのイベントだけではない。９月２日の午前には，OECD への感謝の意を表する「桜の植樹」のセレモニーが OECD 本部中庭で開催された。代表生徒の「私たちは決して諦めない」という言葉が，中庭に響き渡った。筆者は，グリア事務総長の脇で「原発事故の Fukushima

から，教育イノベーションの福島に変える」ことを約束した。

同日午後には，OECD 本部マーシャルの間[(11)]で「私たちの学校，私たちの未来，2030年の学校」というテーマの生徒大人合同熟議が開催された。これはOECD の統計調査による2030年代の社会課題に対応する学校教育のあり方を5チームに分かれて構想し報告し合い，海外からの批評も加味してコンペをするというものである。パリの図書館で活動する高校生たちも加わり，文字通りの国際会議となった。アンドレアス・シュライヒャー教育スキル局長から「これまで専門家がやっていたが公教育のデザインを，生徒達が行うという点で大きな意義があった」と評され，これらプランは，ブラッシュアップを重ねて，次の国際プロジェクトの重要なモチーフとなっていく。熟議を終えた生徒たちは，足早に帰途についた。

中学生だった参加者は高校生に，高校生は大学生に，また社会人に，所属や立場が変わっても意志を貫き通した者たちによる2年半だった。東北を復興させるためにパリをめざすという，一見ちぐはぐなプロジェクトは，終わった後であらためて全容をふり返ったとき，その必然性を痛感した。

以上が，2年半にわたるOECD 東北スクールの概要である。

4.3　成果と考察

プロジェクトはどのような成果を残したのだろうか。

OECD 東北スクールは，教育プロジェクトとして，さまざまなデータをとり，生徒の能力の伸びを評価している。ルーブリックで9つの指標に沿って能力の伸びを見ると，見事に波紋が広がるように成長が見られる。

参加チームはそれぞれの地域の事情によってさまざまな形態をとっていたが，興味深いのは，この評価では，教員の管理が強いチームほど能力の伸びが低く，自由に活動させたチームほど伸びが高いという点である。試行錯誤の経験が，課題に対する当事者意識を育てているのではないかと捉えている。

また，「どのような体験が自分の成長につながったか」という問いに対し，ベスト3が「他地域の生徒との交流」「地域の未来についての議論」「異学年の

---

(11)　1947年，マーシャル・プランの調印式が行われた会議場である。

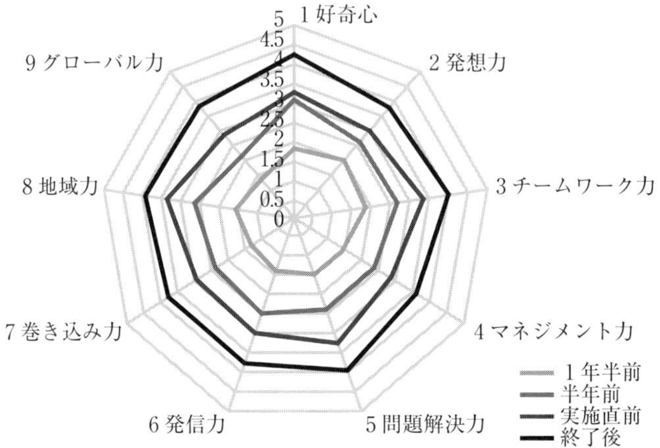

図1－1　OECD 東北スクール・生徒の能力の変化

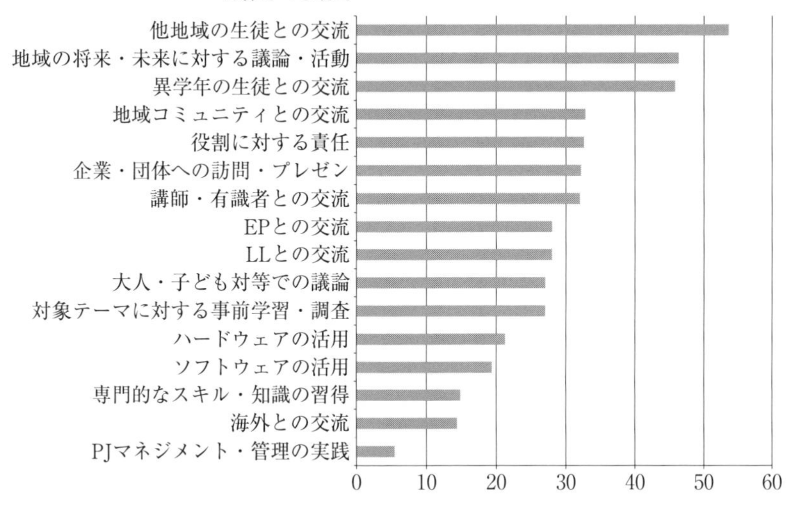

図1－2　変化の要因となる教育活動

生徒との交流」であった。これらは，いずれも学校が苦手とするものである。一般に学校は混乱を避けるために，時間や空間，年齢を区切って教育活動を行う。しかし生徒が成長するきっかけは，むしろこの「異質との接触」から生まれる「混乱と問題解決」「化学反応」なのである。学校教育を改革する上で，大きなエビデンスとなるだろう。

生徒達の多くは映像やイベント，広報などのプロフェッショナルと言われる大人たちと一緒に仕事をし，自分自身の進路を見つめ直すきっかけとなり，海外留学を決めたり，大学進学に進路変更をしたり，NPO 活動に挑戦したり，と，様々な形で影響を受けることになる。

このプロジェクトで最も大きな課題となったのは，前述したとおり「資金調達」である。われわれは企業訪問や街頭募金，クラウドファンディングなど多様な方法で運営資金を集めた。結果的にこれが現代社会を知る大きな取り組みとなり，事実生徒達はこうした活動を最も貴重な学習機会として捉えた。生徒は言う，「大人は難しい問題に直面するとすぐにできない理由を考える。可能性を追究するために知恵を使うべきなのに」「このプロジェクトで一番良かったのは，大人が頭ごなしにダメと言わないこと」。

成果は生徒の成長に留まらない。生徒の動きは，東北の生徒達を支援しようと集まってきた他地域の生徒，協力者にも大きな影響を与え，重要な学びの機会を提供することになった。

また，一連のプロジェクトはアクティブ・ラーニングの典型的な成功事例として文部科学省の中央教育審議会でも報告され，現在の学習指導要領にも影響を与えることになる。2015年に，福島県の原発事故被災地に新設されたふたば未来学園高校は，カリキュラムの理念をこのプロジェクトから得ており，福島県の探究活動の要となっている。さらに OECD は，この東北スクールの成功をきっかけの一つとして，キーコンピテンシーの改訂作業を行うプロジェクト Education 2030を立ち上げ，われわれの後継プロジェクトは，新しいコンピテンシーを策定するためのエビデンスを提供することになる。

教師に与えた影響も大きい。学校とは異なる価値観や方法論に触れたことは，学校改革にとって大きな力となる。大人熟議を通して今日の日本が直面する課題の学習を積み重ねることによって，ある教師が「学校の教育目標が社会的課題とずれているのではないか」という気づきを得たことは極めて重要である。

東北スクールプロジェクトは課題も残した。学校教育への還元が十分でなかったこと，海外とのコラボレーションが弱くグローバルコンピテンシーを十分に伸ばせなかったこと。OECD 教育スキル局長のシュライヒャー氏は「東北スクールは芸術的には成功したが，教育科学的には課題を残した」と述べたが，教育の方法論や評価方法，さらにはそれらの国際発信では改善の余地がある。

とりわけ ICT の技術の進展は，海外同士をフラットにつなげる可能性を持っている。渡航のためにお金をかけたり，段取りに時間をかけたりせず，自分の部屋からパソコンを開けば，海外の友達につながる時代が当たり前となっている。東北スクールから現在までの10年間のプロジェクトで，社会人や大学生，高校生，企業や政府関係者のこのようなネットワークの目が少しずつ密になっている。

一連のプロジェクトは，日本の内向きの教育を外向きに変えていく方策を探る野心的な取り組みである。「日本」と「海外」という棲み分けられた関係を，それぞれが同じ世界の一部として捉えなおす，認識の転換を含んでいる。

5　おわりに——終わらないプロジェクト

5.1　地方創生イノベーションスクール2030（第 1 期）

OECD 東北スクールの成功を受け，私たちは後継プロジェクト「地方創生

OECDと連携・協力したプロジェクトの変遷

図 1－3　OECD 関連プロジェクトの変遷

イノベーションスクール2030（以下，ISN2030と略記）」を立ち上げた。東北の震災復興から全国の地域課題に高校生が取り組むプロジェクトへ幅を広げ，より多様な地域・学校・参加国を巻き込み，本格的な教育改革に向かおうと考えた。

写真1－5　生徒国際イノベーションフォーラム2017

ISN2030では，2030年に予想される地域及び国際的な課題（少子高齢化，移民社会，環境問題など）を解決するために，地方の中高生が同様の課題をかかえる海外の生徒達，地域・自治体・企業等の多様な主体と対話・協働をしながら「国際協働型のプロジェクト学習」に取り組むことを目的とする。

プロジェクト全体は，子ども・若者たちがVUCA（気まぐれで，不確実で，複雑で，曖昧な）と呼ばれる急激に変化していく社会を生きるために必要な能力とはどのようなものか，それはどのような教育によってもたらされるのだろうか。さらに，それらを実現できる教師には，どのような能力が必要なのか，といったOECD／Education2030のフレームワークのもとに設定されている。

これらの呼びかけに，福島・宮城はもとより，福井，和歌山，広島，高専機構等が呼応し，ドイツ，アメリカ，シンガポール，ニュージーランド，エストニアなどの各国が連携し，それぞれの間で訪問し合うなどしてプロジェクトは展開された。

さらに，このプロジェクトの集大成として，2017年8月に東京で生徒による国際会議「生徒国際イノベーションフォーラム2017（ISIF' 17)」を開催した。ISIF' 17は，ISN2030に参加する全地域が一堂に会して，これまでの地域での取り組みを交流し合い，2030年に必要な教育の在り方を生徒と教師，研究や行政，様々なステークホルダーが協働して探っていく。潤沢な資金もなく，主催者の努力と草の根の活動により，8カ国から300人もの高校生や教師が参加した。

本フォーラムは日本がホストとなり，各国をつなぎながら準備作業が進められた。各国・各地域によって生徒と教師の関係はまちまちであるため，一律に作業を委ねることはできなかった。

しかし，シンボルとなる生徒協働宣言（Our Voice in 2017）のとりまとめでは，日本の高校生が内容を組み立て，国内外からレビューをもらいながら，何度も書き直し，そうした苦労がオリジナリティあふれる宣言に結実したと言える。ここには生徒達の生の姿が反映されており，生徒から見た教育改革への重要な手掛かりを残した。

ホスト国である日本の英語力は他国に比して弱い。コミュニケーションでは相当な困難が予想されたことから，メモ書きや図表や写真など，グラフィカルなツールを利用したコミュニケーションを目指した。いずれにしても，国際会議に必要なレベルの語学力の獲得は一朝一夕には成しえない。英語教育の検討が必要である。

本フォーラムの最大の特徴は，大人が枠組みを決めるのではなく，大人の援助を受けながらも生徒達が会議を組み立てるということであった。そのメリットは開会行事や異文化交流セッションを本気で楽しむ生徒たちの姿に顕著に表れている。大人とは異なる生徒の視点が，本フォーラムの成否の鍵を握っていたと言っても過言ではない。生徒が議論し，決定し，準備し，具体化するには通常とは全く異なる複雑なプロセスと時間が必要である。ここでもまた，試行錯誤の自由が許された環境こそが，生徒達を大きく成長させる条件である。

5.2　地方創生イノベーションスクール2030（第２期）

OECD 東北スクール（2012-2014）から，地方創生イノベーションスクール2030（第１期2015-2017，第２期2018-2020）と，プロジェクトは規模を拡大させながら継続していった。ISN2030の第２期では，国内の50校あまりの高校が加盟し，探究学習を中心とした実践交流を行った。一方の OECD による Education2030も，2019年に新しいコンピテンシーの枠組み「学びの羅針盤（The OECD Learning Compass2030）」を公表し，学びにおける「生徒エージェンシー Student Agency」，大人と生徒が共創する「共同エージェンシー Co-Agency」等を核とした新たな教育概念を明らかにした。

生徒による２回目の国際会議「生徒国際イノベーションフォーラム2020」は

当初京都での開催を予定していたが，折からの新型コロナウイルス感染症蔓延のために，オンラインへ切り替えざるを得なくなった。しかし，われわれの予想を超え，カジュアルに国際間で協働を進める一つのモデルともなり，ここで議論された「学校の Well-being」は Education2030の後半部分に重要な影響を与えることとなった。

5.3　OECD 東北スクールのスピリット

2021年3月には，東日本大震災発災10年を機に，OECD 東北スクールでの学びを再確認するオンライン国際会議「あれから。これから,」を開催し，世界から400人が参加した。一連のプロジェクトに関わった多くの老若男女から，それぞれの言葉で東北スクールのスピリットの重要性が語られた。その中心に，これまでのプロジェクトを経験し，福島大学に入学してきた学生がいた点は特筆しておきたい。

そして2021年4月，プロジェクトの事務局を東京学芸大学に移し，「きょうそうさんかくたんけんねっと」の発足を宣言した。国際交流から国際協働，そして国際共創へと追求のレベルを上げ，有名学校だけではない，むしろ学校から取り残されている者たちのたくさんの声から新しい教育を創る可能性をさぐり，普段着のまま国際間で議論し，教育を育てることをめざしている。

その中心にあるのは，OECD 東北スクールのスピリットである。「絶対無理」といわれたミッションの遂行を，若者と大人が協働して困難を乗り越え，相互に触発されながらクリエイティブに実現するという，私たちのエージェンシー（世界への参画）である。

一連のプロジェクトは，以下のサイトを参考にされたい。

◆ OECD 東北スクール：http://oecdtohokuschool.sub.jp/
◆地方創生イノベーションスクール2030：https://innovativeschools.jp/
◆生徒国際イノベーションフォーラム2020：https://forum2020.innovativeschools.jp/jp/
◆きょうそうさんかくたんけんねっと：https://www.edu-kstn.org/

第2章

震災復興における超短期留学プログラムの効果性

マクマイケル ウィリアム

1 はじめに

1.1 21世紀課題先進地域としての福島

2011年３月11日に発生した東日本大震災と東京電力福島第一原子力発電所事故（以後，震災）により福島県は津波・地震・原子力災害・風評被害という４つの複合災害を経験した。また，これらが引き金となった，様々な社会的な難問が，10年以上たった現在も地域レベルで解決されないままとなっている。こうした課題の多くは，SDGsやアフターコロナにおけるコミュニティの復興にも関連する普遍的な性質を持つ事から，将来，全ての自治体が直面する「21世紀課題」とも呼ばれている[(1)]。「地域と共に歩む」教育をその基本理念とする福島大学では，これらへの解決策を地域に密着した教育プログラムを用いて探求し，そこから得た知見を反映させた先進的なグローバル教育と人材育成モデルの構築に取り組んできた。同モデルでは，実用的な語学能力の取得や，解のない問いに立ち向かう協働力，そして復興に関する網羅的な知識を全学横断型の授業を通して提供する事で，ローカルな課題に対してグローバルな観点を取り入れた解決案を創造できる人材の育成を目指している。

---

(1) 例えば，2017年１月に作成された福島大学中井プラン2021を参照：http://www.fukushima-u.ac.jp/Files/2018/02/p2021.pdf

1.2　グローバル人材の福島モデル

第1章では，その草分け的な取り組みとして，震災から3年間を通して実施された国際共創プロジェクト「OECD東北スクール」及び，その後継事業である「地方創生イノベーションスクール2030」について紹介した。ここからは，2012年6月から短期留学プログラムとして実施されている「Fukushima Ambassadors Program（以後，FAP）」について紹介する。FAPは，福島の現状を正しく世界に発信できる人材育成を目標に，これまで（2021年5月現在）14回実施されてきた。一般的に短期留学プログラムとは，学生向けに提供される教育プログラムの内，3カ月よりも短い期間のプログラムを指すがFAPでは，その中でも特に短い2週間という「超短期間」で，原子力工学や社会学などを学ぶ留学生を福島に招き，通訳ガイドを兼ねる教員1名と，福島大学及びアカデミア・コンソーシアム・ふくしま[(2)]加盟校の学生達と共に，被災地域を周りながら震災後の福島の過去（震災直後にどの様な課題や悲しみがあったか），現在（今福島の人たちが直面している課題は何か，共有して欲しい何か），そして未来（今後の福島のポテンシャルはどこか）をテーマにフィールド学習を行う。元々は海外からの留学生のみが履修対象者であったが，2015年からは先に述べたグローバル人材育成プログラムの一環として，日本人学生も短期集中型プログラムとして履修可能な国際共修型プログラムとして提供されている。

これまでアメリカ，オーストラリア，カナダ，韓国，中国，ドイツ，トルコ，スコットランドの8カ国14大学から，合計209名の留学生と延べ600名以上の福島県内の学生がプログラムを履修している（図2-1参照）。世界的な留学者数の上昇傾向の影響を受け，多くの大学が短期留学プログラムを設計・提供する中[(3)]，FAPはそのカリキュラムに復興教育の要素を取り入れ，さらには震災からの学びを21世紀課題につなげる「インプット」，得られた知見を世界と共有する「アウトプット」，そしてプログラムの実施を通して風評払拭などの解決に貢献する「アウトカム」を兼ね備えた「三方よし」な短期プログラムとして，

(2)　福島県内19の高等教育機関が参加しているコンソーシアムを指す。詳細は http://acfukushima.net を参照。

(3)　大西（2019）などが示す通り，この短期留学者数の向上はスーパーグローバル大学プロジェクトによる留学生数に対する厳格な数値目標なども影響していると言われる。

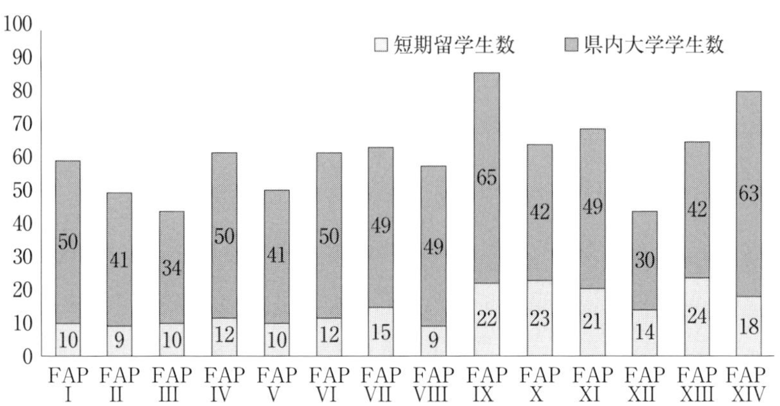

図2-1　FAPへの参加大学生数の推移（数字は参加学生数）

国内外から注目を集めている。

2　Fukushima Ambassadors Program の概要

2.1　プログラム設立までの背景

第1節で記す通り，FAPが初めて実施されたのは震災から1年が経過した2012年6月であった。実施当初は，2011年10月末までアメリカを始めとする多くの先進国が，福島第一原子力発電所からの80km 圏内に対して渡航勧告を出していた事もあり[(4)]，放射能汚染による健康被害に対して国内外からの懸念が強かった。プログラムに対する批判の声も国内外で挙がり，インターネット上での中傷や，参加を表明した大学の学長宛に渡航中止を呼びかける脅迫状が届くという事件も発生した[(5)]。しかし，それでもプログラムが2012年に実施されたのには，当時の協定大学の関係者たちが，参加学生たちが自らの専攻分野と

(4)　アメリカ合衆国国務省 HP などを参照：https://travel.state.gov/content/travel/en/traveladvisories/traveladvisories.html/ アメリカ政府は80km 圏内に居住するアメリカ人への退避命令を2011年10月に解除したが，引き続き渡航注意を促していた。これにより，多くの先進国も同様の渡航注意喚起を発令していた。

(5)　詳しくは，Huffington Post に掲載されたこちらの記事を参照：https://www.huffingtonpost.jp/2015/03/23/william-mcmichael-fukushima-inazo-nitobe_n_6921560.html

福島の課題を掛け合わせて学習しながら，地域課題の解決に貢献するというプログラムの趣旨に共鳴した為であった。また，特にアメリカの大学教育界では，その頃から奉仕型学習（サービスラーニング）の教育効果が注目されており[(6)]，プログラムの中でボランティア活動など様々な福島の復興に貢献する事が，他ではできない深い学び（ディープ・アクティブ・ラーニング）につながるという期待も大きかった。FAPへの学生の関心も高く（学生の詳しい参加動機については3.1を参照），学生募集を開始してからわずか１カ月の間に，定員（10名）に対し10倍以上の応募があった事も，実施を後押しする要因となった。

そして，上記に述べる外部からの要因に加え，福島大学にとっても，FAPの早期実施は当時大学が直面していた留学生数の減少問題の解決における切り札となる願いもあった。当時，日本国内の大学による留学生の獲得競争の激化や，国立大学法人における定員数管理の厳格化，震災後の風評被害などにより，福島大学に在籍する留学生数は，2010年の183名をピークに，2012年には104名[(7)]まで減少してしまった。とりわけ，福島に対する健康への懸念から，それまで留学生の大多数を占めていた中国と韓国からの学生数が大幅に減少してしまった（図２-２を参照）。また，海外の協定大学との学生交流協定に基づき１年の間，学生を相互間で「交換」する交換留学生の受け入れ人数も，2011年度に交換留学生の受け入れを一時的に中断した影響もあり，2010年の11名から，2011年には０名，2012年には１名という低水準にまで落ち込んだ。

交換留学生の受け入れができないことは，同制度の構造上，協定を使って海外に派遣できる学生数が減少する事にも直結する。つまり，福島大学における海外との学生の相互交流が停止状態に陥ってしまうという危機的な状況にあった。そのため，早急に福島大学への留学生受け入れ（とりわけ，交換留学生の受け入れ）の流れを再興する必要が有り，その上で太田（2013）が述べる様な，従来までの受け身の「付加的アプローチ」から，留学生を積極的に獲得していくという，「戦略的アプローチ」への思想の転換が必要とされた。そこで，上

---

(6)　例えば，世界的な研究論文のデータベースであるScience Direct（www.sciencedirect.com）では，国際奉仕型学習（international service learning）に関する論文数は2009年から2012年の３年間で，年間で4414本から7141本まで増えた。

(7)　2012年度に開催されたFAPII, III参加学生（超短期交換留学生）19名を除く。

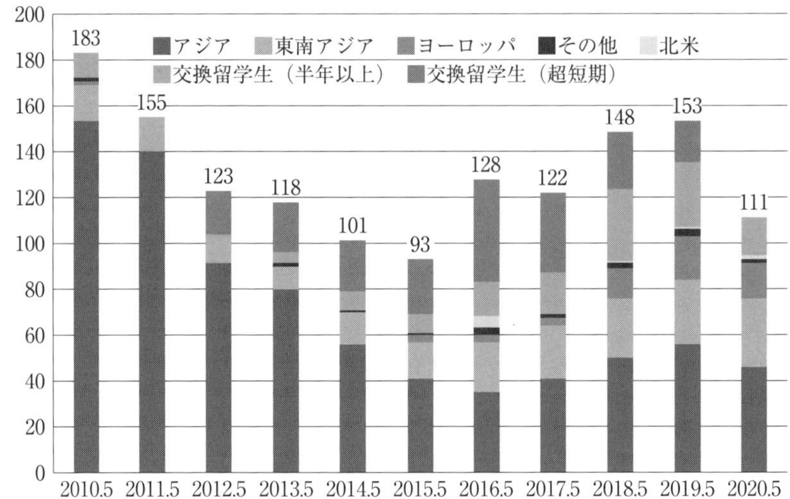

図2－2　福島大学の留学生数の推移（数字は合計留学生数。FAP 参加学生数を含む）

注1：2011年度は，東日本大震災の影響により交換留学生の受け入れを中止。
　2：2020年度はコロナ感染症の影響を受け，後期の交換留学生及び超短期の交換留学生の受け入れを中止。

述する協定大学の関係者の期待に応えながら，福島への派遣による健康被害への不安も生じにくく，日本に渡航をしてでも受ける価値のあるプログラムとして，FAP が新たなアプローチとして企画され，協定大学からの後押しもあり，震災からわずか1年3カ月後に実施されたのである。

2.2　短期プログラムである事の利点

震災直後に通常の長期の留学プログラムではなく，短期プログラムとして FAP を協定大学向けに開講する利点は主に二つあった。まず，第一に放射能による健康被害への懸念が，わずか2週間の超短期滞在である為に大幅に軽減されたのである。また，プログラム中，徹底した積算線量のモニタリングと記録を行う事も容易となり，それらのデータを用いて定量的に福島の安全性を証明する事で[8]，訪れた地域の安全性を実体験として学ぶ「深化効果」も生まれた。また，第二の利点は，この時期に短期留学プログラムの教育効果が欧米において大いに注目されていた事である。例えば，アメリカを拠点とする世界最大の国際教育非営利団体であるNAFSAは，2006年にThe Guide to Successful Short-Term Programs Abroadという教職員向けガイドブックを発行しており，その中で短期プログラムの浸透が，経済的な理由などから長期留学を避ける傾向にあるアメリカ人学生にとって，留学を一般化させ，参加者，実施教員，派遣大学の国際化において非常に高い効果をもたらすと述べている（NAFSA, 2006）。また，教育効果についての研究も2000年代から盛んに行われており，例えば短期留学プログラムに体験型学習の要素が組み込まれる事で教育効果が最大限発揮されると分析[9]や授業の一部として入念に企画される場合，例え派遣期間が短期であっても，優れた学習成果が得られるという研究成果が発表されていた[10]。短期留学プログラムへのニーズが北米を中心に向上していた時期に，それらの要望に答える形でFAPが企画された事は，数多くの大学からの問い合わせにつながった。そして，欧米圏を中心に，交換留学生をFAPで数名受け入れ，福島大学からは中長期（1年間）で学生を先方に派遣する，というこれまで福島大学には無い新しい交換留学の形を形成することに成功したのである。

この様にして，一時は国際推進を妨げる懸念材料ともなっていた震災後の数々の社会的・科学的課題の混在は，21世紀に生きる学生にとって多面的・多角的にグローバル課題を考察できる類を見ない実践教育の場として世界的な認知につながった。初回の実施から9年間で福島大学の協定大学数は倍増し（14校→31校），FAPへの参加大学数も毎年上昇した（H24：2校→R1：15校）。また，先に述べた通り，当時福島大学にとって最大の課題であった交換留学生の受け入れ人数は，2016年度には2010年度と比較しても5.4倍となる60名（年間：15名，超短期（FAP）45名）まで復活した。派遣学生数も，2012年には14名の

(8)　プログラム中の学生の積算線量計は，平均して1日4マイクロシーベルト以下であり，世界平均を大きく下回る事が証明された。現在もプログラムの行程中は，希望する参加学生は積算線量計を身につけ参加をしている。

(9)　Gray（2002）を参照

(10)　Ritz（2011）を参照

派遣（2010年度3.5倍），2019年には過去最大の28名（2010年度比７倍）を記録し，震災前までは派遣実績が０名であった英語圏への交換留学の学生派遣数も，FAPを活用する事で，2019年には全体の派遣数の３割である８名まで上昇し，派遣可能な英語圏の大学数も，０校から７校まで増えた。こうして，福島大学における国際教育は，FAPを中心とした戦略的アプローチを通して，震災前よりも多様で差別化された内容へと生まれ変わったのであった。

3　プログラムの実施体制

3.1　海外学生の参加動機

ここからは，FAPの実施体制について述べる。FAPへの参加は福島大学と協定締結をしている大学の在籍者に限定され，各参加大学には事前協議に基づいた参加枠数が割り当てられている。学生の選抜は応募書類および面接によって行われ，関連専攻や成績評価係数に加えて，参加意欲が高く福島の復興に関する専門知識を身につけたい学生や，被災地で奉仕活動を行いたい学生などが協定大学によって選定される。応募する学生の専攻分野には制約は設けられていないが，協定大学によっては，特定の学部や研究分野を優先するよう，福島大学から協力を申し出るケースもある。例えばハノーファー大学（ドイツ）など原子力関係の研究が進んでいる大学からは，原子力工学専攻の学生を派遣してもらうよう調整をしている。これは，様々な専攻を持つ学生をプログラムに招聘する事で，参加者同士の学術交流を通したピアラーニングを促進させ，多角的な学びに繋がることを目ざしている為である。

選抜を経てノミネートされる学生の応募動機は，第２節で述べた福島の現状に対する関心や，メディア報道への懐疑心，被災地域へのシンパシーが大半を占める。例えば，2017年から2019年８月に開催されたプログラムへの参加申込書に記述された動機（n=74）は，表２－１の通り，「現状の理解」（福島の現状を学びたい），「地域との共感」（被災者との交流を通して学びたい），「自己研磨」（自分の能力を高めたい），「専門知識の会得」（特定のトピックについて学びたい）の４つに分類することができ，その内，参加者の55.4%の参加動機が「現状理解」，24.3%が「地域との共感」である事がわかる。

表2-1　参加申込書に記述された動機のアフターコーディング分析　(%は標本数に対しての割合)

大分類	小分類	FAP XIV 2019年8月実施 (n=18)	FAP XIII 2018年8月実施 (n=22)	FAP XII 2018年2月実施 (n=13)	FAP XI 2017年8月実施 (n=21)	全体 (n=74)
現状の理解	1. 福島に対する自分自身のイメージを変えたい	16.7%	22.7%	0.0%	4.8%	12.1%
	2. 現状を理解し，世界と共有したい	16.7%	4.5%	0.0%	19.0%	10.8%
	3. 自身の専門知識を応用して理解を深めたい	16.7%	9.1%	30.8%	9.5%	14.8%
	4. 何が起きたのか，正確に理解したい	16.7%	13.6%	15.4%	23.8%	17.5%
	小計（1＋2＋3＋4）					55.4%
地域との共感	5. 被災者と直接会って親交を深めたい	11.1%	18.2%	30.8%	4.8%	14.8%
	6. 地域の復興に貢献したい	5.6%	13.6%	15.4%	4.8%	9.4%
	小計（5＋6）					24.3%
自己研磨	7. 異文化適応力を身につけたい	5.6%	0.0%	7.7%	0.0%	2.7%
	8. 同じ関心を持つ学生とネットワーキングがしたい	5.6%	0.0%	0.0%	4.8%	2.7%
	9. 語学力を身につけたい	0.0%	0.0%	0.0%	4.8%	1.4%
	小計（7＋8＋9）					6.8%
専門知識の会得	10. 防災・災害対応について学びたい	0.0%	9.1%	0.0%	19.0%	8.2%
	11. 日本文化について学びたい	0.0%	9.1%	0.0%	0.0%	2.7%
	12. 原子力発電所について学びたい	5.6%	0.0%	0.0%	4.8%	2.7%
	小計（10＋11＋12）					13.6%

3.3　プログラム行程

この様な参加動機に対して，FAPは，様々な地域団体との連携のもと，時系列に福島の「過去」，「現在」，そして「未来」の課題を取り上げ，更にはそれぞれ相関性を明確にする事で，短期間での状況の理解を深める様に行程が設計されている。表2-2は，FAPの一般的なプログラム行程とその連携先を一覧にしたものである。参加者はまずオリエンテーションを含む最初の5日間で震災から福島が直面し解決してきた様々な課題や，当時の状況について，実際に遺構などを訪問しながら，土台となる震災についてのナレッジベースを構築する。6日目から8日目にかけては，帰還困難区域の中の復興拠点の視察や，

表2－2　Fukushima Ambassadors Programの行程例（地域連携団体は一例）

日程	プログラム内容	地域連携団体
オリエンテーション 1日目，2日目	・プログラム趣旨，福島の現状について講義 ・共同型アイスブレーカー ・放射能や放射線についての体験学習	・地域創造センター「コミュたん」（三春町）
福島の過去 3日目～5日目	・食の安全への取り組みについて学習 ・農家にて，住民が実際に感じる放射線への不安とこれまでの対策についての対話 ・農作物の収穫と線量測定を実際に体験	・福島県農業総合センター（本宮市） ・地域の各農園（田村市，福島市，飯舘村）
	・津波被災地視察 ・津波被災地域でのホームステイ ・福島沖で取れる魚の線量測定や試験操業についての講話 ・津波被害者との意見交換	・NPO法人相馬国際交流の会（相馬市） ・福島県水産資源研究所（相馬市）
福島の現在 6日目～8日目	・避難指示解除区域での帰還支援ボランティア ・地域でコミュニティづくりに取り組むNPOや市民団体との意見交換 ・地元住民の案内による，帰還困難区域の視察（復興拠点や中間貯蔵施設も含む）	・浪江町社会福祉協議会（浪江町） ・相双地域振興局（南相馬市） ・NPO法人　3.11富岡を語る会（富岡町）
	・福島第一原子力発電所，福島第二原子力発電所の視察 ・地元住民との原発事故と今後の対策についてのヒアリング ・イノベーションコースト事業の視察など，産業の復興について学習	・社団法人「AFW」（南相馬市） ・福島イノベーションコースト構想推進機構（双葉地域）
福島の未来 9日目～11日目	・震災を契機に新たな教育カリキュラムに取り組んでいる教育機関の訪問 ・地域づくりに取り組んでいるNPOとの植樹活動 ・福島の避難指示解除区域でベンチャービジネスに関わっている起業家の訪問 ・コミュニティ電力など，社会問題の解決を目的とした収益事業に取り組んでいる企業の訪問・講話	・福島県立ふたば未来学園など（広野町） ・NPO法人ハッピーロード（広野町） ・（株）小高ワーカーズベース（南相馬市） ・（株）元気アップ土湯（福島市）
	・振り返りと学生発表 ・50年後の未来を想定したバックキャスティング・ワークショップ	

災害ボランティア活動，中間貯蔵施設や福島第一原子力発電所の訪問など，フィールドワークが中心で行われる。そして，過去に避難区域であったが現在は解除され，今，挑戦的な街づくりが実践されている地域にて，それぞれその復興を支える方々との対話や，有識者との意見交換を行う。さらには，最後の9

日目から11日目には，震災を契機に生まれた新たな地域創生のプロジェクトへの訪問を軸に，より復興を「自分ごと」とした生きた知識として理解するための行程が組まれている。例えば，プログラムの最終日には半日をかけて，それまで体験してきた福島の課題や知識をどの様に帰国後，それぞれの国で未来に生かすことができるのか，バックキャスティングを用いたワークショップを実施している。終始，プログラムは福島の復興の「光と影」を内包したカリキュラムとなっており，また地域に既存するコミュニティやネットワークなど「人との交流」にフォーカスが置かれている。

なお，上記はあくまでモデル日程であり，実際のプログラム内容は関係機関との継続的なヒアリングを参考に，その都度復興の状況や有識者の問題意識に合わせた最新の内容となるよう調整をしている。例として，2013年までのプログラムでは旧警戒区域（現帰還困難区域）の立ち入りを制限していたが，線量の大幅な減少や自治体の復興計画の遂行に基づき，行動範囲を毎年増やし，2016年からは，第一原子力発電所の構内視察も行程に取り入れている。

3.3　ターミノロジーの事前学習

また，プログラム行程中は英語のみが使用され，グループディスカッションや住民との対話も英語で展開される。そうする事で，非英語圏からの学生にとって，英語で福島の情報発信を実践する場となるようデザインされている。しかしながら，原子力災害に関連する英単語（以後ターミノロジー）の多くは，一般的になじみが薄い英語表現や，背景知識を必要とする専門用語，訳語が統一されていない新語などが用いられている。そのため，非英語母語者にとっては本質を伝えにくいという難点があった。そこで，2013年からは４つの情報ソース（政府発行物，Japan News, Lexis Nexis, BootCaT[(11)]）から用いた福島に関連する全ての用語の分析を行い，使用頻度の高いターミノロジー及びその英訳を

(11)　政府発行物とは，経済産業省が発行している冊子"Important Stories on Decomissioning"及び"Elimating Negative Reputation Impact"から抽出されたコーパス，Japan NewsとはYomidasデーターベースにある記事のコーパス，Lexis Nexisとは世界130カ国以上でサービスを提供するリーガル情報データベースに収録されている記事のコーパス，BootCaTとは，ウェブ上にあるサイトのテキストからコーパスを作成するツールを指す。

抽出し，単語集を作成した。これを事前学習にて配布する事で，ターミノロジー面での課題を大きく改善させた。また，2017年からは複数のソース間で異なる訳語が存在しているターミノロジーに対して，各訳語の「容認性」，すなわちその言語を母語とする人にとって容認できる訳語であるかを，英語圏の学生を対象としたインターネット調査の中で５段階評価で回答してもらっている[(12)]。その結果（表２－３）を単語集に随時反映させ事前研修で活用する事で，回を重ねるごとに内容を改善させている。

4　プログラムを通した学生の学び

4.1　福島の復興に関する知識の習得

第２節で述べる通り，FAP が目指す学習成果の１つは，福島が長年対応に苦労をしている風評の払拭と，学生による現状の正しい理解である。福島の状況の構造化された「わかりにくさ」とハイコンテキスト性が，海外における正しい認識の低下に繋がっている事は，これまで関谷（2017）など，多くの学者が考察・指摘してきた。さらには，Weart（2012）やマクマイケル（2016）は，元々欧米に定着している Nuclear Fear（原子力への恐怖）に着目し，福島への「未知への恐怖」や「終焉の地」としての先入観がイメージの低下に繋がっていると分析している。とりわけ，食への安全と放射能による健康被害への懸念は大きなマイナス要因となっており（Handler 2016, Cho 2016など），関谷（2017）は，海外において福島の食の検査体制の結果や，検査結果を信頼していない状態が今も風評被害の根底にあることを論じている。

そこで，FAP ではこれらの先行研究で知識の欠落が指摘される分野や事柄についての知識の取得を，成果指標として定め，取得度を参加前後の留学生に対するナレッジテスト（合計50問，設問はマクマイケル（2021）を参照）を用い

(12)　同調査では容認性の５段階評価及び順位付け評価を行なった上で，ノンパラメトリック検定を使って，分散分析に対応したクラスカル・ウォリス（Kruskal-Wallis）の検定を用いた一元配置の分散分析を実施した。容認性およびソースの間にどの様な有意差があるのかは，ボンフェローニの修正による多重比較を用いて確認した（詳細は，マクマイケル（2019）を参照）。

表２－３　ターミノロジーの容認性の多重比較一例　(n=50)

	英訳のソース				
用語名	A（政府発行物）	B（Japan News）	C（Google 翻訳）	D（Lexis Nexis）	E（BootCaT）
1）空間線量	Air dose rate	Radiation levels in air	Space Dose	Amount of radiation in the air	Dose rates in Air
容認性（平均値）	3.26	4.12	1.59	3.5	2.93
ペア毎の有意	A,C** , A,B**	B,C** , B,E**		D,C **	E,C **
2）処理水	Treated Water	Purified Water	Tritium Water	Tritiated Water	
容認性（平均値）	4.18	3.04	2.91	2.79	
ペア毎の有意	A,C** A,B** , A,D**				
3）復興	Reconstruction	revitalization	renaissance	resurgence	revival
容認性（平均値）	3.59	4.46	2.85	3.44	3.89
ペア毎の有意	A,C**	B,A **, B,C ** , B,D**, B,F**		D,C**	E,F** , E,C**
4）風評被害	Negative reputation Impact	Harm caused by misinformation	Harmful rumors	Harm caused by groundless fears	Harmful misperception
容認性（平均値）	3.73	3.97	3.06	3.12	4.04
ペア毎の有意			C,A ** C,B ** , C,E **, C,F**	D,B**, D,E**, D,F**	
5）復興住宅	Revitalization public housing	Public disaster reconstruction housing	Reconstruction housing	Public housing for the disaster-affected	
容認性（平均値）	2.97	3.18	3.14	4.25	
ペア毎の有意	A,D**	B,D**	C,D**		

注：実際の調査より，用語例を一部抜粋。合計標本数から，50の標本数を抽出。

て計測している。図２－３は2017年と2018年に実施されたテストの結果をまとめた図(13)である。プログラム前の段階では海外からの参加者は福島の社会問題（震災関連死，風評被害など）に関する設問への正答率が低く，そして食の安全に関しての認識も指摘される通りに低い事が観測できる。しかし，プログラム後はそれらの設問に対して正答率の向上が見られており，短期プログラムとい

(13)　FAP XIII の留学生参加者は22名であったが，６名の回答が無効となった為，標本数は16名となった。

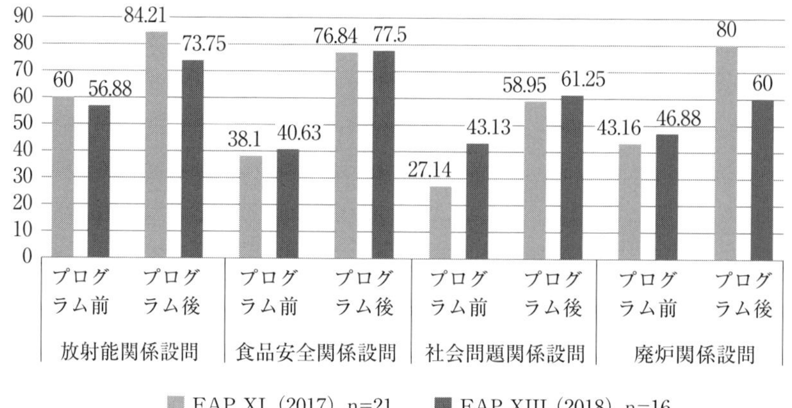

図 2－3　FAP 参加前後の留学生に対するナレッジテストの正答率

う限られた時間の中であっても，統一されたまなざしとテーマのもと，提供側が学びを下支えする事で，参加学生に複雑なテーマへの理解を促せることを示唆している。

4.2　福島に対するイメージの変化

さらには，近年，被災地での周遊行為が復興途中の被災地域における経済的な力となる(14)と同時に，長期的なディスティネーション・イメージの回復とブランディングに結びついている事例が報告されている。例えば Miller et al. は，災害が発生すると，災害後の地域の復活にスポットライトを当て，負の遺産を「復興」という語り口から「和解」「再生」「新しい息吹」「回復」という体系的な学びのもとで再パッケージし，来訪者がそれを伝承する事で，他地域とは異なるオリジナリティをもつブランドの復活に繋がる事を分析している。FAP の場合も，21世紀課題の最前線で復興に向き合う人や，地域団体の活動から得られる知見やインスピレーション，気づきと，震災による深い悲しみや現代社会に対する警鐘など，何処にもない福島独自の学びのコンテンツをパッケージ化させる事で，福島へのイメージの変革効果が現れている。前述するフォロー

(14)　間中（2016）を参照

アップ・アンケートと，2018年８月に実施された，2012年から2017年の参加者を対象とした帰国後アンケート(15)では，「参加をした事で，福島に対するイメージは変わりましたか？」という設問に対し，留学生回答者（n=102）の97.06%が福島のイメージが「変わった」と回答している。

そして，具体的にどの様なイメージに変化しているかを，アフターコーディングを用いた自由記述（n=90）から分析すると，図２‐４のとおり，当初思い描いていた原子力事故という「事象」から，血の通った人間の復興に向けての「ストーリー」へと変革しているケースが最も多く（18.89%），その他には報道される状況と全く違う場所であるという印象（16.67%）や，思い描いていた様な終焉の地とは真逆の地である（13.33%）など，参加前の悪い印象が覆され，福島が「不当に描写された土地」であるという印象に変わった，と回答する参加者が大多数を占めた。また，参加をすることで原子力事故だけではない，複合災害という側面と，そのあまりにも大きい影響を改めて知ることになり，参加する前よりも震災の影響を大きく受けた場所としてのイメージを持ったという回答（15.56%）も，上位回答に入った。

プログラム参加後に行っている記述式アンケートでは，「参加する前は事故の科学的な情報は理解していました。しかし，プログラムで科学的な側面だけではない，感情的，社会的，心理的，そして文化的な考察をしたことにより，俯瞰的に福島を捉える事が出来ました。」（2014年１月実施「FAP IV」参加者），「福島のイメージは津波と原子力による壊滅的なものから，希望，力，そしてコミュニティに変わりました」（2016年８月実施「FAP IX」参加者），「このプログラムは，福島の問題だけでなく，福島から何を学べるのかについても，私の目を開かせてくれました。福島から，命の脆さ，社会を形成する上での私たちの役割など，より大きな問題についても気づかせてもらえました」（2019年８月実施「FAP XIV」参加者）などと，福島での学びや課題に対する広い視野と共感が強まったという感想が多く供述されている。

---

(15)　2018年８月に，過去５年間のプログラム参加者に対してオンラインアンケートを実施。合計９問の設問で構成された。詳しい各設問の内容については，ページ数の制限により本論では省略する。

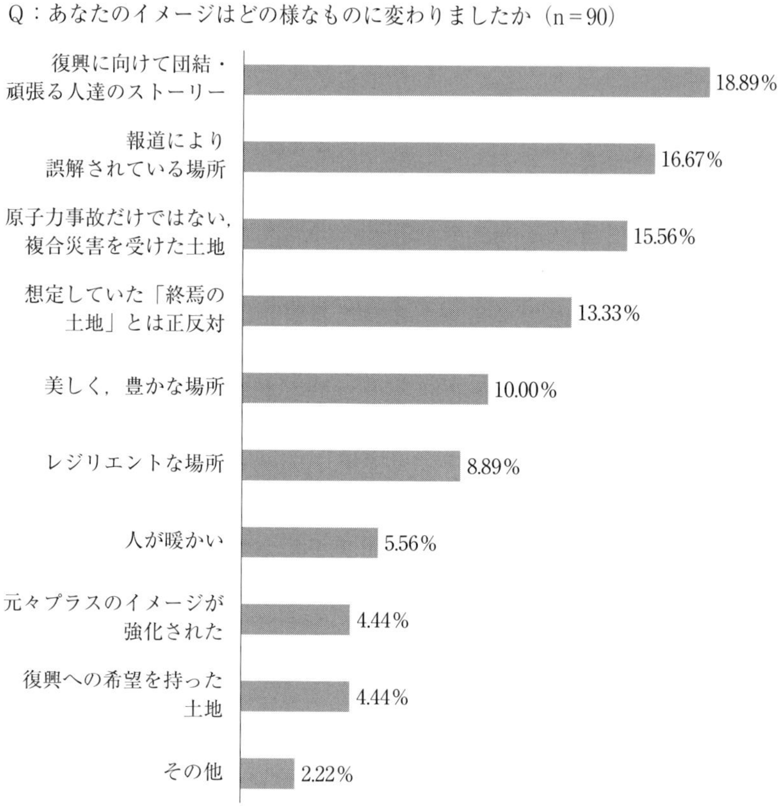

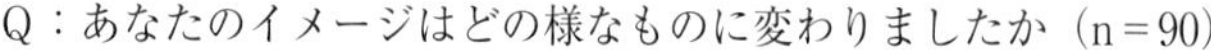

Q：あなたのイメージはどの様なものに変わりましたか（n＝90）
復興に向けて団結・頑張る人達のストーリー
18.89%
報道により誤解されている場所
16.67%
原子力事故だけではない，複合災害を受けた土地
15.56%
想定していた「終焉の土地」とは正反対
13.33%
美しく，豊かな場所
10.00%
レジリエントな場所
8.89%
人が暖かい
5.56%
元々プラスのイメージが強化された
4.44%
復興への希望を持った土地
4.44%
その他
2.22%

図2－4　イメージの変革についてのアフターコーディング分析（%は標本数に対しての割合）

4.3　グローバル・コンピテンスの向上

最後に，序文で示した「グローバル人材に求められる素質」の習得度について，フォローアップ・アンケートの結果を用いて検証する。FAPでは，これまで述べてきた通り，グローバルな資質を有し，福島を取り巻く状況の特殊性を踏まえつつ，それぞれの出身地域社会の直面する困難な諸課題に実践的・主体的に取り組む人材育成を目指している。「グローバルな素質」とは，例えばグローバル人材育成推進会議（2012）によれば，１）語学力・コニュニケーション能力，２）主体性・積極性，チャレンジ精神，協調性・柔軟性，責任感・

表２－４　フォローアップアンケートにおけるグローバル資質に関する設問の分類

能力の向上（18項目）	１）専門知識・技能，２）基礎学力・一般教養，３）外国語運用能力，４）コミュニケーション能力，５）他国の社会・習慣・文化に関する知識，６）リーダーシップ，７）積極性・行動力，８）異文化に対応する力，９）ストレス耐性，10）目的を達成する力，11）柔軟性，12）協調性，13）社交性，14）創造力，15）忍耐力，16）問題解決能力，17）批判的思考力，18）論理的思考力
意識の高まり（12項目）	１）多様な価値観や文化的背景を持つ人々と共生する意識，２）価値判断を留保してなぜそうなるかを考えようとするようになった，３）宗教に対する寛容性，４）政治・社会問題への関心，５）外交・国際関係への関心，６）環境・貧困問題などの地球的課題に対する意識，７）メディア・情報リテラシー，８）リスクをとること，チャレンジすることに関する意識，９）他人に共感する力，10）自己肯定感，11）自己効力感，12）自己有用感

使命感，３）異文化に対する理解と日本人としてのアイデンティティという３要素に加え，幅広い教養と深い専門性，課題発見・解決能力，チームワークと異質なものをまとめるリーダーシップ，公共性・倫理観，メディアリテラシーなどを兼ね備えた，世界で活躍するための素質であるとされる。また，OECDが提唱するグローバルコンピテンスという概念では，地域社会，グローバル社会そして異文化に関わる問題を考察し，他者の視点や世界観を理解し，その価値を認め，異文化の人々とオープンに適切かつ効果的なコミュニケーションをとり，共同体としてのグローバル社会の繁栄と持続可能な発展の為に行動を起こす能力が含まれている（PISA 2018グローバルコンピテンス序文より[(16)]）。これらを参照の上で，先行事例で用いられた[(17)]学効果測定の大規模調査の分類法を参考に，表２－４の通り，「知識の向上」と「意識の高まり」に関連した設問を30問選択し，４段階評定尺度（４.大いにそう思う，３.そう思う，２.そう思わない，１.大いにそう思わない）でFAP参加学生92名（日本人学生42名，留学生48名）に回答をしてもらった。

その結果が加重平均点での上位５回答までを一覧にしたのが表２－５である。この通り，FAPに参加することで「能力が向上した」と回答した比率が多かったのは，日本人学生の場合は「異文化に対応する力（3.58）」と「社交性

(16)　https://doi.org/10.1787/d5f68679-en. を参照
(17)　横田（2018）を参照

表２－５　参加学生のグローバル資質の向上（上位５項目）

能力の向上（18項目）						意識の高まり（12項目）					
日本人学生 n=44		加重平均値	留学生 n=48		加重平均値	日本人学生 n=44		加重平均値	留学生 n=48		加重平均値
1	異文化に対応する力	3.58	1	他国の社会・習慣・文化に関する知識	3.86	1	多様な価値観や文化的背景を持つ人々と共生する意識	3.79	1	他人に共感する力	3.7083
	社交性	3.58	2	協調性	3.63	2	外交・国際関係への興味	3.75	2	環境・貧困問題などの地球的課題に対する意識	3.7045
2	協調性	3.52		批判的思考力	3.63	3	政治・社会問題への関心	3.58	3	メディア・情報リテラシー	3.625
3	柔軟性	3.50	3	異文化に対応する力	3.61	4	他人に共感する力	3.56	4	多様な価値観や文化的背景を持つ人々と共生する意識	3.6136
4	他国の社会・習慣・文化に関する知識	3.48	4	社交性	3.54	5	リスクをとること，チャレンジすることに関する意識	3.50	5	価値判断を保留してなぜそうなるかを考えようとするようになった	3.5227
5	コミュニケーション能力	3.44		柔軟性	3.54						
			5	コミュニケーション能力	3.48						

(3.58)」，「協調性（3.52)」，「柔軟性（3.50)」といった，格言すれば「異文化協働力」と呼べる能力であることが見られた。対して留学生は，実際に来日し，異質の環境で学んでいる為か，「他国の社会・習慣・文化に関する知識（3.86)」が最も高まったと回答する学生が多く，さらには２位回答として，「批判的思考力（3.62)」が挙げられている。この点は日本人学生とは大きく傾向が異なり（日本人学生の場合は批判的思考力は18項目中12位），福島に対するイメージや常識が，プログラムによって大きく変動する事で，批判的思考力の向上につながっている事が示唆される。

また，「意識の高まり」に関しては，日本人学生は能力の向上と同様に，「多様な価値観や文化的背景を持つ人々と共生する意識（3.86）」,「外交・国際関係への興味（3.62）」,「リスクをとる事，チャレンジする事に関する意識（3.50）」など，異文化と共生・協働するための関心や意識が向上したという意見が大半を占めている。対して，留学生の場合は,「他人に共感する力（3.70）」,「環境・貧困問題などの地球的課題に対する意識（3.70）」,「メディア・情報リテラシー（3.62）」の高まりが上位回答となっており，先に述べたOECDが提唱する「地域社会，グローバル社会そして異文化に関わる問題を考察し他者の視点や世界観を理解し，その価値を認めあう」，という「グローバルコンピテンシー力」の高まりが見受けられる。また,「他人に共感する力」は日本人学生，留学生双方の上位に入っており，FAPを通して，参加者が異なる文化を尊重し，福島の課題を「自分ごと」として共感する力が身についている事が考察できる。

5　まとめと今後の展開

以上，第２章ではFAPについて，その設立に至った背景から現在の内容と教育成果について紹介した。FAPを通して，参加学生が福島の復興に対する基礎的な知識と,「俯瞰的な学び」,「他者と共感する力」,「（情報への）批判的思考力」，そして福島に対する「対地的イメージの変革」といった学びを得ている事を考察した。今後，対象者やプログラムの開催数を拡大し，更には内容をアフターコロナなどと言った世界情勢と密接に連携させる事で，高次のグローバル人材教育プログラムとして確立される事が展開として期待される。その一つの方向性として，例えば2019年に開催された「第40回ユネスコ総会」では，2030年の持続可能な社会に向けて，今後教育を通して涵養すべき資質のキーワードが，FAPからの学びと同様に，地球規模の課題に深くつながる「エンパシー（共鳴力）」と，そこから生まれる「コンパッション（慈しみ）」であると示された[(18)]。これらの資質は，コロナ禍による社会分断が危惧されている今だからこそ，世界の復興に必要とされる知的・感情的特質とも呼べ，これまで述

(18)　永田（2020）

べた通り，10年間で福島での復興教育プログラムがたどり着いた，「福島に来て学生が学ぶべきものとは何か」という問いへの答えでもある。

社会学者の鶴見和子氏は，その著書『漂泊と定住と』の中で「（公害や人間による環境の破壊により）最も深く傷ついた人々のうちから，再生の芽は探し求められるに違いない」と述べた（鶴見，1977)。この言葉の通り，震災で傷ついた福島から学べる知見は，これからの世界の復興にとっても欠かせない「再生の芽」となりうる可能性を秘めている。その可能性を最大限活かすためにも，FAP を通した「ここでしか学べない」教育契機を世界と共有し続け，人材を育て続ける事が，改めて課題先進地域に位置する大学としての役割（ミッション）であると考える。

日本語参考文献

大西好宣（2019)「短期留学及びその教育効果の研究に関する批判的考察：満足度調査を超えて」『JAILA JOURNAL』第５号，pp.51-62

関谷直也（2017)「東京電力福島第一原子力発電所事故後の風評被害に関する懇談会」第一回福島大学・東京大学原子力災害復興連携フォーラム（2017年12月５日）発表「国内と諸外国における風評被害の実態―2017年度調査および国際比較調査」配布資料より

永田佳之（2020)「ポスト・コロナ時代の教育‘ESD for 2030’からの示唆～その３～」日本文教出版，https://www.nichibun-g.co.jp/data/web-magazine/manabito/esd/esd009/（2021．５．12アクセス）

マクマイケル ウィリアム（2016)「世界の中の FUKUSHIMA」開沼博編『福島第一原発廃炉図鑑』太田出版，pp.212-21

マクマイケル ウィリアム（2021)「ダークツーリズムを用いた短期留学プログラムの考察」『福島大学地域創造』第32巻 第２号，pp.99-113

マクマイケル ウィリアム（2019)「福島県における「ホープツーリズム」の概念化と成立要件としての通訳ガイドの素質」福島大学経済学研究科（学位論文）

太田浩（2013)「戦略的国際化における Balanced Scorecard 活用の可能性」大学マネジメント JUL 2013 Vol.9，第４号，pp.2-12

鶴見和子（1977)『漂泊と定住と―柳田国男の社会変動論』ちくま学芸文庫，p.263

横田雅弘・太田浩・新見有紀子（2018)「海外留学がキャリアと陣勢に与えるインパクト―大規模調査による留学の効果測定―」学文社，pp.113-124

英語文献

Cho, T. J., Kim, N. H., Hong, Y. J., Park, B. I., Kim, H. S., Lee, H. G.,Song, M.K,Rhee, M-S (2017). *Development of an effective tool for risk communication about food safety issues after the Fukushima nuclear accident: What should be considered?,* Food Control, 79, pp. 17–26

Handler, Isabell (2016). "*The impact of the Fukushima disaster on Japan's travel image: An exploratory study on Taiwanese Travelers*", Journal of Hospitality and Tourism Management, Vol.27, pp.12–17

OECD (2020), *PISA* 2018 *Results (Volume VI): Are Students Ready to Thrive in an Interconnected World?*, PISA, OECD Publishing, Paris, https://doi.org/10.1787/d5f68679-en.

Gray,K.S.,G.K Murdock, and C.D. Stebbins (2002). *Assessing Study Abroad's Effect on an International Mission*, Change: The Magazine of Higher Learning, 34 (3), pp.44–51

Miller, Demond; Gonzalez, Christopher & Hutter, Mark (2007). "*Phoenix tourism within dark tourism-Rebirth, rebuilding of tourism destinations following disasters*", Worldwide Hospitality and Tourism Themes, Vol.9 Issue 2, pp.196–215

Ritz, A. (2011) *The Educational Value of Short-Term Study Abroad Programs as Course Components,* Journal of Teaching in Travel & Tourism 11 (2), pp.164–178

Spencer, S and Tuma, K (2006) The Guide to Successful Short-Term Programs Abroad Second Edition, NAFSA Association of International Educators, pp.ix–xii

Weart, Spencer (2012). "*The Rise of Nuclear Fear*", Cambridge, Massachusetts, and London: Harvard University Press

謝辞

本章の作成にあたり，Fukushima Ambassadors Program の連携先である相双振興局や相馬国際交流の会，環境創造支援センターや一般社団法人 AFW をはじめ，多くの地域の皆様に大変お世話になりました。また，同プログラムの立ち上げ・運営などにおいて，福島大学長や各協定大学をはじめとする，様々な方面からの多大な支援を受けてきました。本章で示したプログラムについては，2013–2021年度福島大学学長裁量経費，2012–2021年度 JASSO 海外留学支援制度（協定受け入れ）の補助を受けて実施いたしました。ここに記して感謝いたします。なお，本章における一切の誤謬の責任は筆者にあります。

第3章

Work Experience Abroad カリキュラム
―アメリカ・ヒューストン市での長期インターンシップを通して―

マッカーズランド フィリップ，沼田　大輔

1　はじめに

福島大学経済経営学類では，2010年度から現在まで，アメリカ・テキサス州・ヒューストン市でのインターンシップを行い，これまでに72人の学生が申し込み，49人が渡航している。ヒューストン市は，近年成長が著しい都市で，全米第４の人口を擁し，2010年の国勢調査で約210万人，2019年の人口は約232万人と推定されている(1)。ヒューストン市は，石油メジャーのアメリカ本社があり，「テキサス・メディカル・センター」と呼ばれる世界最大級の医学研究群がある。

ヒューストン市でのインターンシップのコンセプトは，学生に，「海外の実際の現場（Real Environment）」で，「実際の仕事の経験（Real Working Experience）」を通して，「実際の英語（Real English）」による，「実際のコミュニケーション（Real Communication）」を学ばせることである。そして，学生に，海外で生きていくための，知識・スキル・自信を獲得させることを狙いとしている。そこでは，語学力だけでなく，主体性・積極性・協調性・柔軟性・責任感・異文化に対する理解・日本人としてのアイデンティティ・課題発見解決能力・メディアリテラシーなど，様々な要素を兼ね備えたグローバル人材を育てることを目

(1)　US Census Bureau “Annual Estimates of the Resident Population for Incorporated Places of 50,000 or More, Ranked by July 1, 2019 Population: April 1, 2010 to July 1, 2019” https://www.census.gov/data/datasets/time-series/demo/popest/2010s-total-cities-and-towns.html（アクセス日：2021年５月30日）

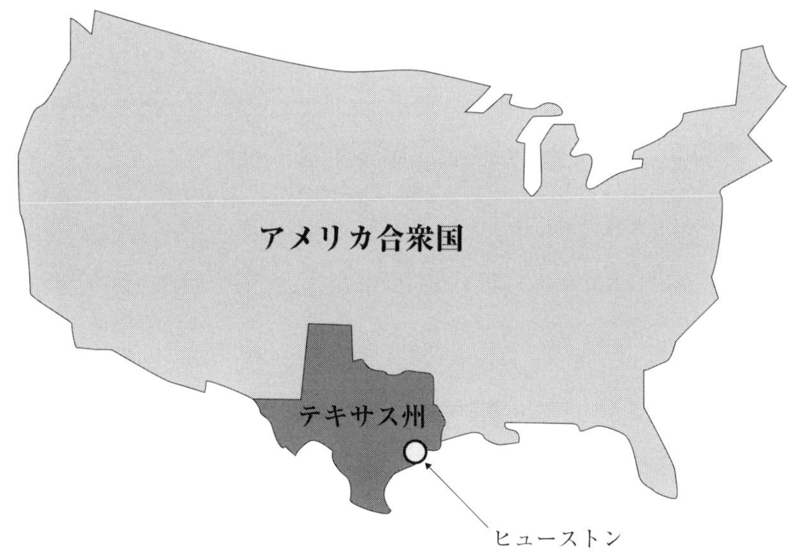

図３-１　ヒューストンの場所

出所：「ヒューストン基本情報」<http://www.mediaison.com/houston/basicinfo.html>（最終アクセス日：2021年５月30日）。

的としている。[(2)]

このインターンシップの期間は，アメリカでの学生の標準である7.5週間を基本としている。そして，福島大学経済経営学類では，2016年度から，このインターンシップを，Work Experience Abroad と呼ばれるカリキュラム（以下，WEA）の中に位置づけている。本章では，2010年度からの様々な過程を振り返った上で，現在の形，および，その派生として出てきたことなどを記す。

本章の構成は次のとおりである。２節で，2010年度から2015年度までの６年間の経緯について示す。３節で，２節を踏まえて2016年度から運用しているWEA の概要を示す。４節で，WEA を運用する中で派生して出てきた様々な取り組み等について示す。５節で，WEA について学内外の評価を示す。最後に６節で，本章のまとめと，WEA の今後の展望を示す。

⑵　グローバル人材については，グローバル人材育成推進会議（2011）を参照されたい。

2　2010～2015年度の経緯

2.1　2010年度：テキサス州知事選挙事務所でのインターンシップ

WEAは，2010年度に行われたテキサス州知事選挙の事務所でインターンシップをする学生を各所から求めていることについて，本章の著者の一人であるマッカーズランドが，ヒューストンで働くマッカーズランドの弟と2010年4月に話したところから始まった。そこでは，このインターンシップに夏休みの4-6週間日本からの学生を受け入れ，3名のホームステイ先の手配をすることができた。2010年5月に福島大学でこのことを紹介する機会を教員が設け，12名の参加があり，5名がこのインターンシップに申し込み，動機・ヒューストンで自ら行動できるかといった観点で，英語でのエントリーシート・エッセイ・面接で，3名を選んだ。

渡航前の学習・トレーニングなどを，夏休み前の昼休みに適宜，および，夏休みのマッカーズランドの集中講義「特別演習 Intensive Oral Communication」（3年次前期科目）で行った。このため「特別演習 Intensive Oral Communication」の履修生は，このヒューストンでのインターンシップに行くことが決まっている学生であった[(3)]。なお，マッカーズランドはネイティブスピーカーであり，基本的に英語のみで進めた。そして，「特別演習 Intensive Oral Communication」の単位取得の条件の一つに，帰国後1週間以内に最終レポートの提出を課した。また，帰国後に，海外インターンシップに協力的な教員の授業等で，ヒューストンでのインターンシップの体験報告を行うことも課した。

2010年度のインターンシップ先では，受講生は，他国・他大学の学生とともに，データ入力，郵送物の封詰めなどを行った。ホームステイ先は，選挙活動の関係者であったことなどから，宿泊料がほぼかからなかった。しかし，ホームステイ先が郊外のため，学生はタクシー等を使わざるをえず，日々の通勤に

(3)　このインターンシップへの参加を希望する学生は，5月に「特別演習 Intensive Oral Communication」の履修登録を行い，その後，インターンシップの選考から落ちた学生は，履修撤回を行った。

表３-１　2010-2015年度のヒューストン・インターンシップのカリキュラムの構成

前期	夏休み集中講義	夏休み	後期
教員が説明会を準備・実施 選考後，準備のミーティングを複数回実施	特別演習 Intensive Oral Communication （２単位）	特別演習 海外インターンシップ （ヒューストンでの インターンシップ） （２単位）	複数の授業で体験報告

※ 四角で囲んだ箇所は福島大学における正規の授業であることを示している。

※「特別演習 Intensive Oral Communication」は，ヒューストンでのインターンシップ参加が履修の条件

※ ヒューストンでのインターンシップを，「特別演習海外インターンシップ」としたのは，2012-2015年度

出所：筆者作成。

多くの時間がかかり，週末に学生同士で集まることも難しかった。

学生は，現地で言葉の壁に直面しただけでなく，日本の政治についての意見を説明できないといった自分の実力の位置を認識したことが伺えた。なお，このときの福島大学生に好感を持ち，2011年度以降の福島大学からヒューストンへのインターンシップのサポートを，ホストファミリーやメンターなどの形で行ってくれている方々もいる。

2.2　2011年度：民間企業等でのインターンシップ

2011年度は，2010年度にあった州知事選挙事務所でのインターンシップはなく，ヒューストンでのインターンシップ先の開拓を様々に試み，Birkman International Inc, Farouk System Group, JFPI Corporation，ヒューストン大学をインターンシップ先とした。業務内容は，インターネットでの商品価格の調査，製品サンプルの送付，ネットストア作成の手伝いなどであり，２名の学生が参加した。しかし，インターンシップ先は，学生を雇うほどは大きくなく，学生への仕事があまりなかったため，学生はインターンシップ先を途中で変更したことから，学生の希望をかなえた仕事内容とはいいがたい。滞在先からの通勤手段が引き続き課題となり，道路の通勤ラッシュにも巻き込まれた。

また，2010年度のホームステイ先は，2011年度はなかったため，宿泊は長期

滞在向けのホテルとした。福島大学からの補助もなく，宿泊費が高額になることから，３週間のプログラムとした。2011年３月に発生した東日本大震災に伴い，福島大学の授業スケジュールが後ろ倒しになったことも，３週間とせざるをえなかった理由である。なお，ホテルの料金をできるだけ安くする努力は2012年度以降も続けた。

2.3　2012年度：ハリス郡住宅局・NPO でのインターンシップ

2012年度は，マッカーズランドの弟が代表を務めていたハリス郡住宅局（Harris County Housing Authority），および，Parks by You という NPO（非営利組織）でのインターンシップとし，４名の学生が参加した。宿泊先は2011年度と同様である。2012年度以降，「ロールモデルの学生を育てることで，多くの学生に多大な刺激を与え，グローバルな視点を持つ学生の増加が期待される」として，福島大学の学長裁量改革推進経費から学生への補助が付いたが，2012年度は少額であったため，３週間のインターンシップとした。

2012年度から，少しでも多くの学生がヒューストンでのインターンシップに申し込めるように，「特別演習 Intensive Oral Communication」を１年生科目に変更した。また，「特別演習 海外インターンシップ」（２年生科目）を準備し，学生は，ヒューストンでインターンシップをすることで２単位を取得できるようにした。

2.4　2013年度：ハリス郡住宅局・ヒューストン市役所でのインターンシップ

2013年度は，ハリス郡住宅局とヒューストン市役所（部署は Department of Neighborhoods; Volunteers Initiative Program; Public Works and Permitting）でのインターンシップに学生６名が7.5週間取り組んだ。宿泊先は2011年度と同様の長期滞在向けのホテルであったが，「北米の通常の学生と同等に扱われるインターンシップは，限られた大学でしか提供されておらず，全学的な売りになる」として，福島大学から多くの学長裁量経費が措置された。

2013年度は，Japan America Society Houston（JASH）と呼ばれるヒューストンの日系人の団体と関係を持った。そして，Asia Society Texas Center と在ヒューストン日本国総領事館共催の東日本大震災に関するイベントで，インターンシップ中の学生が福島での震災体験や復興状況などについて発表した。

なお,「特別演習 海外インターンシップ」として7.5週間のヒューストン・インターンシップを行うことは，教員が海外インターンシップ中，ヒューストンに滞在することを必要とした。しかし，7.5週間，教員が同行することは，教員の他業務への影響，教員の渡航・滞在費が高額になるといった問題を招いた。

2.5　2014年度：ハリス郡住宅局・ヒューストン市役所でのインターンシップ

2014年度は，８名の学生が7.5週間，交換留学中の１名の学生とともに，2013年度と同様のインターンシップを行った。学生は，受付対応，市のイベントにスタッフとして参加，市役所で働いている人への内部告知の電光掲示板に示すスライドづくりなどを行った。

2014年度も，宿泊先は長期滞在向けのホテルであったが，グローバル人材育成について大学から奨学金が多く措置され，7.5週間の滞在が可能になった。多くの補助が付いた背景には，ヒューストンでのインターンシップが,「グローバル・リアル・インターンシップ」と呼ばれ，福島大学長が示すプランに位置づけられたことがある。

多くの日本人が長期間ヒューストンに滞在したため，ヒューストンの日本人コミュニティとの関係が深まり，在ヒューストン日本国総領事館がセントトーマス大学を紹介してくれるなどした。

2.6　2015年度：ヒューストン市役所でのインターンシップ

2015年度も，ヒューストン市役所から,「様々な部署で受け入れ可能」との連絡を受けていた。そして，福島大学から，ヒューストンでインターンを行う学生への奨学金を確保できた。しかし，長期間のホテル滞在を基本としていたため，奨学金のサポートが重要であったが，その決定が遅れ，また他の海外派遣プログラムとバッティングしたためか，学生の応募がなかった。このため，体制を根本から組み直し，2016年度以降に繋げることにした。

一方で，２人の交換留学中の学生が Houston Public Library とヒューストン市役所の Department of Public Works and Engineering に６-8.5週間インターンシップを行った。なお，彼らの滞在先は，2010年度に築いた個人的な関係のホームステイであり，彼らに福島大学からの奨学金は支給しなかった。

3　Work Experience Abroad カリキュラムの概要

２節で述べた様々な問題を解決すべく，ヒューストンでの長期インターンシップの体制・カリキュラムを根本的に組みなおしたのが，現在も続いているWEA カリキュラムである。本節では，その概要を記す。

3.1　Work Experience Abroad カリキュラムの全体像

（１）「Work Experience Abroad I」の位置付け

「特別演習 Intensive Oral Communication」を「Work Experience Abroad I（以下，WEA I）」と改称し，２年生前期科目とした。履修者は，2016年度からは，ヒューストンでのインターンシップへの参加は要件とせず，海外で働くことに関心のある学生に広く開講し，試験・WEA Ｉの授業内での状況・提出物の状況などで履修学生を評価することにした。2016年度は17名，2017年度は17名，2018年度は23名，2019年度は15名，2020年度は11名，2021年度は16名の学生が WEA Ｉを履修した。

WEA Ｉの授業内容は，2015年度までヒューストンでインターンシップをしてきた学生の状況を踏まえて，他者に自分を英語で説明でき，内容のある会話を継続できる；自らの学部や専門領域を説明できる；自分の将来の目標や人生プランを話すことができる；自らの文化の興味深い側面を説明できることを目標とした。海外でのインターンシップに参加する際に身につけておくべき考え方（例えば，丁寧さ・謙虚さの示し方といった，考え方・ふるまいの日本人と外国人の違い）・安全管理などについても扱うことにした。また，海外で仕事をするには何が必要か，仕事とは何か，海外でのインターンシップに何を期待するかを考える機会も作った。上司から仕事を与えられないとき，仕事がつまらないとき，上司がいないとき，どうするかについて考える機会も設けている。

そして，WEA Ｉの履修学生の中で，ヒューストンでのインターンシップへの参加者を募り，選考することに変更した。この変更により，WEA Ｉを２年生前期科目にしても，ヒューストンでのインターンシップへの応募学生を確保できると考えた。また，2015年度以前に起こりえた，ヒューストン・インターンシップの選考で落ちた学生が，履修登録の撤回手続きを行う必要もなくなった。

写真3－1　WEA Ⅰでの授業の様子の例（2016年度）
出所：筆者撮影。

ヒューストンでのインターンシップへの参加が決まった学生は，WEA Ⅰの履修と並行して，毎週1回程度のミーティングを行い，インターンシップ先とのマッチング，宿泊先・飛行機の手配，自分についてのプレゼンテーションづくりなどを行い，インターンシップ先についての事前学習，緊急時の対応方法についてもしっかり確認する。さらに，本書の2部・3部で述べる食・観光・若者の消費行動に関するアンケートの英文化・電子化なども行う。

（2）「Work Experience Abroad Ⅱ」の位置付け

2015年度までの「特別演習 海外インターンシップ」を，「Work Experience Abroad Ⅱ（以下，WEA Ⅱ）」と改称し，2年生後期科目とした。そこでは，海外でのインターンシップ（後述の（3）を参照）を経験した学生がその経験を振り返り，異文化・自らの文化をより深く理解し，グローバル人材としてはばたくための今後の学習の方向性を見出すことにした。

WEA Ⅱにおける海外でのインターンシップのふりかえりの報告を，WEA Ⅰの1回目の授業に位置づけた。また，WEA は海外でのインターンシップを含めて1年間のカリキュラムであることから，WEA Ⅰの1回目の授業以外に説明会を別途設定し，そこでも WEA Ⅱの履修生が体験報告をする[(4)]。説明会の広報・説明会当日の運営も WEA Ⅱの履修生が行うこととし，それも学生

(4)　2016年度は，この報告会の案内を，2017年2月の福島大学定例記者会見で行い，2017年2月8日の朝日新聞 福島版で「嫌いな英語発奮　米にインターン　～麻薬取り締まる関連部署に2カ月　福大生の渡辺さん，きょう体験報告～」として取り上げられた。福島大学学内で開催された報告会には一般からの参加もあった。

表3－2　2016年度からのWork Experience Abroadカリキュラムの構成

前年度後期	前期	夏休み	後期
前年度のWEA II履修生が説明会を準備・実施	Work Experience Abroad I （2単位） WEA I履修生から，推奨インターンシップ参加者を募集 選考後，準備のミーティングをWEA Iと別に複数回実施	海外でのインターンシップ（含：推奨インターンシップ）	Work Experience Abroad II （2単位） WEA IIは，海外でのインターンシップ参加経験を有することが履修条件

※ 四角で囲んだ箇所は福島大学における正規の授業であることを示している。
出所：筆者作成。

の学びとした。なお，WEA IIも，主な使用言語は英語である。WEA IIにおける履修学生の評価は，以上の取り組みをもとに行う。

近年は，本書の2部・3部で言及されている，グローバル人材育成企画委員会の食・観光・若者の消費行動に関するアンケート調査等にアメリカチームとしても参加し，その調査のまとめと発表の準備などもWEA IIで行っている。

なお，WEA IIでは，海外インターンシップはWEA IIを履修するための条件とし，海外でのインターンシップ自体に単位は認定しないことにした。これにより，インターンシップの全期間にわたって，教員がヒューストンに滞在することが不要になり，引率教員の問題の解決につながった。

（3）　海外インターンシップの位置付け

WEA IIの履修条件は，ヒューストンのインターンシップを含めて，海外（英語が主な言語でない国も可）で英語を使うインターンシップを1週間（5日，8時間／日）以上，経験したことを客観的に示せることである（例：行程，仕事内容を記した主催者・上司の文書等）。ここでの海外でのインターンシップは次の3種類があるとした。なお，これまでは，下記のうち，ヒューストンでのインターンシップのみが位置づけられている。また，いずれのインターンシップも正規授業ではないことから，現地でのトラブル等の責任は基本的に本人にあるとした。

・福島大学が推奨する海外インターンシップ：海外インターンシップ担当（後述）が，福島大学経済経営学類執行部などと協議して決定。これまでのところ，上述のヒューストンでのインターンシップのみとしている。このインターンシップに参加するには，WEA IIの履修の確約が要件の一つである。福島大学から渡航費・滞在費の一部について経済的なサポート等を得ることが可能である[(5)]。ヒューストンでのインターンシップの詳細は，3.2を参照されたい。
・福島大学が紹介する海外インターンシップ：上記の推奨する海外インターンシップ以外で，WEA Iや福島大学国際交流センターが紹介する海外でのインターンシップ（ボランティア活動も可）
・福島大学が紹介していない海外インターンシップ（ボランティア活動も可）

なお，2016年度から，福島大学経済経営学類では，グローバル人材育成委員会の一つとして，海外インターンシップ担当を設置し，2016年度から沼田がグローバル人材育成委員会委員長補佐（海外インターンシップ関係）を務めている(それまでは役職はなく有志として行っていた)。

3.2　ヒューストンでのインターンシップの内容

2016年度は6名，2017年度は5名，2018年度は8名，2019年度は5名の学生が，ヒューストンでのインターンシップに参加した。なお，2020年度は，新型コロナウィルス感染症のため海外への渡航ができず，実施できなかった。2021年度は新型コロナウィルス感染症の状況が改善すれば，通常は夏休みのところ

(5)　2016年度以降は，福島大学国際交流センターの「グローバル人材育成の福島モデルの確立」の中で，グローバルインターンシップとして，予算措置がなされている。なお，外部資金の可能性も探っており，2019-2021年度はJASSO海外留学支援制度（協定派遣）の採択を受け，福島大学国際交流センターの予算措置と組み合わせて，学生の経済的サポートを行っている。

写真３-２　ヒューストン市役所でのインターンシップの様子の例

出所：2016年度ヒューストン・インターンシップ参加者撮影。

を，2022年２-３月に実施することを考えていたが，渡航できる状況にはないと判断し実施しないことにした。(6)

3.1で示したように，2016年度から，ヒューストンでのインターンシップの，福島大学におけるカリキュラム・体制を整えたことについて，ヒューストンの関係者への説明，教員不在時のヒューストンでのサポート体制の構築などのため，2016年６月に海外インターンシップ担当で，ヒューストンを訪問した。なお，この事前調整の訪問の中で，ヒューストンでホームステイを斡旋する団体の存在を知り，2016年度以降，学生の滞在先はこの団体のお世話になっている。

（１）　インターンシップ先

インターンシップ先はヒューストン市役所であり，各学生は自身の関心をもとに受け入れが成立した部署でインターンシップを行う。これまでの業務内容の例は，２節で述べたこと以外に次の通りである；市民向けの部署における接客対応，起業したい人へのサポート資料の作成，アルコール・薬物依存防止の啓発，子どもの非行防止活動，支所で外国人にどう対応するかのチェック，ファイル整理，資料印刷，ウェブページの更新である。また，ヒューストン市議会や各部署に関する現場見学，イベントに向けた会議への参加等も適宜ある。

インターンシップの期間は基本的に7.5週間の平日・昼間であり，学生は大学の前期試験が終わるとすぐに渡米し，夏休みの終わり頃までヒューストンに滞在する。インターンシップ終了後，インターン先の部署は，インターンシッ

(6)　これに伴い，2021年度は，WEA II を海外でのインターンシップに行くためのトレーニングとした。

プを行った学生についての評価（例：言語力，仕事の質，理解力，チームワーク力，適応力，責任感）を，海外インターンシップ担当に送付する。

写真3-3　ホームステイ先での様子の例
出所：2016年度ヒューストン・インターンシップ参加者撮影。

（2）　ホームステイ

学生の滞在先はホームステイとした。上述のヒューストンでホームステイを斡旋する団体に，学生の希望（例：子どもがいるところか，犬がいるところか），インターンシップ先，インターンシップ先まで公共交通機関[7]で行けることなどを伝え，各学生のホームステイ先を手配する。ホームステイ先には，福島大学生以外にも世界各国からの学生が様々な目的で滞在しており，彼らとともに過ごす。ホームステイ先と週末に外出することもある。

（3）　教員・大学からのサポート・緊急時の体制

インターン期間である7.5週間の冒頭のみ，福島大学から教員が同行する。教員不在時のヒューストンでのサポート体制は次の通りとした：インターンシップの最初の週に，教員がヒューストンに滞在し，学生がホームステイ先と会い，ホームステイを始める補助，学生にホームステイ先からインターン先への移動方法を伝授，学生がインターン先と会いインターンを始める補助，現地での日本人コミュニティや協力者の紹介等を行う。

インターンシップ2週目以降は，学生は教員に日々の報告をできるかぎりSNS等で行う。あらかじめ，インターンシップを行う学生同士をSNSでつなぎ，学生同士でフォローしあえるようにする。WEA Ⅰの授業と並行でインターンシップ参加者に行うミーティングで緊急時の対応を議論する。インターン

(7)　ヒューストンでは，バス，トラム（路面電車）が発達している。

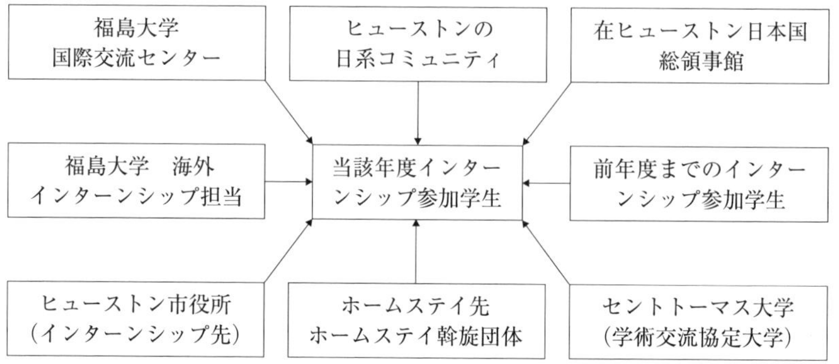

図３－２　ヒューストンでのインターンシップに関係する諸機関の構成

出所：筆者作成。

シップ先・ホームステイ先に問題発生時の教員への連絡を依頼しておく。現地での日本人コミュニティや協力者に問題発生時の支援を依頼しておく。その上で，現地で重大な事態が発生した場合には，海外インターンシップ担当などが現地に行くとした。

参加学生は海外旅行保険を必ずかける。その上で，大学は機関保険に入る。福島大学として，「海外渡航に関する危機管理ガイドブック（派遣学生用）」に基づき，福島大学国際交流センターと担当教員による渡航前研修を受ける。

（４）　参加学生の費用節約の可能性

インターンシップ自体は授業ではないため，学生は教員とヒューストンで合流する。このため，搭乗する飛行機を自由に選ぶことで，学生は費用を安く抑えられる。ホームステイでは，平日の朝食と夕食もついているため，費用を抑えられる。平日の昼間や週末の食事を調整することで費用を抑えることも可能である。

（５）　その他

学生は，週末や仕事の帰りに，スポーツ観戦，近郊都市を含む観光，ショッピングに出かけるなど，自由に過ごす時間もある。それらの中には，本書の２部・３部で述べる，食・観光・若者の消費行動に関する検討に生かしうるものもあった。こういったことも含めて，ヒューストンでの様々な出来事について，学生がSNSなどで情報発信を行うことも学生の仕事とした。(8)

4　Work Experience Abroad カリキュラムの派生

3節で示した，ヒューストンでの日系コミュニティ（在ヒューストン日本国総領事館などを含む）や協力者（セントトーマス大学などを含む）とは，主に2016年度以降に多様な展開がある。本節ではその展開の概要を示す。

写真3－4　在ヒューストン日本国総領事館の総領事宅を訪問した際の様子

出所：2016年度ヒューストン・インターンシップ参加者撮影。

4.1　現地での日系コミュニティ

2016年度は，インターンシップ最終日に，在ヒューストン日本国総領事館の総領事宅を訪問し，ヒューストンでのインターンシップの経験や感想を報告した。また，2016-2017年度は，ヒューストンにあるライス大学の日本語・日本文化の授業に適宜参加し，アメリカの学生に恵方巻の作り方を教えた学生もいた。

4.2　セントトーマス大学との関係

（1）　福島を紹介するイベント，福島 / 日本に関するアンケートを通じた交流

2016年8月30日には，ヒューストン市にあるセントトーマス大学で，約40人の聴衆（在ヒューストン日本国総領事館の方々・ホームステイ先のホストファミリ

(8)　ヒューストンでの様々な出来事について学生によるSNSなどでの情報発信の例は，Fukudai Houston Relationship Facebook ページ https://www.facebook.com/FukudaiHouston/，および，福島大学経済経営学類グローバル人材育成プロジェクトのFacebook ページ https://www.facebook.com/profile.php?id=100054224030962 で見られる。

写真３－５　セントトーマス大学で福島について話した際の様子
出所：2016年度ヒューストン・インターンシップ参加者撮影。

ーの方々を含む）の前で，福島への留学の状況，福島の観光，福島での東日本大震災被害などについて発表し，昼食会（セントトーマス大学の40人以上の学生，人文科学部の学部長も参加）やキャンパスツアー等を通じて，セントトーマス大学の学生や教員らと交流を深めた。セントトーマス大学の先生方には，学生の発表資料の確認をして頂いた。

2017-2019年度は，インターンシップの合間に，セントトーマス大学で，日本について学ぶ授業に，インターンシップ中の学生が参加し，本書の２部・３部で示す食・観光・若者の消費行動に関するアンケートへの協力依頼などを行った。

こういった機会を通じて，セントトーマス大学の学生と，インターンシップ中の学生の間に交流が生まれ，週末などに学生同士の交流が広がった。

（２）　学術交流協定

（１）で示した過程の中で，セントトーマス大学人文科学部（School of Arts and Sciences）と福島大学の間で，学術交流協定を2017年11月に締結し，本書の２章で述べたFukushima Ambassador Programについての協定も2018年度に締結した。これにより，2018年夏に５名，2019年夏に４名の学生が，セントトーマス大学からFukushima Ambassador Programに参加した。

（３）　カケハシ・プロジェクト

セントトーマス大学が外務省の「対日理解促進交流プログラム カケハシ・プロジェクト」の相手大学として福島大学を2016年度と2017年度に指定し選定された。そして，2016年度は2017年２月22日から３月１日に，2017年度は2018

年２月19日から２月26日に，福島大学から23名の学生と２名の教職員が，ヒューストンを訪問し，セントトーマス大学で日本を紹介する発表・学生交流などを行った。そして，2017年３月17日・2018年３月15-16日には，セントトーマス大学から23名の学生と２名の教職員が福島大学を訪問し，福島大学や福島の紹介，学生交流などを行った。

写真３-６　カケハシ・プロジェクトでセントトーマス大学を訪問した際の様子
出所：2017年度カケハシ・プロジェクト参加者撮影。

写真３-７　ふくしま浜街道桜プロジェクトで桜の植樹を行った際の様子
出所：2017年度カケハシ・プロジェクト参加者撮影。

福島大学側がヒューストンを訪問した際は，在ヒューストン日本国総領事館への表敬訪問，ジェトロヒューストン事務所から日系企業のヒューストンでの動向について話を伺う等を行い，2017年度は後述するヒューストンのハリケーン被害の復興の話なども伺った。また，2018年３月16日には，セントトーマス大学の学生と福島大学の学生が同じバスに乗り込み，福島県の浜通りの復興の現場などを訪れ，ふくしま浜街道桜プロジェクトのお話を伺い，桜の植樹を行うなどもした[9]。

4.3　災害ボランティア

2017年度は，インターンシップの中頃に，「100年に１度」と言われる巨大ハリケーン「ハービー」がヒューストンを襲い，甚大な被害が出た。ヒューストン市役所も水浸しとなり，ホームステイ先から外出できず，インターンシップは約２週間の中断を余儀なくされた。学生は，この２週間，ヒューストン市内

(9)　このときのことは「米大学生が桜植樹　浜街道プロジェクト」というタイトルで，新聞「福島民友」2018年３月19日に掲載された。

写真３−８　ハリケーン被害からの復旧のボランティア活動を行った様子
出所：2017年度ヒューストン・インターンシップ参加者撮影。

の避難所で食事の提供，各地から避難所に集まってきた物資の分類，浸水した家屋からの家具の運び出し，被害を受けた飲食店の清掃などのボランティア活動に関わった。

学生はこの活動を通して，アメリカの災害復旧の現場を目の当たりにした（例：避難所に大量のベッドや移動式のシャワー室を積んだトラックが来ていた，避難所ができるまで各地の教会が受け入れる）。なお，ハリケーン襲来後，教員は速やかに学生全員の安否確認を行い，全員の無事を確認した。ボランティア活動中，教員は毎日，学生の健康状態やボランティア内容などを確認し，ヒューストン市役所・福島大学と情報共有した。

学生は，この経験を日本の多くの皆さんと共有したいとして，日本の新聞社などに自ら連絡をとり，福島民報新聞[(10)]，福島民友新聞[(11)]，The Japan Times[(12)]で報道された。その後も，2017年10月に福島大学経済経営学類信陵同窓会主催「福島大学経済経営学類 創立95周年記念大会」で「福島大学から世界へ〜ヒューストン市役所でのインターンシップ2017〜」というタイトルで報告し，2018年２月に福島大学教育研究評議会でも報告した。また，2017年11月には，福島大学長から「学長オフィスアワー」の逆指名を頂き，今回の体験から得た学びを学長に報告した。そして，2017年度のインターンシップ学生は，2018年３月に，福島大学学長賞を授与された。

(10)　「福島民報」2017年９月６日，社会面「震災支援の恩返しを〜米で研修の福大生５人ハリケーン被害復旧活動「福島の代表として」」
「福島民報」2017年10月６日，ふくしまは負けない明日へ面「米の経験　自らの糧に〜災害ボランティアの福大生　教授に活動報告〜」
(11)　「福島民友」2017年10月６日，社会面「「避難所設営，日米に違い」福大生がボランティア」
(12)　「The Japan times」2017年９月17日，「Fukushima University students help with Houston disaster cleanup」

5　Work Experience Abroad カリキュラムの評価

4節・5節で示したWEAカリキュラムは，これまで，様々に評価されている。例えば，福島大学の「2017年度業務実績に関する評価結果」における「教育研究の質の向上」の項目で，国立大学法人評価委員会総会で「注目される点」として，「語学と就業体験の融合した複合型プログラム「テキサスインターンシップ事業」」が取り上げられている。また，マッカーズランドは，「海外インターンシップの企画・運営」という業績名で，2018年6月に福島大学学長教育表彰を受賞している。

一方，3.2（1）で示した，インターンシップを行った学生についての受け入れ部署からの評価の末尾に，次年度も福島大学からインターンシップを受け入れたいか，このプログラムについてのアドバイスの回答を求めている。WEAカリキュラムになって以降で，筆者の手元にある，2016，2017，2019年度について見ると，いずれの部署も，次年度のチーフの判断次第という1件を除けば，次年度も福島大学からインターンシップを受け入れたいとしている。

参加した学生自身からは次の評価を得ている：英語の語学力・学習意欲の向上（例：英語を話す勇気・自信，生きる / 働くための英語，言葉が通じる楽しさ）に加えて，様々な学び（例：自立の必要性，分からないと言うことの大切さ，チャレンジ精神，自分の能力の把握の必要性，情報共有の大切さ，協力・多様性の大切さ，ピンチをチャンスに変えて頑張ること）を得ていることが伺われる。そして，参加後に何らかの目標（例：将来海外経験を積みたい）を見つけていることも伺われる。

なお，海外インターンシップの効果の見える化が求められてきている。佐藤（2015）は，2013-14年度の参加学生について，ヒューストンでのインターンシップへの参加前後で，英語語学試験の一つであるTOEICの点数の変化を示している。それによると，いずれの学生も点数が増加し，中でもリスニングの伸びが顕著であるとのことである。また，語学力以外に海外インターンで得られたことの数値化については，本書の2部で述べる，海外研修事後アンケートがある。このような数値化を発展的に取り入れていくことは，今後の課題の一つである。

6　まとめと今後の展望

本章では，福島大学で，2010年度から現在まで実施してきた，ヒューストンでのインターンシップ・プログラムについて，WEA カリキュラムの実施前後に分けて，WEA カリキュラムの派生や評価とともに示した。本章で示したように，様々な紆余曲折を経て，関係各位の多大なサポートのもと，WEA カリキュラム，および，ヒューストン・インターンシップは，定着し，発展してきたように思われる。一方で，本章の3.1（3）で示した様々な海外インターンシップを取り込むことはできていない。東日本大震災から10年が経過し，新型コロナウィルス感染症により，インターンシップの実施を仕切りなおすタイミングにある今，WEA カリキュラムのさらなる発展を模索していきたい。

参考文献

グローバル人材育成推進会議（2011）「グローバル人材育成推進会議 中間まとめ」https://www.kantei.go.jp/jp/singi/global/110622chukan_matome.pdf（2021年５月23日アクセス）

佐藤商文（2015）「グローバル人材育成における海外インターンシップの役割―日本における海外インターンシップ普及に向けた考察―」福島大学経済経営学類 佐野孝治ゼミナール卒業論文

「福島大，ヒューストン市役所で51日間の就業体験」『文教速報』第8353号，（2016年11月４日号），16ページ

「福島大学生がヒューストンで就業体験　ハリケーン被災地でボランティア活動」『文教速報』第8495号（2017年11月10日号），15～16ページ

謝辞

本章の作成にあたり，アメリカ・ヒューストン市での長期インターンシップ，および，関連するヒューストンへの渡航などについて，インターンシップの主な受け入れ先であるヒューストン市役所，福島大学と学術交流協定を締結しているセントトーマス大学をはじめ，多くの皆様に大変お世話になっております。また，Work Experience Abroad カリキュラムの立ち上げ・運営などにおいて，福島大学長・福島大学国際交流センター・福島大学経済経営学類執行部をはじめとする様々な方面から多大なサポートを受けてきました。

本章で示したヒューストン市での長期インターンシップ，および，関連するヒューストンへの渡航などについては，2012-2021年度福島大学学長裁量経費，2019-2021年度 JASSO 海

外留学支援制度（協定派遣），2016-2017年度外務省「対日理解促進交流プログラム カケハシ・プロジェクト」の補助を受けて実施いたしました。
ここに記して感謝いたします。なお，本章における一切の誤謬の責任は筆者にあります。

第4章

ドイツ短期留学プログラムと自律的な外国語学習の役割
―タンデム学習を中心に―

グンスケフォンケルン マルティーナ

1 はじめに

福島大学のドイツ短期留学プログラムは，グローバル化の流れが急速に進む中，世界的な視野を持ってチャレンジする学生の育成を目的として，20年にわたって実施している。

現在のプログラムは，世界各国から来訪する学生のためのドイツ語講座のほか，現地のドイツ人や他の外国人学生等とのコミュニケーション能力向上を目的とした多文化交流，文化的な知識を得るイベント等への参加を通して，世界を，そして日本を知り，世界を舞台として活躍できる人材の育成をめざしている。

本章では，このドイツ短期留学プログラムを紹介するとともに，その準備学習として有効なタンデム学習を中心に述べていく。

本章の構成は次のとおりである。2節で，福島大学におけるドイツ短期留学プログラムの概要について示す。3節で，外国語タンデム学習の意義と役割について示す。4節で，福島大学におけるタンデム学習の実践事例について紹介する。

2 福島大学におけるドイツ短期留学プログラムの概要

2.1 プログラムの具体的な目標

福島大学におけるドイツ短期留学プログラムでは，先述したプログラムの目的に加えて，具体的な達成目標として，以下の5点を設定している。①短期留学の参加後に自分で海外旅行を行うことができる能力を得ること，②自国の文化を理解し，海外の人々に（ドイツ語及び英語で）それを説明できる能力を得ること，③ドイツ語圏の文化を理解し，ドイツ語圏での日常的なコミュニケーション能力を得ること，④グローバル人として自信を得ること，⑤英語以外にも第2外国語ができることが当然だという認識を得ること，である。

このような目標を達成するため，このプログラムでは，教員が学生にあらゆる情報を提供し指導することはあえて行わず，学生の主体性を活かした事前学習，短期留学，事後学習を行っている。

2.2　事前学習

まず，学生は自分の役割を理解しながら自主的に研修に取り組むべく，筆者が担当する「実践ドイツ語演習 I」において，ドイツ及び州都ノルトライン＝ヴェストファレンに関して自ら調査し，海外研修の目標を明確にする。また，参加者の関心や希望について全員で検討し，見学プログラムや週末旅行を企画する。さらに海外での安全対策についても学び，将来的に自分で海外旅行を実現できるよう学習する。

次に，ドイツ語によるコミュニケーション能力を高めるべく，筆者が担当する「中級ドイツ語」で，福島大学の協定大学であるハノーファー大学と共同で，両大学の学生がビデオ会議によりタンデムの考え方を用いた外国語学習を行う。

さらに，協定大学の学生に自分の大学を紹介する短編ビデオの作成なども行う。動画メディアは，協定大学の印象を視覚的に伝えるという点で重要な役割を果たしている。また，台本制作における言語的な困難を，視覚的に解決することができる。

2.3　短期留学

短期留学は，「実践ドイツ語演習 II」として実施している。短期留学では，ドイツの日常生活も体感して，経験的な学び（learning by doing）を獲得することを狙いとしている。

このためには，本来は，2カ月間以上の期間が望ましいが，教員，学生双方の時間的制約から，通常５～６週間で実施している。

参加者の中には初めて日本を離れる学生も多いため，最初の１週間はグループで一緒に見学などを行い，同じ宿泊所に一緒に泊まり，自ら作ったドイツ料理を皆で一緒に食べたりする。数日後から小人数グループで課題に取り組み，ステップ・バイ・ステップで異文化の日常生活を探り，慣れていく。１週間を経て，自信がついた２週間目からはグループの個々人が１人でホストファミリー宅に住み，１人で学校に通い，学校で様々な，他の日本人とは異なるクラスに分かれて授業を受け，極力，他の日本人から離れ，１人でサバイバルする精神を習得する。

ドイツ人とのコミュニケーションは，ホストファミリーとの会話に加えて，タンデム学習によっても練習できる。現地の学生と勉強だけではなく，自由時間も一緒に過ごし，自分達の個人的な興味に合わせて一緒に出掛けることも多い。日本人同士のグループ行動がなるべく少なくなり，異なる文化を有する人々とのコンタクトが多くなることが望ましい。

加えて，トライアンドエラーの経験がとても重要であると言える。例えば，ある年は，学生は第２週の日曜日に異なる興味関心に基づくグループに分かれ，自由時間の際に個人的に観光をした。しかしその日は天候が荒れて嵐となり，倒木等が原因で全ての公共交通機関が中止した。この際に，学生は日本と異なる駅スタッフのアナウンス等で状況を把握し，情報を得るためにコミュニケーションをとり，自分自身で問題を解決しなければならない。勿論この場合，引率教員はいわゆる「スタンバイ・モード」にあり，いつでも連絡を受け付け相談に応じることが可能であったが，学生の代わりに問題を解決することはしなかった。学生はその日，ホストファミリーのもとに帰宅するまでには時間がかかったが，自分自身で問題を解決したことで成功体験を得ることができ，達成感を持つことができた。通常の海外旅行の場合，このような経験は時間的な問題等もあってできないが，「１人で海外旅行できる能力を得る」学生になるためには，このような *try and error* 経験がとても重要であるといえる。

このように，本プログラムでは経験的な学びを通じて，学生が自身の失敗により学び，上達し，少しずつ目標とした能力を得ることが出来る。

2.4　2018年の短期留学

2.3で示した短期留学の例として，2018年２月24日から３月31日までの５週間にわたって実施した短期留学の内容を示す。表４－１はそこでの内容・日程を示したものである。主な滞在先はルール地方ボーフム市とデュッセルドルフ市である（図４－１）。

２月24日に日本を発ち，２月25日にドイツに到着し，１週目は，福島大学と学術交流協定のあるルール大学ボーフム校（以下，RUB）の学生との国際交流，ドイツの文化理解を目的とした様々な見学ツアー，主として語学学習と自立した海外生活の訓練を実施した。第１週目は，見学などすべての作業を一つのグループで行う。学生は２つのアパートに分かれて宿泊し，毎日の食事も共同で準備する。またドイツ料理教室など食に関する様々な取り組みのほか，森の幼稚園（教育実習），フンデルトヴァッサーハウス見学（重篤疾患児童の両親の為の無料宿泊所）などの見学も行った。

第２週目から５週目にかけては自由時間を多く設定し，学生はデュッセルドルフでホームステイを行い，１人で学校に通い，食事を自分で用意する。そこでは，ドイツ語の授業を受け，2017年度においては，デュッセルドルフの大学生にアンケート調査を行い，タンデム学習も行った。単独行動が不安な学生は小グループで市内を散策し，不安のない学生は週末の２日半で遠隔地（ライプツィヒ，ベルリン，ウィーン）に旅行した。なお，2017年度は本書の５章・９章で述べるように，経済経営学類グローバル人材育成事業の一環として「食」に関するアンケート調査と日本の食文化を伝え，ドイツの食文化を学ぶという国際交流活動も兼ねていた。

2.5　事後学習

短期留学終了後は，2017年度においては，アンケートの回答を集計・分析し，調査報告書を作成した。この成果は経済経営学類のグローバル人材育成企画委員会と協力して，「ワールドキッチン in Fukudai」など市民向けのイベントで報告した（本書の５章・９章を参照）。また，学内でも共通教育「ドイツ語初級・中級」で報告会を開催し，発表を行った。さらに，福島大学校舎内に２週間にわたり参加者の体験，学習の達成点，アンケート調査の分析結果，本研修

表4－1　ドイツ短期留学プログラム（2018年）

月日時	滞在地・研修内容
2018年2月24日（土）発 2月25日（日）着	福島発→ 成田空港 →デュッセルドルフ空港 ギリシア料理店のディナー（テーブルマナー教室）
2月25日（日）～3月4日（金）	第1週（ボーフム市，ルール地方）
2月26日（月）	ルール大学キャンパス見学 ルール大学における食に関するアンケート調査 part 1 ルール地方の名物料理「カレーソーセージ」の試食
2月27日（火）	ルール大学における食に関するアンケート調査 part 2 アンケートデータを Excel ファイルに入力 国際交流会①：ルール大学ボーフムの学生に日本の食文化を教える会 日本の料理教室・日本の料理を食べる会
2月28日（水）	ボーフム市内見学（ルール地方の鉱業歴史博物館，鉄作りの歴史等）
3月1日（木）	森の幼稚園（教育実習） フンデルトヴァッサーハウス見学（重篤疾患児童の両親の為の無料宿泊所） ドイツ料理の教室・試食会
3月2日（金）	ミュンスター（自転車交通のモデル都市）見学ツアー（歴史：1648年，三十年戦争の講和条約，ウェストファリア条約締結された場所，ギターの伴奏で歌うガイドにより旧市街巡り，野外博物館訪問とヴェストファレンの名物（生ハム，ケーキ等の食事会）
3月3日（土）	Hattingen 旧市街巡り ドイツのスーパーの買い物・商品学 国際交流会②：ドイツ料理教室・ドイツ料理を食べる会
3月4日（日）	デュッセルドルフのホームステイ家族への出発
3月4日（日）～3月30日（金）	第2～5週（デュッセルドルフ市） ・ドイツ語授業（IIK 語学学校 Institut für Internationale Kommunikation e. V.） ・デュッセルドルフ大学生と「食」アンケート調査 ・デュッセルドルフ大学生とのタンデム外国語学習 （週末は自由行動）
3月10日（土）～3月11日（日）	デュッセルドルフ市内観光（自由） ドイツの白・赤ワインの試飲会（自由）
3月16日（金）～3月18日（日）	ケルン市（ケルン大聖堂，チョコレート博物館等の訪問） デュッセルドルフ市内観光 オーストリア首都ウィーン訪問（ウィーン学友教会演奏）
3月24日（土）～3月25日（日）	デュッセルドルフ市内，Bonn 市（ベートーベン博物館等）（自由） ライプツィヒ，首都ベルリン訪問
3月30日（金）～3月31日（土）	ドイツ発，福島着

出所：筆者作成。

の成果などについてのポスターを展示し（図4-2は展示したポスターの例を示したものである），ドイツの短期留学プログラムや学生の経験等を広く発信した。

このように，福島大学におけるドイツ短期留学プログラムでは，学生の主体性を活かした事前学習，短期留学，事後学習により，おおむね目標は達成されており，参加学生の満足度も高い。

図4-1　ドイツ短期留学先

3　外国語タンデム学習の意義と役割

本節では，留学プログラムの準備学習と自律的な外国語学習にとって有効と考えられる外国語タンデム学習の意義と役割について述べる。

写真4-1　ルール大学生とお好み焼き等を作った際の様子
出所：渡部友基撮影。

3.1　外国語タンデム学習とは

外国語タンデム学習とは，「母語の異なる2人がチームを組み，お互いの母国語を学びあう学習形態」であり，「互恵主義」と「学習者自律性」の原則に基づいて実施されている（Little & Brammerts, 1996）。1960年代後半にドイツで始まり，1990年代後半に，欧州連合（EU）で国際タンデム・ネットワーク（International Tandem Network）が組織されたことにより，急速に広まってきている（脇坂，2012）。

タンデム学習は，通常の語学授業を補完するものである。

図４－２　ドイツ短期留学ポスター

互恵主義とは，二人が同じように学習に貢献し，同じように利益を得ることである。つまり，学ぶべき2つの言語に同じだけの時間と努力を注ぐことである。これが，他の形態によるネイティブスピーカーとのオーセンティックコミュニケーションと比較した場合の大きな違いであり，彼（女）らは会話のパートナーであって学習チームではない。その結果，話す際の抑制が少なくなる。

第二に，学習者自律性の原則である。通常の語学授業では普通，教師がほとんどの決定権を持っているが，タンデム学習では学習者が自分で責任を負う。

ただし，教員や指導員は，学習者が自律的に学ぶことができるように，サポートする。これには，学習ガイダンス・カウンセリングミーティング及び学習者が自分の学習を整理し振り返るのに役立つツールの両方が含まれる。その一つであるタンデム学習ポートフォリオについては，後述する。また，学習者が選んだ学習プランについてフィードバックを得るために，カウンセラーと計画について話し合うことができるカウンセリングミーティングを提供することも有用であると思われる。

理想的には，自律的な学習者は，いつ，どこで，何を，どのように学習するかを自分で決定できるはずだが，そのためには，教員が学習者を導くことが不可欠である。自律学習の専門家であるデビッド・リトル氏は，メンタリング・指導について次のように述べている。

「自律性の概念は，必然的に学習者の個性を強調する。しかし同時に，社会文化的な背景がすべての学習において不可欠な役割を果たしていること，……学習は相互作用的なプロセスであること，……すべての学習には学習者の外部からの刺激や入力が必要であることを認識する必要がある。言語学習者の自律性を開発することは，学習者自身に任せるということではなく……彼らを十分にサポートすることが必要となる。……学習者は意識的な言語学習スキルの開発をサポートされなければならない。つまり，学習活動をどのように計画し，監視し，評価するか，適切な問題解決戦略をどのように選択するか，などを示さなければならない。……教師の中心的な役割は，学習者が『近位発展領域』をうまく進んでいけるようなサポート，すなわち足場を提供することである」(Little 1996:27)。

3.2　タンデム学習の形態

フェイス・トゥ・フェイスのタンデム学習と遠隔タンデム学習は区別されるが，混在している形態もある。ビデオ会議によるタンデム学習は，学習者が同じ場所にいないフェイス・トゥ・フェイスの学習の一形態である。その場合は同じ場所に存在しないネイティブスピーカーを利用できるというメリットがある。しかし，日本とドイツのように遠く離れている場合には，両国の時差が大きく，それを調整する必要がある。

福島大学のドイツ語短期留学プログラムでは，電子メールでのやり取りによる非同時型の遠隔タンデム学習と，ドイツ滞在前の準備段階でのビデオ会議による同時型のタンデム学習という２つの異なる形態をとっている。ドイツ滞在中は，学習者同士が同じ場所で出会う，純粋なフェイス・トゥ・フェイスのタンデムが行われる。

タンデム学習では，以下のような学習目標を掲げている。第一に，外国語練習（特にリスニングとスピーキングのトレーニング，さらにリーディングとライティング）。第二に，多文化交流（通常，同年代の２人の間で行われる）である。

通常の授業では時間が限られ，また参加者が多いために，外国語練習や多文化交流がおろそかになりがちであるが，タンデム学習では授業で学習した内容を実践し，相手の文化を知る機会にもなる。

しかし，文法の説明や練習は，タンデム学習ではなく，通常の授業で行うべきである。パートナーはプロの教員ではなく，文法については経験上の運用は知っているが，自分の母国語の文法を十分に説明できないネイティブスピーカーであるからである。

3.3　タンデム学習の利点

内容を深く掘り下げることができ，相手もネイティブモデルから多くのことを学ぶことができるのもタンデム学習の利点である。タンデム学習の専門家であるルール大学ボーフム校のヘルムート・ブラマーツ氏は，30年以上前から国際タンデムネットワークでタンデム学習について研究を行っている。そして同氏は，「外国語でのコミュニケーションは30％まで，母語でのコミュニケーションは70％まで」と提案した。『タンデム学習ガイドブック』には次のように記されている。「タンデムパートナーの力を借りて，どうやって語学力を向上させるのか。……まず，パートナーのモデルに学ぶ，すなわち相手が書いた文章から，相手の言葉で正しく表現する方法を学ぶことができる。『そのため，二人とも手紙の半分以上は母語で書くようにしよう』」(Brammerts 1996:57)。

4　福島大学におけるタンデム学習

4.1　タンデム学習導入の経緯

筆者が1994年に日本で外国語教師として働き始めた当時，日本の大学では，ネイティブスピーカーと接する機会はほとんどなく，留学する機会もほとんどなかった。そのため，日本ではまだ普及していなかったタンデム学習を学生に提供したいと考え，母校のルール大学ボーフム校と連携して進めることにした。ルール大学ボーフム校は，国際タンデムネットワークの枠組みの中で，様々な国の多くのパートナーと国際的な研究・教育プロジェクトを行っていたため，筆者はこのネットワークの中のサブネットワークの「Deu-Nih」（独・日）のコーディネーターとなった。当時は，メール交換という形での非同時型の遠隔タンデムが中心であり，技術的な限界があった。2004年に福島大学に赴任してからは，長期の共同プロジェクトに取り組み，タンデム学習のコンセプトを徐々に見直し，発展させてきている。福島大学のドイツ短期留学プログラムにおけるタンデム学習は，ドイツ短期留学の準備学習として組み込まれ，ドイツ人のパートナーが日本語を学び，日本人の学生がドイツ語を学んでいる。

4.2　福島大学におけるドイツ語のタンデムコースの概要

筆者は，準備学習としてのタンデムのコースを前期と後期に2回実施している。表4－2は，2021年度前期のタンデムコースのスケジュールを示したものである。タンデム学習で，30分～45分間，外国語で会話するためには十分に準備する必要がある。特に，学習者の外国語能力レベルが非常に低いことと，この新しい学習方法が多くの学習者を不安がらせてしまうため，教員が強力にサポートし，コントロールしなければならない。そのため，授業で実践したトピックをタンデム学習に指定し，その後，学んだことを授業に応用している。

表４－２　福島大学のタンデム学習のスケジュール（2021年前期）

期間	アクションプラン	課題
５月６日まで	名簿を送付	
５月６日から15日	E-Mail 1	自己紹介（１），学習会の日時提案提出
		（授業内容に基いたサブテーマ）
５月17日から23日	E-Mail 2	自己紹介（２），学習会の日時決定
		（授業内容に基いたサブテーマ）
５月31日から６月６日	遠隔学習会第１回 (Zoom, BigBlueButton, Skype 等)	第１テーマ
		（授業内容に基く）
６月14日から６月20日	遠隔学習会第２回	第２テーマ
		（授業内容に基く）
６月21日から６月27日	遠隔学習会第３回	第３テーマ
		（授業内容に基く）
６月28日～	タンデム学習継続（自由）	

出所：筆者作成。

4.2.1　メールを用いたタンデム（前期第１段階）

まず，第１段階として，パートナー同士が知り合うための自己紹介を２回のメールで行った。メールは，ドイツ語テキスト（約150語），日本語テキスト，相手の外国語テキストの添削で構成されている。まず，第１段階のメールでの自己紹介では，そこでは，日本の初心者向けの外国語教科書でよく見られる以下のような不自然な自己紹介を最初のタンデムメールで書かないこと，また，メールに授業で取り上げた興味深い内容を加え，相手の興味を引くようにすることを指導している。

Ich heiße ...　　　　（私は…といいます。）

Ich studiere ...　　　（私は…勉強します。）

Ich komme aus ...　（私の出身は…です。）

Ich wohne in ...　　（私は…に住んでいます。）

２回目のメールでは，メイントピックは再び自己紹介であるが，事前に授業でテキストを使って練習した３つのサブトピックを加えるよう指導している。

例えば，４月の授業では，まず，テキストを使ってある人物についての意見を述べるといったトピックを練習する。

さらに次のようなトピックが自己紹介のトピックに組み込まれている。２回目のメールのサブトピックは，授業で取り上げた以下の３つのトピックである。

トピック１：教科書で学んだ形容詞を使って，自分の外見や性格を説明したり，相手の外見や性格の特徴を聞いたりしてみる。

トピック２：教科書には，誰かを待つ話が掲載されている。そのため，２回目のメール２の課題シートでは，様々な待ち時間の状況（空港での順番待ち，デートで相手を待つ，試験の開始を待つ）で，どのように待つかについて学生の意見を書かせる。タンデムのパートナーは，それぞれの状況で「待つ」ことについて異なる対応をし得るので，これによって，ディスカッションが可能となる。なお，ここでは，まだ書く段階でのコミュニケーションであるため，言いたい内容をゆっくりと考える時間があり，話す際のようにすぐに反応する必要はない。

トピック３：検札と無賃乗車を取り上げている。これについてはドイツでは駅に改札口がない等，日本とは状況が大きく異なる。ここでは，ドイツでの滞在に備えて，ドイツの状況を学ぶ機会が提供されており，となる。

メールが２つの言語で書かれ，いくつかのトピックが提供されていることは，学習者が自信のあるトピックを選択できるため，作業を簡素化できるという利点がある。まずドイツ語の文章を作ることから始め，次いでドイツ語でまだ書けないことを日本語で書けるようにしておく。

4.2.2　ビデオ会議による遠隔学習会（前期第２段階）

第２段階では，ビデオ会議による遠隔学習会（90分）を３回行った。毎回，５～10分程度，映像や音などの技術的なセッティングを行った後，30～45分ずつ，日本語とドイツ語を別々に話す時間を設定した。この時，２つの学習言語が混在することは避けなければならない。なぜなら，習得度の高い言語がより多く話されるようになってしまうからである。最後に，５～10分程度，うまくいった点，うまくいかなかった点を共有し，次のミーティングに向けて何を準備すべきかを一緒に考えた。

第２段階では，日本のシステムをドイツ人パートナーに説明することで，自分の文化について話し，振り返ることができる。自国の習慣が世界の常識ではなく，確実に違う現実があることにふと気づくのである。

4.2.3　メール＋ビデオ会議（後期）

後期のタンデムコースは，前期とほぼ同様であり，２通のメール交換に加え，３回のビデオ会議を行う。ただし，前期と異なる点は，後述の「タンデム学習ポートフォリオ」を使う点と，教員のサポートとコントロールを一定程度減らしている点である。つまり，トピックの設定をより一般的にし，学生は自由に選択する。学生が自律的な学習者としての自己を発見し，自ら判断する機会を持つような学習設定にする。

4.2.4　短期留学

ドイツ短期留学中もタンデムコースを実施している。短期留学は，2014年に初めて，協定大学のRUBと協力して開始した。ドイツ人学生との交流により，外国語学習だけではなく，余暇活動も一緒に行っている。教室にはエクスカーション（小旅行）の提案が書かれた掲示板があり，学生たちは自分の興味に合わせて一緒にエクスカーションを企画している。日本人学生同士だけで行うプログラムとは異なり，タンデムは日本人学生が語学コース以外の時間，つまり自由時間に外国語でコミュニケーションをとることができる。

4.3　タンデム学習ポートフォリオ

4.2.3で示した後期，および，4.2.4で示した短期留学では，学習者が自らの学習を整理し，準備し，評価するためのツールが必要であり，学習者の新たなニーズを取り入れるなど改良を重ね，筆者は10年以上かけて「タンデム学習ポートフォリオ」の作成に取り組んできた。現在の2020年版はグンスケフォンケルン（2021）であり，これは，初心者でも数分間ネイティブスピーカーと外国語でオーラルコミュニケーションを行うことができるツールとなっている。

4.4　タンデム学習の効果

Little and Brammerts（1996:8）は，ある学習者は，「授業の一環としてやらなければならない課題のためではなく，話したいことがあるから外国語を使っている，という実感がある。また，先生から独立した状態で勉強を進めていても，分からない時は自分が学んでいる言語の専門家であるタンデムパートナーに頼ることができる。パートナーの文章を手本にしたり，自分が書いた文章の構成を手伝ってもらったり，添削をしてもらうことで，多くのことを学ぶことができる」と記している。

筆者が指導している学生の一人は，２年生の時にタンデムコースで学習を開始した。最初の授業では，１つの文さえドイツ語で自発的に言うことができなかった。しかしその後の１年で大きく成長したのは，タンデムパートナーとのコミュニケーションを続けたからである。彼は３年時にタンデムパートナーが学ぶドイツの協定大学に１年間留学した。後日，インタビューの中で，彼はタンデムを始めた際の恐怖とプレッシャーがいかに大きかったかを明かしてくれた。

また，別の日本人学生の場合，ドイツ人のタンデムパートナーが彼と同じサッカーファンだったこともあり，ドイツ留学中は，タンデムパートナーと何度も会い，一緒にサッカーの試合を観に行った。またドイツ人のタンデムパートナーは，日本人が住む金沢を数年の間に毎年訪れていた。

最初こそ，タンデム学習は学習者にとって大きな負担であり，タンデム学習をマスターできるとはとても考えられずにいるが，たいていの場合，前期の練習の後に自信を持つことができるようになる。学生の中には，自主的にタンデム活動を長く続けている者もおり，そのパートナーと実際に会い，深い友情が生まれることも，往々にしてある。

5　おわりに

本章では，筆者が福島大学で取り組んできたドイツ短期留学プログラムとその事前準備としてのタンデム学習について述べてきた。ドイツに１年間留学するといった「長期留学」に興味はあるが，どうすればよいかわからないという学生が依然として多い。そこで，ゲートウエイとして，まずは，本章で紹介したタンデムを駆使したドイツ短期留学プログラムを経ることで，学生の学習は自主的で深く充実したものとなり，次につながるものとなりうる。

今後も本章で紹介したドイツ短期留学プログラムを発展させ，福島大学におけるグローバル人材の育成に取り組んでいきたい。

参考文献

朱永浩・佐野孝治・沼田大輔・吉川宏人・伊藤俊介・クズネツォーワ マリーナ・マッカーズランド フィリップ・グンスケフォンケルン マルティーナ・マクマイケル ウィリアム（2018）「『食』を通じたグローバル人材育成：福島大学の成果事例報告」『福島大学地域創造』第30巻第1号。

脇坂 真彩子（2012）「対面式タンデム学習の互恵性が学習者オートノミーを高めるプロセス」『阪大日本語研究』24。

Brammerts, H. et al. (1996) Manuskripte zur Sprachlehrforschung 52 „Leitfaden für das Sprachenlernen im Tandem über das Internet". Bochum: Universitätsverlag Dr. N. Brockmeyer.

Little, D., Brammerts, H (ed.), (1996) "A guide to language learning in tandem via the Internet" CLCS Occasional Paper No.46). Dublin: Trinity College, Centre for Language and Communication Studies. https://eric.ed.gov/?id=ED399789（2021年11月15日 最終アクセス）。

グンスケフォンケルン マルティーナ（2021）『タンデム学習ポートフォリオ』http://www.gunskevonkoelln.com/Tandemprotokoll_Version_0621_jp.pdf（2021年11月15日 最終アクセス）。

第 2 部　多文化体験による国際人育成プログラム(人材育成編)

この第２部では，福島大学経済経営学類が主導するグローバル教育の取り組み，中でもグローバル人材育成企画委員会の取り組みを中心に紹介する。

社会の諸分野において世界の距離が甚だしく狭まりつつあった2014年３月，福島大学は「福島大学におけるグローバル化推進方針」を制定し，グローバル人材育成に関する決意を内外に示した。そしてこれとほぼ同時期の2014年４月，経済経営学類はグローバル人材育成企画委員会（以下，「企画委員会」と略称）を設置した。

経済経営学類は，それまでも学類教員が米国に学生を引率し（海外インターンシッププログラム，2010年より，第１部参照），あるいは超短期での世界各国からの留学生受け入れ（Fukushima Ambassadors Program，2012年より，同）に関わるなど，グローバル教育を奨励・推進してきた。企画委員会はこれらプログラムに深く関与しつつ，学類のグローバル人材育成全般に関する企画立案を検討することになった。

オブザーバーも含め常時約10名の多国籍の委員により構成される企画委員会は，学生の海外渡航を通じた教育効果を強く意識しつつ，既存のグローバル関連の授業や正規のカリキュラム内にとどまらない新たなグローバル教育の取り組みを創出すべく活動を開始した。この活動の一つの成果が，一連の「多文化体験による国際人育成プログラム」である。

経済経営学類には，全学対象の共通教育（2019年度より基盤教育）外国語科目（英語，韓国朝鮮語，中国語，ドイツ語，ロシア語など），学類専門教育外国語科目（Work Experience Abroad ⅠⅡ，実践ドイツ語演習，実践ロシア語演習など）を担当する教員が多く所属しており，そのうち数名は毎年学生を引率して海外研修を行ってきた。また，専門演習や海外調査特別演習で同様に学生を海外に引率し，渡航地の経済事情などを学習させる教員も一定数存在する。これら教員はそれぞれの授業の目的・趣旨に沿って独自かつ個別に海外研修を計画，実施してきた。

企画委員会はこれら海外研修を伴う科目の担当教員に協働を呼びかけ，その結果，委員会と教員，そしてその担当授業の受講生達は，毎年一つのテーマのもとにアンケートを作成し，渡航地の言語に翻訳した後，渡航先で本来の学習・調査を行うかたわらアンケート調査を実施，帰国後にアンケート内容を集計・分析し，結果を広く一般に公開・発表する「多文化体験による国際人育成プログラム」を作り上げた。プログラムの目的は，第一に参加学生における国際感覚や語学力，異文化適応力などの涵養であるが，同時にその内容は，2011年の東日本大震災と原発事故のダメージから脱却しきれずにいる福島県の復興の一助となることをも強く意識したものだった。

かくて，企画委員会は2017年に海外各地域の食習慣や日本食へのイメージ，福島の食品の安全性に関して調査した「多文化体験による国際人育成プログラムの創出―食を通して―」（第５章），2018年には各地域の観光「観」や日本や福島の観光地に求めるものについて探った「多文化体験による国際人育成プログラムの創出―観光を通して―」（第６章），そして2019年には各地域の若者の消費感覚や決済方法などに焦点を当てた「多文化体験による国際人育成プログラムの創出―若者の消費行動を通して―」（第７章）に取り組んだ。これら調査の発表の場である「ワールド～」シリーズには，全国紙や地方紙など新聞数社が取材に訪れ，紙面を大きく割いて紹介した。これら報道により，当該プログラムが社会の注目を大きく集めることとなった。

以下の第２部各章では，企画委員会のこの３年間のプログラムの具体的内容を紹介することとしたい。

（吉川　宏人）

第5章

World kitchen

―「食」を通したグローバル人材育成[1]―

吉川　宏人

1　はじめに

福島大学では学生に求めるグローバル人材像を,「変化し続ける社会を意識して，課題解決に必要とされる広い視野に立った教養と専門的知識をもとに，自らを知り，異なる文化と価値観を尊重し，他者とのコミュニケーションと協働により，新しい価値の創造にチャレンジする人材[2]」と規定している。福島大学経済経営学類のグローバル人材育成企画委員会もまた，2016年度より，グローバル化が進む国際社会で活躍できる多面的多元的な人材の育成を目指し，海外での短期研修・実習・インターンシップ，国際交流イベントなどによる国際人プログラムの創出に取り組んできた。

2017年度には「多文化体験による国際人育成プログラムの創出―食を通して―」というプログラムを立ち上げ，韓国，アメリカ，ロシア，中国，ベトナム，ドイツにおいて，大学生を対象にした食習慣，福島県の食材などについてのアンケート調査を実施した（表5－1）。この背景として，東日本大震災と原発事後以降，福島の食品に対して，まだ輸入制限措置をとっている国も多いことか

(1)　本章は，朱永浩・佐野孝治・沼田大輔・吉川宏人・伊藤俊介・クズネツォーワ マリーナ・マッカーズランド フィリップ・グンスケフォンケルン マルティーナ・マクマイケル ウィリアム（2018）「「食」を通じたグローバル人材育成：福島大学の成果事例報告」『福島大学地域創造』第30巻 第1号，pp.105-124を加筆・修正したものである。

(2)　福島大学のホームページ（http://kokusai.adb.fukushima-u.ac.jp/global/index.html，2021年4月15日アクセス）

表5－1　プログラム「多文化体験による国際人育成プログラムの創出～食を通して～」の実施概要（2017年度）

国名	引率教員	海外研修プログラム	渡航先での滞在期間
韓国	伊藤俊介	中央大学校サマープログラム（語学研修）	2017年８月３～19日
アメリカ	マッカーズランド フィリップ	特別演習（Work Experience Abroad）・ヒューストン市でのインターンシップ	2017年８月６日～９月27日
ロシア	クズネツォーワ マリーナ	特別演習（実践ロシア語演習）	2017年８月13～20日
中国	朱永浩	朱ゼミ海外研修	2017年９月６～14日
ベトナム	佐野孝治	佐野ゼミ海外研修・特別演習（海外調査　アジア）	2017年９月20～30日
ドイツ	グンスケフォンケルン マルティーナ	特別演習（実践ドイツ語演習）	2018年２月25日～３月30日

出所：朱永浩作成。

ら，現地の大学生に食についてのアンケート調査を実施し，世界の認識を知ることで，福島の復興につなげたいという思いがあった。また，海外での短期研修・実習・インターンシップから帰国後，2017年12月16日に，各国料理の試食や食に関するクイズも盛り込んだスタンプラリーなどを行う「ワールドキッチン in Fukudai」というイベントを開催し，成果報告会を行った。本章は，これらの2017年度の取り組みを紹介し考察するものである。

2 「食」を通したグローバル人材育成の事例報告

2.1　韓　国

2.1.1　中央大学校サマープログラムの概要

福島大学では2015年度から協定校である韓国の中央大学校（在ソウル）で実施されているサマープログラムに本学の学生を派遣している。同プログラムは約３週間の日程で韓国語学習と韓国文化体験からなる短期研修（スケジュールは表５－２参照）であり，毎年世界中から多くの学生が参加している。

2017年度はグローバル人材育成企画とタイアップするかたちで８名の学生（経済経営学類：１年生１名・２年生１名，人間発達文化学類：２年生２名，行政政策学類：２年生１名・３年生１名，共生システム理工学類：２年生１名，現代教養

表5－2　中央大学校サマープログラム内容（2017年度）

年月日	滞在地	行程
2017年 8月4日(金)	福島→東京→ソウル	羽田空港　発 仁川空港　着 中央大学校に移動，入寮手続き
8月5日(土)	ソウル	「食」文化をめぐる独自フィールドワーク 景福宮→国立民俗博物館→通仁市場→ミュージアムキムチ間→アルムダウン茶博物館→広蔵市場
8月6日(日)	ソウル	授業なし（自由行動）
8月7日(月)	ソウル	【午前】韓国語授業 【午後】東アジアの国際関係
8月8日(火)	ソウル	【午前】韓国語授業 【午後】プロ野球観戦
8月9日(水)	ソウル	【午前】韓国語授業 【午後】テコンドー体験 アンケート調査（1回目）
8月10日(木)	ソウル	【午前】韓国語授業 【午後】特別講義
8月11日(金)	ソウル	【午前】韓国語授業 【午後】K-Pop ダンス体験 アンケート調査（2回目）
8月12日(土)	ソウル	【午前】韓国語授業 【午後】NANTA 鑑賞
8月13日(日)	ソウル	授業なし（自由行動）
8月14日(月)	ソウル	【午前】韓国語授業 【午後】ハングル博物館見学
8月15日(火)	ソウル	【午前】韓国語授業 【午後】オプショナルツアー（ロッテワールド）
8月16日(水)	ソウル	【午前】韓国語授業 【午後】仁川ツアー
8月17日(木)	ソウル	【午前】韓国語授業 【午後】特別講義
8月18日(金)	ソウル	【午前】修了式 【午後】修了パーティー
8月19日(土)	ソウル→東京→福島	仁川空港　発 羽田空港　着

出所：伊藤俊介作成。

コース：1年生1名）が参加した。そのため，学生が調査・発表するまでのフォローを授業外で行う必要があった。そこで研修参加者（以下「韓国グループ」）は，出発前の事前研修として安全教育，アンケート調査実施指導などを数回にわたって行い，同企画の概要説明と役割分担，現地での調査の進め方を

写真５－１　民俗博物館で説明を受けるメンバー

出所：伊藤俊介撮影。

確認した。１年生から３年生までが含まれるため帰国後のアンケート集計と発表準備も細やかな指導を必要とした。現地では短期研修プログラムに加えて独自に韓国の「食」文化をめぐるフィールドワークを行うとともに，中央大学校のキャンパスにおいてアンケート調査を実施した。以下，その概要を紹介する。

2.1.2 「食」文化をめぐるフィールドワーク

８月４日に韓国入りした韓国グループは，翌５日に「食」文化をめぐるフィールドワークを実施した。これはグローバル人材育成企画の独自プログラムとして教員（伊藤）が企画したもので，ソウルにある「食」文化にまつわる博物館や商業施設をめぐりながら韓国人の「食」に対する理解を深めることが目的であった。

８月５日午前に集合した韓国グループは，まず朝鮮王朝の正殿景福宮の敷地内にある国立民俗博物館を見学した（写真５－１）。同博物館では朝鮮半島の歴史の中で培われた韓国人の伝統的な生活と文化を学ぶことができた。「韓国人の日常」と題する展示室では韓国の衣食住をコンセプトとした展示が組まれており，韓国グループは韓国の食文化についてこれから調査する際の基礎知識をここで身に付けた。

次に景福宮に程近い西村にある「通仁市場」という在来市場に移動した。ここは2011年からソウル市の支援のもと市場の活性化に向けて「トシラク（お弁当）カフェ」という市場内の店舗から自由に惣菜を買って食べることができる企画が行われており，近年では地元の人々だけでなく観光客にも人気が高い。韓国グループは昼食を兼ねてこの「トシラクカフェ」に参加し，市場を散策しながら惣菜を買って食してみることで，現在の韓国の一般的な家庭で食べられている食事に接することができた。

昼食後は仁寺洞に移動して「ミュージアムキムチ間」を訪れた（写真5-2）。ここは韓国の大手食品会社が経営するキムチ専門の博物館で，韓国を代表する食品であるキムチの歴史をはじめ，種類や栄養素，ユネスコ無形文化遺産にも登録されたキムジャン（冬に備えてキムチを漬ける行事）などについて学ぶことができる。タッチパネルでキムチを漬ける工程を学ぶ展示もあり，韓国グループのメンバーは楽しみながらキムチへの理解を深めた。

写真5-2　タッチパネルでキムチの漬け方を学ぶメンバー
出所：伊藤俊介撮影。

仁寺洞で休憩も兼ねて「アルムダウン茶博物館」というお茶の博物館で韓国の伝統茶を体験した後，フィールドワークの最後の目的地である広蔵市場を見学した。先述の通仁市場がソウル西側のオフィス街に形成された市場であるのに対して，ソウルの東側に位置する広蔵市場は100年以上の歴史を持つ韓国でもっとも古い常設市場で，ソウル市民の食文化を支えてきた中心的な施設である。巨大な敷地内には乾物や生鮮食料品，屋台などが並び，常に多くの買い物客で賑わっている。韓国グループのメンバーはここで1時間の自由散策時間を設け，市場で売られている商品の種類や価格について調査をした。

2.1.3　ソウルでの「食」に関するアンケート調査

韓国グループは8月9日と11日の両日に中央大学校での研修プログラム終了後，同校のキャンパスにおいて大学生を対象に「食」に関するアンケート調査を実施した（写真5-3）。より多くの人に調査に協力してもらおうと，当日は浴衣を着たり手書きの看板を作成したりするなどの工夫をして臨むメンバーもおり，穏やかな雰囲気の中で調査を行うことができた。福島の「食」をめぐるアンケートの集計については，第8章に委ねることとし，ここでは韓国人大学生の日本食に対するイメージに関する集計について見てみたい。

写真5－3　アンケート調査中の韓国グループメンバー
出所：伊藤俊介撮影。

まず，日本料理のイメージに対する集計結果（表5－3）を見ると，「美味しい」「おしゃれ・格好いい・豪華」「綺麗」という肯定的な評価が多数を占める一方，「イメージがわかない」「口に合わない」といった否定的な評価はほとんど見られず，日本料理が韓国に一定程度認知されていることがわかる。男女差が顕著なのは「健康的」という設問である。韓国料理に比べて味付けが淡白で油を多く使わない日本料理に韓国の女性はこのような印象を持ったのであろう。また「量が少ない」という設問が4位に位置しているが，多人数で大皿の料理を食べる韓国人には個別に盛られてくることの多い日本料理を少ないと感じたものと思われ，「食」文化の違いも感じることができる。

次に，日本の味覚に関する集計結果を見よう（表5－4）。日本の隣国である韓国では「味噌」「しょうゆ」「みりん」などの調味料は日本と同じように使われているため，それらを「日本の味」とした回答は4位以下という結果であった。一方「わさび」「照り焼き」「カツオ節」は韓国料理で使われることがないため「日本の味」と認識している人が多かったと考えられる。似ていながら違いもある，非常に韓国らしい結果

表5－3　韓国の学生が有する日本料理についてのイメージ（複数回答）

順位	選択肢	件数	男性	女性
1	美味しい	59	35	24
2	おしゃれ・格好いい・豪華	43	19	24
3	綺麗（見た目）	36	15	21
4	量が少ない	34	12	22
5	健康的	25	9	16
6	値段が高い	22	12	10
7	安全	6	1	5
8	イメージがわかない	2	0	2
9	口に合わない	0	0	0

注：便宜上，選択肢は解答数の多い順に並べ替え，「その他」は省略した。
出所：伊藤俊介作成。

と感じた。

2.1.4　韓国研修を終えて

韓国グループはゼミ研修とは異なるかたちで本企画に参加したため，事前ガイダンスや現地での調査，帰国後のデータ集計と発表準備などを限られた時間内で行う必要があり，学生も指導側も負担が大きかった。しかしながら一連の研修を終えて，参加メンバーは「食」というテーマを通して韓国，さらには異文化に接することの意味と重要さに対する理解をかなり深めることができたと実感している。各メンバーは企画終了後も積極的に海外に目を向け，文化の多様性について日々認識を新たにしている。本企画での取り組みで参加学生自身が大きく成長したことは確かである。

表５－４　韓国の学生が知っている日本の味（複数回答）

順位	選択肢	件数	男性	女性
1	わさび味	90	40	50
2	照り焼き味	77	31	46
3	カツオ節味	73	30	43
4	味噌味	69	28	41
5	しょうゆ味	56	23	33
6	梅干し味	34	13	21
7	みりん味	16	9	7

注：便宜上，選択肢は解答数の多い順に並べ替え，「その他」は省略した。
出所：伊藤俊介作成。

2.2　アメリカ

2.2.1　ヒューストン市におけるインターンシップ・プログラムの概要

本項では，アメリカ・テキサス州・ヒューストン市におけるインターンシップ・プログラムと，アメリカの大学生に対して実施した「食」に関する調査について紹介する。

ヒューストン市でのインターンシップは，学生に，ヒューストン市役所での８週間のインターンシップの機会を提供するものであり，学生に，ビジネスやオフィスの文脈で英語を使う経験，すなわち，リアルな英語，リアルなビジネス，リアルなコミュニケーションをさせることを目的としている。そして，この経験的な学びを通じて，学生が，英語の自信をつけながら，アメリカの文化やビジネス・オフィスでの慣行など実践的な知識を得ることができるようになることを狙いとしている。

このインターンシップには，2010年度から2017年度までに36名の学生が参加した。2014年度以降のインターンシップ先はヒューストン市役所であり，各学生の希望分野と，ヒューストン市役所が提供しうる部署を調整した上で，基本的に各学生はそれぞれ異なる部署に割り当てられる（これまでに割り当てられた部署は，Department of Neighborhoods，Department of Public Works，Office of International Communities，Office of International Protocol，Permitting Center などである)。そして，2016年度以降，学生の滞在先は，各自別々のホームステイ先であり，朝食・夕食をホストファミリーとともに摂るなどして，アメリカの家庭を体験することによっても，英語のブラッシュアップを図る。

2014年度から，このインターンシップは，ヒューストン市にあるセントトーマス大学と協力関係にある。2016年には，インターンシップ期間中に，在ヒューストン日本国総領事館の協力のもと，セントトーマス大学で，インターンシップ中の福島大学生が福島の震災復興について発表することと合わせた昼食会を行った。2017年度と2018年度には，セントトーマス大学が福島大学に「対日理解促進交流プログラム TOMODACHI KAKEHASHI INOUE プロジェクト」の機会を提起し，両大学からそれぞれ23名の学生と２名の教職員を派遣しあい[(3)]，交流を深めた。

2.2.2 アメリカでのプログラムの行程

表５-５は，2017年度に実施したプログラムの行程をまとめたものである。2017年度は，５名の学生が，基本的に８月８日から９月26日まで，ヒューストン市役所でインターンシップを行った。なお，2017年度は，途中，ヒューストン市をハリケーン・ハーベイが襲い，約２週間インターンシップの中断を余儀なくされた。このため，８月末から９月初旬にかけて，学生はハーベイからの復旧のボランティアにも携わった[(4)]。

「食」に関する調査については，2017年度は，Work Experience Abroad I

(3) TOMODACHI KAKEHASHI INOUE プロジェクトの引率教員は，グローバル人材育成企画委員会から，2017年度はマッカーズランド教授，2018年度は沼田准教授・吉川教授が務めた。

(4) ハーベイからの復旧のボランティアの詳細は，『福島民報新聞』2017年９月６日付（社会面)「震災支援の恩返しを～米で研修の福大生５人ハリケーン被害復旧活動「福島の代表として」」を参照されたい。

表5-5　ヒューストンインターンシッププログラム内容（2017年度）

日付	行程
2017年8月6日	日本発。ヒューストン着。ホームステイ開始
2017年8月8-25日	平日はヒューストン市役所でインターンシップ
2017年8月25-30日	ハリケーン・ハーベイ発生，緊急対策
2017年8月31日-9月4日	ヒューストン市各地でボランティア活動
2017年9月5-26日	ヒューストン市役所でインターンシップ再開
2017年9月14日	セントトーマス大学で食に関する調査
2017年9月15日	ライス大学で食に関する調査
2017年9月27-28日	ヒューストン発。帰国

出所：マッカーズランド フィリップ作成。

の授業で，学生は，食に関するアンケートを日本語から英語に翻訳しつつ検討を重ねた。そして，9月14日にセントトーマス大学の2つの授業，およびセントトーマス大学で支援くださっている教員が兼務しているライス大学の1つの授業で9月16日に食に関するアンケートを実施した（なお，いずれの授業も，Intercultural communication がテーマである）。両大学での食に関するアンケートの実施には，関係教員等との会議，調査目的・方法，調査を後援する機関など12ページに及ぶ申請書の記入が求められ，調査を行う福島大学生全員のサインも提出した。学生は授業で，簡単な自己紹介を行い，授業のディスカッションに参加し，最後に食に関するアンケートを配付して記入を依頼し，回収した。なお，帰国後，全体の回答数が予想よりも少ないことに気づいたため，オンラインで他の大学にも回答を依頼し，合計で6大学の78人から回答を得た。このうち，79.5%が外国への渡航経験があり，12.8%が留学生であった。

2.2.3　アメリカでの「食」に関するアンケート調査

図5-1は，好きな外国料理のジャンルを3つまで選択してもらった回答をまとめたものである。これによると，日本料理が全回答者の75.4%，イタリア料理が同53.8%，中国料理が同51.3%であり，日本料理に好意的な傾向が伺われる。好きな日本食は，ラーメン・寿司の回答が最も多かった。知っている日本食の味付けは，しょうゆ・照り焼きが最も多く，次に，わさび，みそが続いた。日本食は，88.5%の回答者が食べたことがあるとのことであった。

図5-2は，日本食のイメージについて3つまで選択してもらった回答をま

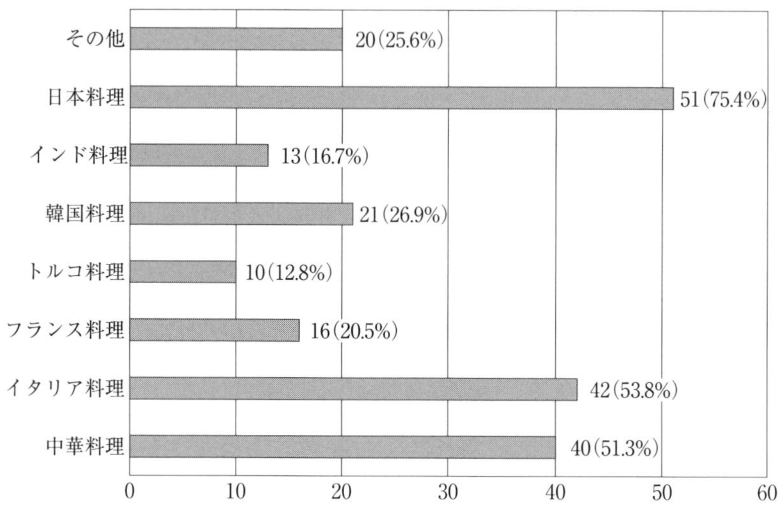

図5－1　アメリカの学生が好きな外国料理のジャンル（複数回答）

出所：マッカーズランド フィリップ作成。

とめたものである。これによると，健康的という回答が全回答者の76.9%，おしゃれ・かっこいい・豪華が同52.6%，見た目がきれいが同34.6%であった。

日本の食材を購入したことがある回答者は75.6%であり，ヒューストンにおいても，日本食の購入が可能であることが窺われる。そして，日本料理を作ってみようとしたことの有無についても独自に尋ね，作ってみようとしたことがある回答者は51.3%だった。このように，日本食は広く受け入れられていることが窺われる。ただし，Intercultural communication の授業で，福島大学生がアンケートをとったため，日本料理に好意的な回答が多くなっている可能性がある点に注意されたい。

また，自炊するか否かについて，ほぼ毎日が同19.2%，週に3-4回が同26.9%，1カ月に数回が同37.2%，全くしないのは同16.7%であり，4割以上の回答者が週に3回以上自炊していることが窺われる。食事の際に気を付けているマナー・習慣について，29.5%の回答者が食前に祈ると回答した。食前の祈りはキリスト教の伝統的な行為で，テキサス州ではこの伝統が多く見られる。

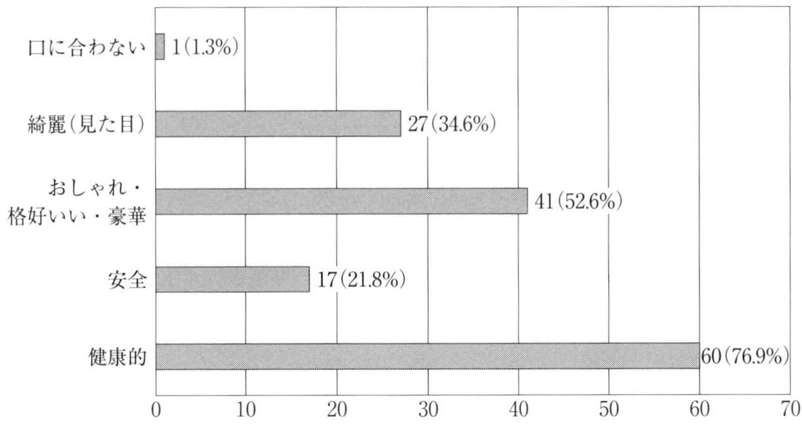

図5－2　アメリカの学生が持つ日本料理のイメージ（複数回答）

出所：マッカーズランド フィリップ作成。

2.2.4　学生が様々な形で垣間見たアメリカの食

2017年度のプログラムに参加した学生はアメリカの食文化に様々な角度から触れる機会を得た。平日は，一般的なアメリカの食事を，ホストファミリー，他国からの学生と共にし，料理の準備，後片付けも行った。平日の昼食は，ヒューストン市役所近くの地下にあるオフィスワーカーが手にするファストフードなどであった。週末は，アメリカで新しくできた友達と外食に出かけ，タコス，チリコンカンなどのテキサス料理などを試すなどした。ある学生はメキシコ系アメリカ人の友人の誕生日に伝統的なメキシコ料理を経験した（写真5－4）。一方，ライス大学の日本語・日本文化の授業に参加して，アメリカの学生に恵方巻の作り方を教えた学生もいた。そして，ハリケーン・ハーベイの発生により甚大な被害を受けたヒューストン市で，学生は，被災された方・避難されてきた方に食事を提供するボランティアも行い（写真5－5），被災・避難された方に提供された朝食を目にする経験も得た。これらの経験を通じて，学生は，アメリカの料理は多くの国の影響を受けており，アメリカ料理を定義することの難しさ，アメリカにある食べ物の多くは，国外から伝えられ，独自の発展を遂げて今に至っていることなどを学んだ。

写真５－４　誕生日のパーティーで現地学生と手作りの本番メキシコ料理を楽しむ風景
出所：渡辺彩撮影。

写真５－５　ハリケーンハーベイの被災者に食事を用意する学生
出所：反保祐希撮影。

2.3　ロシア

2.3.1　ロシア研修の概要

実践ロシア語演習（教員１名と学生４名，以下「ロシアグループ」）は，海外研修のため2017年８月にロシア・ハバロフスク地方（ハバロフスク市，コムソモリスク・ナ・アムーレ市，シカチ・アリャン村）に行き，極東国立交通大学での語学・ロシア文化研修，ハバロフスク市内における日本系企業訪問，コムソモリスク・ナ・アムーレ市の航空機企業視察等，地元民（ロシア人，原住民のナナイ人など）や，現地で働いている日本人との交流を含む活動を実施した。また，経済経営学類グローバル人材育成事業の一環として，ロシアの食文化とハバロフスク地方の食，原住民の料理，地元の和食事情を調査し，「食」に関するアンケート調査と日本および福島県の「食」を紹介するという活動も行った。

今回のロシア研修は2017年８月13日から８月20日まで実施され，主な滞在先はハバロフスク市内に拠点を持つ「極東国立交通大学」である。表５－６は，海外研修のスケジュールと概要を示したものである。

表5-6　ロシア・ハバロフスク地方短期海外研修プログラム内容（2017年度）

年月日	滞在地	行程
2017年 8月13日（日）	福島→東京→ハバロフスク	成田空港　発 ハバロフスク市ノヴィー空港　着
8月14日（月）	ハバロフスク	【午前】極東国立交通大学（①ロシア語・ロシア文化学習，②ロシア食文化の体験型講義） 【午後】ハバロフスク市内視察，現地学生との交流
8月15日（火）	ハバロフスク	【午前】極東国立交通大学（ロシアの民族学・民話学学習） 日系企業視察（JGC Evergreen〔日揮〕） 【午後】グロデコフ郷土誌博物館見学 和菓子作り（極東国立交通大学主催の文化交流イベントの準備）
8月16日（水）	ハバロフスク →シカチ・アリャン→ハバロフスク	【午前】極東国立交通大学（①ロシア語の音楽的学習，②ロシア民族衣装の講義） 【午後】ナナイ少数民族シカチ・アリャン村視察 （ナナイ人の食文化体験学習）
8月17日（木）	ハバロフスク	【午前】極東国立交通大学（ロシア文化学習） 日本国政府設置のハバロフスク日本センター訪問 （現地の和食事情の聞き取り調査） 【午後】極東国立交通大学主催の文化交流イベント実演（和菓子の紹介）
8月18日（金）	ハバロフスク→コムソモリスク・ナ・アムーレ コムソモリスク・ナ・アムーレ→	【午前】ハバロフスクバスターミナル　発 コムソモリスク・ナ・アムーレ　着 ガガーリン名称航空機工場（KNAAZ）のスホーイ広報・資料センター視察 【午後】コムソモリスク・ナ・アムーレ国立工科大学テクノパーク視察 コムソモリスク・ナ・アムーレ駅　発
8月19日（土）	→ハバロフスク	【午前】ハバロフスク駅　着 アムール橋の歴史博物館見学 ハバロフスク市内の食料品売り場（自由市場，スーパーマーケットなど）視察 【午後】現地学生との交流
8月20日（日）	ハバロフスク→東京→福島	【午前】ハバロフスク市ノヴィー空港　発 【午後】成田空港　着

出所：クズネツォーワ　マリーナ作成。

2.3.2　ロシア研修の内容

ロシアグループの学生は，研修の目標と狙いを明確に定め，海外研修の事前準備に取り組む中，研修先のハバロフスク地方について自ら調べたり，「食」に関するアンケート調査表の露訳作業に携わったりした。また，日本および福島の「食」をハバロフスクの地元民に紹介する計画を立て，自作の和菓子を現地で提供することにし，その為，ロシアに出発する前に和菓子作りを練習した。研修先では，ハバロフスク住民の口に合うと思って選んだ３種類（落雁，きざと，琥珀糖）の和菓子を福島から持ち込んだ食材を使って用意した。８月17日の極東国立交通大学主催の文化交流イベントで，大学関係者や一般市民の参加者に自作の和菓子を提供する試食会を開催することができた（写真５－６，５－７）。

写真５－６　和菓子作りを練習する学生の様子（クズネツォーワ研究室にて）
出所：クズネツォーワ マリーナ撮影。

食に関する現地での研修として，次に示す様々な機会を提供した：８月14日の午前中に，極東国立交通大学がハバロフスク市内のレストランで実施したロシア食文化の体験型授業に参加し，ロシア人の食事とテーブルマナー，ハバロフスク地方の食べ物等について料理を試食しながら勉強；８月15日の

写真５－７　和菓子試食会の様子
（左：和菓子は地元の人々に大人気！　右：現地のテレビ局が取材に駆けつける場面）
出所：クズネツォーワ マリーナ撮影。

午前中に，新鮮な野菜の供給が季節によって少ない時期のあるハバロフスクにある社会経済発展推進区（TOSER）で日ロ共同スタッフが野菜温室栽培を行う日系企業を視察；8月16日の午後に，原住民であるナナイ人が暮らすシカチ・アリャン村を訪れ，アムール川の魚に依存する生活・食文化について学んだ。8月17日の午前中に，日本国政府設置のハバロフスク日本センターを訪問し，現地の和食事情について聞き取り調査；8月19日には，ハバロフスク市内の食料品売り場，自由市場などを視察；研修期間中に，ロシア料理を提供するレストラン，ロシアの食堂，ファストフード店，日本食の店を訪問。これらを通して，ロシア・ハバロフスクの「食」について多面的に知識を得ることができた。

この他にも次に示す様々な研修を行った：ロシア語・ロシア文化学習（8月14日・17日の午前中にそれぞれ1.5時間），ハバロフスクの歴史・文化を代表するグロデコフ郷土誌博物館見学（8月15日），コムソモリスク・ナ・アムーレ市のスホーイ戦闘機を製造するガガーリン名称航空機工場（KNAAZ）の広報・資料センター視察（8月18日），コムソモリスク・ナ・アムーレ国立工科大学テクノパーク視察（8月18日），アムール橋の歴史博物館見学（8月19日）。

2.3.3　ハバロフスクでの「食」に関するアンケート調査

日本および福島の「食」のアンケート調査は，極東国立交通大学の一年生を対象に行われた。回答の集計結果を見ると，回答者の9割以上は20歳未満で，約3分の2は家族と離れて寮などで暮らし（表5-7），ちょうど半分はほぼ毎日自炊している。このことから，回答者の多くは，田舎や別の地域などからハバロフスク市に最近移り住み，外国料理との接触のチャンスが比較的多い大都会での生活経験が浅いと推測できる。それにもかかわらず，「日本食を食べたことがある」と答えた人は79.8%で，日本食を食べたことが「ない」と答えながら，「寿司」などの日本食が好きと答えた人は11.4%もいた。

その理由の一つとしては，現地の和食以外のレストランなどで「寿司」のメニューが提供されているケースが少なくないことが挙げられる。そのため，「寿司」は好きだが，それが日本食であることに気がつかない回答者もいると推定できる。

表5-7　ハバロフスク学生の住まい

(1)　大学などの寮	52.6%
(2)　アパートなどに1人暮らし	8.8%
(3)　知り合いなどとともにルームシェア	5.3%
両親などと別に住んでいる人　(1)+(2)+(3)	66.7%

出所：クズネツォーワ マリーナ作成。

表5-8　ハバロフスクの学生について，日本の各種の食べ物・料理を知っている人のうち，その食べ物・料理が好きと答えた人の割合

寿司	82.9%	そば	50.0%	おにぎり	66.7%
刺身	41.9%	日本酒	35.8%	ラーメン	72.7%
天ぷら	70.0%	日本茶	64.8%	和菓子	61.1%

出所：クズネツォーワ マリーナ作成。

他にも集計結果からは，「寿司」，「天ぷら」，「ラーメン」を食べたことのある人の7割以上がその料理が好きと答えたことに対し，「日本酒」を飲んだことのある人の約3分の1しか日本酒を好まないといった傾向が見られる。全体的には，寿司を始め日本食の人気が高いと言えるが，日本食の「日本性」をもっとアピールすべきという課題があると思われる。

2.3.4　ロシア研修のまとめ

ロシアグループは一週間という短い研修期間でハバロフスク地方の2つの都市と1つの村を訪れ，多忙なスケジュールのなか，隣国ロシアの「食」事情について積極的に調査を行ってきた。また，ハバロフスクの人々に自作の和菓子を提供するなどの活動を通して日本及び福島の「食」を紹介できた。

ハバロフスクの大学生を対象にした「食」に関するアンケート調査の集計結果からは日本食の人気が高いと判明した。一方，日本の食材や食文化の普及をさらに推進しなければならないという課題も見てとれた。

2.4　中　国

2.4.1　中国研修の概要

朱永浩ゼミナール（教員1名と学生9名。以下，朱ゼミ）は，海外研修のため

2017年9月に中国広東省（広州市，湛江市）に行き，広東海洋大学寸金学院との学生研究交流，湛江市での現地企業訪問，ボランティア活動を実施した。また，経済経営学類グローバル人材育成事業の一環として「食」に関するアンケート調査，日本および福島県の「食」と「まつり」を伝えるという活動も兼ねていた。

本研修は2017年9月6日から9月14日まで，主な滞在先を湛江市内に立地する「広東海洋大学寸金学院」(5)（以下，寸金学院）として実施した。表5－9は今回の海外研修のスケジュールと主な内容を示したものである。以下では，その概要について紹介する。

2.4.2　中国研修の事前準備と研修内容

海外研修における自分の役割を理解しながら主体的に取り組むために，参加学生は2017年6月～8月の毎週1回（1.5時間），海外研修先の中国広東省（湛江市，広州市）について自ら調べたり打ち合わせしたりする事前準備を行った。海外フィールドワークの基本的な技能を習得した上で，多様な価値観を尊重する態度や資質を養うことが海外研修の事前準備の狙いである。具体的には，海外研修の目標を明確にするために，テーマ別に3つのグループに分け，グループごとに現地交流の企画立案からテーマ設定・プレゼン資料作成までの準備をすべて学生が行った。

9月7日の午前中に朱ゼミは寸金学院の国際交流センター訪問・旧校舎見学を経て，午後には寸金学院経済学部3，4年生との合同研究発表会に参加し，研究発表とディスカッションを行った（写真5－8）。朱ゼミは二班に分かれ，第1班は「日中食料品貿易関係および日本の郷土料理の特徴」，第2班は「日本東北6県の祭り（東北六魂祭）」について発表を行った。一方，寸金学院経済学部の学生は「東アジア地域における自由貿易協定の推進」，「東アジア経済統合と中日協力」，「北部湾地域経済の発展」についての研究発表を行った。双方の学生は，合同発表会を通じて日中間の経済的結びつきの重要性を認識するこ

(5)　広東海洋大学寸金学院は，1999年に設立された，学生数約2万人，教職員数約500名を有する私立の総合大学である（2017年9月時点）。

表5－9　朱ゼミの海外研修内容（2017年度）

年月日	滞在地	行程
2017年 9月6日(水)	福島→東京→広州→湛江	羽田空港　発 広州白雲空港　着 【午後】広州市商業施設視察（上下九路） 広州白雲空港　発 湛江空港　着
9月7日(木)	湛江	【午前】広東海洋大学寸金学院国際交流センター訪問 寸金学院旧校舎見学 【午後】寸金学院経済学部生との合同発表会 （食に関するアンケート調査実施）
9月8日(金)	湛江	【午前】寸金学院新校舎見学 【午後】寸金学院日本語学科生との文化交流会 （食に関するアンケート調査実施）
9月9日(土)	湛江	【午前】寸金学院日本語学科生との学生交流 【午後】湛江市内視察（自由行動）
9月10日(日)	湛江→特呈島→湛江	【終日】ボランティア活動（マングローブ保護活動）
9月11日(月)	湛江	【午前】アリババ（湛江）訪問 【午後】湛江市内商業施設見学（自由行動）
9月12日(火)	湛江	【午前】国泰君安証券（湛江）訪問 広州百貨店（湛江）視察 【午後】寸金学院・陳教授による特別講義
9月13日(水)	湛江→広州	【午前】寸金学院日本語学科生との学生交流 湛江空港　発 広州白雲空港　着
9月14日(木)	広州→東京→福島	【午前】広州市内視察（自由行動） 広州白雲空港　発 羽田空港　着

出所：朱永浩作成。

とができた。

9月8日の午前中に訪れた寸金学院の新校舎には，スーパーマーケット，ホテルなどの商業施設が入居していた。また新校舎には，若き起業家を育むための「インキュベーター」が入っており，外部企業と協力しながらビジネス経験のない大学生の起業家を後押しする仕組みが整っていることを確認できた。さらに同日午後，朱ゼミと寸金学院日本語学科生との文化交流会が開催され，寸金学院と朱ゼミは日中両国のそれぞれの食文化やその特徴について発表を行った。寸金学院側では，四川料理，広東料理，江蘇料理，山東料理，安徽料理，福建料理，湖南料理，浙江料理といった「中国八大菜系」について詳細に取り上げられ，地域ごとに使う調味料・食材の違いや，飲茶などの食文化についても紹介された。一方，朱ゼミの発表では，和食の「さしすせそ」や，うま味，酸味，甘味などの味覚に関する日本料理の基礎知識の紹介に加え，醤油や味噌など実際に日本から持っていった調味料を見せながら詳細に説明し，バランスや彩や美しさを追求した「無形文化遺産としての和食」が紹介された。その上で寸金学院の大学生に，福島の食品への理解，特に福島の食品安全性について知ってほしいと呼び掛けた。

写真5－8　寸金学院との合同研究発表会
出所：朱永浩撮影。

写真5－9　アリババ（湛江）での記念写真
出所：朱永浩撮影。

この他にも，中国の研修期間中には，Eコーマス企業のアリババ（Alibaba＝写真5－9），証券企業の国泰君安証券，小売業の広州百貨店などの現地の企業訪問，離島（特呈島）でのマングローブ保護活動（ボランティア活動＝写真5－10），寸金学院の教員による特別講義にも参加してきた。

2.4.3　寸金学院での「食」に関するアンケート調査

前述の合同発表会および文化交流会の際に，寸金学院の在学生を対象とした，日本および福島の「食」に関するアンケート調査が行われた。アンケートの集計結果を見てみると，中国の大学生の日本料理についての回答は，朱ゼミが「出発前に予想していた通りの回答」，「そうでない回答」，「想像を超えたも

写真 5-10　離島の小学生にマングローブ保護の重要性を伝える学生
出所：朱永浩撮影。

の」など様々な回答が見られた。経済成長に伴い中国人の食生活が多様化し世界各国料理も中国に進出しているなか，表 5-10に示したように，日本料理に対する若者の人気度が非常に高いことが窺える。他方，表 5-11に示したように，中国の大学生は日本料理のイメージについて「美味しい」の評価が最も多く，ボリューム満点の中華料理に比べて「量が少ない」

表 5-10　中国の学生が好きな外国料理のジャンル（複数回答）

	男性	女性
中華料理	23.8%	40.5%
フランス料理	23.8%	31.4%
トルコ料理	14.3%	11.6%
韓国料理	19.0%	45.5%
インド料理	21.4%	11.6%
日本料理	69.0%	68.6%
その他	2.4%	15.7%

出所：朱永浩作成。

表 5-11　中国の学生が持つ日本料理のイメージ（複数回答）

	男性	女性
美味しい	54.8%	66.9%
口に合わない	11.9%	5.8%
健康的	26.2%	44.6%
安全	7.1%	24.8%
値段が高い	31.0%	40.5%
おしゃれ・格好いい・豪華	11.9%	9.9%
綺麗（見た目）	26.2%	41.3%
量が少ない	42.9%	60.3%
イメージがわかない	9.5%	5.8%
その他	2.4%	0.8%

出所：朱永浩作成。

という集計結果が続いている。さらに，中国の大学生にヒアリングしたところ，自分の好きな量だけ食べられるバイキングは好まれることが窺われる。

さらに福島の「食」に関するアンケートの集計結果から，「どちらとも言えない」の回答が多く見られ，福島の「食」の安全性について理解や認識が進んでいない現状が見受けられた。福島の「食」への理解を進めるためには，解決するべき課題は依然として多いことを実感させられた。

2.4.4　中国研修のまとめ

朱ゼミ一行は中国のフィールドで学び，日本との類似点や相違点について考察し，理解を深めることができた。そして中国の食文化を体験して，「食」を通じた相互理解の可能性も感じることができた。また，海外研修終了後も調査報告書を作成し，経済経営学類ゼミナール合同報告会で研究発表を行い，本研修で経験したことや学び得たことについて広く発信することができた。

2.5　ベトナム

2.5.1　ベトナム研修の概要

佐野孝治ゼミナール（以下，佐野ゼミ）では，開発途上国の経済開発と社会開発について研究しており，1997年以来，ほぼ毎年海外フィールドワークを実施している。これは単なるパックツアーや事前にお膳立てされたスタディツアーではなく，学生たちがテーマ決定や調査プランを立て，ホテルやチケットの手配，訪問先のアポイントメントなどを主体的に行う実践型のプログラムである。

2017年度は9月20日から9月30日にかけて，教員1名と学生9名で，ベトナム・フィールドワークを行った。ホーチミン，ダナン，フエ，ホイアン，ハノイと南から北へ縦断しながら，NGO，企業，大学，少数民族村などを視察し，ホアセン大学とハノイ国家大学では，研究発表と食に関するアンケート調査を行った。表5-12は，今回のスケジュールと主な内容を示したものである。

2.5.2　主な研修内容

今回のベトナム研修は大きく分けて5つのプログラムからなっている。第一

表５-12　佐野特別演習・海外研修内容（2017年度）

年月日	滞在地	行程
2017年 ９月20日（水）	成田→ホーチミン	成田国際空港　発 ホーチミン空港　着
９月21日（木）	ホーチミン	【午前】FFSC 事務所にてインタビュー，ストリートチルドレンセンターに移動し子供たちと交流 【午後】JETRO ホーチミン事務所訪問 トヨタ ASTA 福島訪問
９月22日（金）	ホーチミン	【午前】ホアセン大学での合同発表会 【午後】ホアセン大学での食に関するアンケート調査
９月23日（土）	ホーチミン→ダナン	【午後】NGO・FIDR 事務所訪問
９月24日（日）	ダナン→クァンナム省→ダナン	【終日】FIDR プロジェクト・クァンナム省少数民族（カトゥ族）村訪問，SRI 農法視察
９月25日（月）	ダナン→フエ→ダナン	【午後】フエ・フーズ（越の一）訪問，世界遺産（王宮など）見学
９月26日（火）	ダナン→ホイアン→ダナン	ダナン市観光 【夜】ホイアン　世界遺産見学
９月27日（水）	ダナン→ハノイ	【午後】市場見学
９月28日（木）	ハノイ	【午前】ハノイ国家大学での合同発表会，食に関するアンケート調査 【午後】イオンモール・ロンビエン訪問，日系飲食店（ラーメン大山）視察 ボランティアグループ代表二宮氏へのインタビュー
９日29日（金）	ハノイ	【午前】日系飲食店（MY OSHI 03）視察 【午後】ハノイ市観光（タンロン遺跡，ホーチミン廟）
９月30日（土）	ハノイ→東京→福島	ハノイ空港　発 羽田国際空港　着

出所：佐野孝治作成。

に，大学での研究発表と食についてのアンケート調査である。ホアセン大学（９月22日，ホーチミン）とハノイ国家大学（９月28日，ハノイ）で，①日本や福島の文化や食，②東日本大震災と原発事故からの復興状況について，英語で研究発表を行った。直前まで入念にリハーサルを行い，正確な情報発信を行うことを心掛けた。ベトナム人学生たちと活発な意見交換が行われ，大変有意義であった（写真５-11）。またハノイ国家大学で184名，ホアセン大学で51名に対して食に関するアンケート調査を行った。日本人学生がアンケート用紙を配っていると，手伝ってくれるベトナム人もいて，友好的な雰囲気だった。

第二に，JETRO やベトナム・イオンモールでのヒアリング調査や食に関するアンケート調査に加えて，帰国後は福島県庁，JA，梨農家の方々にインタビューを行い，ベトナムへの福島県農産品の輸出可能性について検証を行った。その詳細については本書第9章を参照されたい。

写真5-11　ハノイ国家大学での研究発表の様子
出所：佐野孝治撮影。

第三に，国際協力NGOであるFFSC（ストリートチルドレン友の会，9月21日）やFIDR（公益財団法人国際開発救援財団，9月23日，24日）を訪問した。FFSCでは子供たちと日本の歌や遊びで交流した（写真5-12）。FIDRでは，ドンヤン郡のカトゥ族を訪問し，中部山岳地域における食料生産支援プロジェクトを視察した。これはSRI農法(6)を小規模農家に普及させ食料不足を軽減させるものである。村民の方からはおいしい民族料理で，歓迎していただいた（写真5-13）。

写真5-12　FFSCで子供たちと
出所：佐野孝治撮影。

第四に，ベトナムでの日本食，日本酒などが普及するかどうかの可能性を探るために，ベトナムで日本酒と焼酎の製造を行うフエ・フーズや日系飲食店（ラーメン大山，MY OSHI 03）で，お話を伺った。いずれも，ベトナム在住の日本人を主なターゲットに，コストを意識することでベトナム人の顧客にも対応した経営を行っているように見受けられた。

(6)　SRIは，System of Rice Intensificationと呼ばれる稲作法であり，①出芽後1週間程度の乳苗を，②30cm程度の広い間隔で，③1本植えし，④栄養成長期に連続湛水せず間断灌漑を行うというものである。山路永司・井上果子（2017）「ベトナムにおけるSRIの農法」『ARDEC』57号。

写真 5-13　カトゥ族の皆さんと
出所：佐野孝治撮影。

最後に，経済成長が著しいベトナムを知るために，福島発の進出企業であるTOYOTA・ASTA・福島でお話を伺った。自動車販売の厳しい競争環境の中でも，着実に実績を上げている印象だった。

2.5.3　ベトナムでの「食」に関するアンケート調査

ベトナムでは，福島の食品について，他国に比べて肯定的であり，たとえば「福島の食品は安全と思うか」という質問では，46％の大学生が「安全」と回答している。また「福島の食品がスーパーで販売されていたら購入するか」という質問では，52％の大学生が「買う」と回答している。詳しい6カ国の国際比較は，第8章に委ねることとし，ここではベトナム人大学生の日本食に対するイメージにについて簡単に見てみたい。

まず，好きな外国料理については，日本料理が73％と第1位である。現地でもショッピングモールや繁華街で寿司屋など日本料理店をよく見かけた。第2位は，韓国料理であり，これはベトナムでも「韓流」ブームが定着していることに加え，ベトナム在住韓国人が日本人の数倍いるため，焼き肉屋なども多いことによると思われる。大学生に聞いても，安くておいしいというイメージで，自宅でもキンパブ（のりまき）などを作ったりするということだった（図5-3）。

次に，好きな日本食については，寿司が92％と第1位であった。好きな味1位も89％でわさび味であり，日本食＝寿司というイメージが定着しているように思える。ただし，大学生にとっては少し価格が高い印象のようである。第2位のラーメンも人気で，ラーメン店長へのインタビューでも，ベトナム人客が高い割合を占めているとのことであった。フォーという，代表的な麺料理がある中で，健闘している印象である。続いて，3位にお米，4位におにぎりがランクインしていることを見ると，日本の米の品質が高く評価されていることが

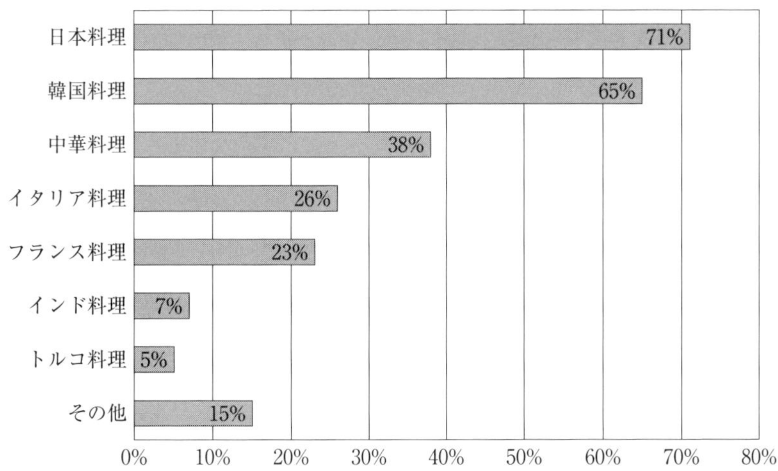

図5－3　ベトナムの学生が好きな外国料理のジャンル（複数回答）
出所：佐野孝治作成。

わかる（図5－4）。

2.5.4　ベトナム研修のまとめ

先述したように，佐野ゼミの海外フィールドワークは学生主体のプログラムである。トーナメント方式の行先決めプレゼン，調査テーマの決定，訪問先リストの作成，訪問先とのアポイントメント，研究調査手法の修得，関係著書や論文の輪読，航空券やホテルの手配，現地交通の手配，インタビュー項目や質問紙の設計，翻訳，研究発表の準備，調査メモの作成，合同ゼミ報告会での報告，調査報告書の作成など，ToDo リストが並ぶ。

今回のベトナム研修でも，ToDo リストを着実にクリアすることによって，企画力，プレゼン力，行動力，国際感覚，語学力，論文執筆力など格段にレベルアップしたと評価できる。さらに今回は，他の5カ国への訪問グループと共同で，統一テーマの「食」のアンケート調査を実施するとともに，「ワールドキッチン in Fukudai」のイベントを開催したことにより，より広くかつ深い国際理解ができた。

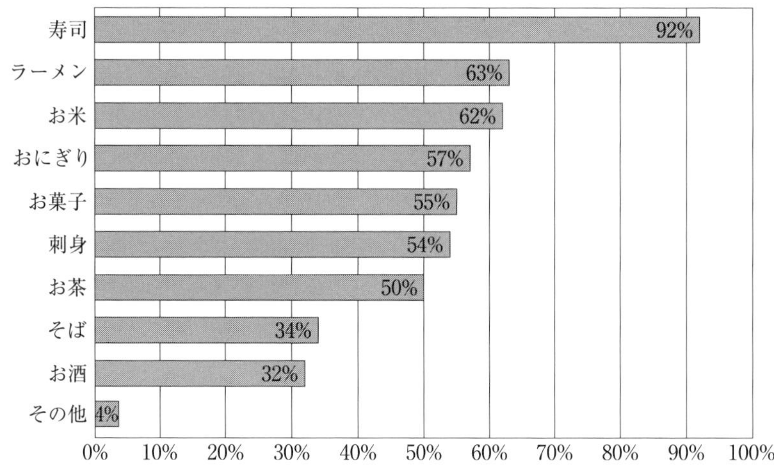

図５－４　ベトナムの学生が好きな日本食（複数回答）

出所：佐野孝治作成。

2.6　ドイツ

2.6.1　ドイツ短期留学プログラムの目標，事前準備・事後対応

このドイツ短期留学プログラムは，国内外のグローバル化の流れが急速に進展する中，それに対応し，世界的な視野を持ってチャレンジしていく学生の育成を目的として行うものである。このプログラムは，様々な国から来た参加者のドイツ語講座，現地のドイツ人や他の外国人とのコミュニケーション能力向上のための多文化交流，文化的な知識を得る催し等の見学からなり，それらを通して世界・日本を知り，世界を相手に活躍できる人材の育成をめざす（表５-13）。

上記のような目標を設定したため，この海外研修旅行ではガイドすなわち教師が学生にあらゆる情報を提供し指導する等はしない。学生は自分の役割を理解しながら自主的に研修に取り組むべく，2017年10月から2018年２月の毎週，グンスケフォンケルン（以下，GvK）が担当する「実践ドイツ語演習１」において，海外研修先のドイツ及びノルトライン＝ヴェストファレン州に関して自ら調査し，上記の海外研修目標を明確にした。自らの興味や旅の目的について考察した上で，全ての参加者の希望と関心に合わせた見学プログラムや週末旅

表５-13　ドイツ短期留学プログラムの具体的な目標

目標１	１人で海外旅行できる能力を得る
目標２	グローバル人として自信を得る
目標３	自国の文化を理解し，外国人に（ドイツ語や英語で）それを説明できる能力を得る
目標４	ドイツ語圏の文化を理解し，ドイツ語圏でのコミュニケーション能力を得る
目標５	学生は英語と第２外国語ができることが当然だという認識を得る
目標６	ドイツの会社で仕事する為の文化知識と基本的なドイツ語能力を得る（日本に支店があるドイツの企業は英語以外にもドイツ語のできる日本人社員を求めている）

出所：グンスケフォンケルン マルティーナ作成。

行について全員で検討した。海外旅行を準備する際の留意点について漸進的に理解し，将来的に一人旅が実現できるよう学習した。

学生が自分自身で研修旅行を準備する「実践ドイツ語演習」のほか，ドイツ語コミュニケーション能力を高めるべく，GvK は「中級ドイツ語」で協定大学のハノーファー大学との共同プロジェクトを数年前より毎セメスター実施している。二大学の学生がスカイプによりタンデム外国語学習を行い，学習時間を日本語とドイツ語に分け，２カ国語で話す。

また，海外研修後も食に関するアンケートの回答を（１カ月間に週２回１時間）分析し，調査報告書を作成し，共通教育「ドイツ語初級・中級」（７クラス）でドイツ短期語学研修旅行の報告会を開催，発表を行った。さらに福島大学Ｓ棟２階廊下に２週間にわたり参加者の体験，学習の達成点，アンケート調査の分析結果等，本研修の成果についてのポスターを展示し，ドイツの研修プログラムや学生の経験等を広く発信した。

2.6.2　ドイツ短期留学の概要

今回のドイツ研修では，2018年２月24日から３月31日までの５週間，ドイツに渡航し，福島大学と交流協定のあるルール大学ボーフム（以下，RUB）の学生との国際交流（写真５-14），ドイツの文化理解を目的とした様々な見学ツアー，主として語学学習と自立した海外生活の訓練を実施した（表５-14）。第１週目は，見学などすべての作業を一つのグループで行う。学生は２つのアパートに分宿する。毎日の食事も共同で準備する。上記の目標の一つに「１人で海

表5-14 「実践ドイツ語演習2」短期海外語学研修内容（2017年度）

月日時	滞在地・研修内容
2018年 2月24日（土）発 2月25日（日）着	福島発→成田空港→デュッセルドルフ空港 ギリシア料理店のディナー（テーブルマナー教室）
2月25日（日）〜 3月4日（日）	第1週（ボーフム市，ルール地方）
2月26日（月）	ルール大学キャンパス見学 ルール大学における食に関するアンケート調査 part 1 ルール地方の名物料理「カレーソーセージ」の試食
2月27日（火）	ルール大学における食に関するアンケート調査 part 2 アンケートデータを Excel ファイルに入力 国際交流会①：ルール大学ボーフムの学生に日本の食文化を教える会 日本の料理教室・日本の料理を食べる会
2月28日（水）	ボーフム市内見学（ルール地方の鉱業歴史博物館，鉄作りの歴史等）
3月1日（木）	森の幼稚園（教育実習） フンデルトヴァッサーハウス見学(重篤疾患児童の両親の為の無料宿泊所) ドイツ料理の教室・試食会
3月2日（金）	ミュンスター（自転車交通のモデル都市）見学ツアー（歴史：1648年，三十年戦争の講和条約，ウェストファリア条約締結された場所，ギターの伴奏で歌うガイドにより旧市街巡り，野外博物館訪問とヴェストファレンの名物（生ハム，ケーキ等の食事会）
3月3日（土）	Hattingen 旧市街巡り ドイツのスーパーの買い物・商品学 国際交流会②：ドイツ料理教室・ドイツ料理を食べる会
3月4日（日）	デュッセルドルフのホームステイ家族への出発
3月4日（日）〜 3月30日（金）	第2〜5週（デュッセルドルフ市） ・ドイツ語授業 ・デュッセルドルフ大学生と「食」アンケート調査 ・デュッセルドルフ大学生とのタンデム外国語学習（週末は自由行動）
3月10日（土）〜 3月11日（日）	デュッセルドルフ市内観光（自由） ドイツの白・赤ワインの試飲会（自由）
3月16日（金）〜 3月18日（日）	ケルン市（ケルン大聖堂，チョコレート博物館等の訪問） デュッセルドルフ市内観光 オーストリア首都ウィーン訪問（ウィーン楽友協会演奏）
3月24日（土）〜 3月25日（日）	デュッセルドルフ市内，Bonn 市（ベートーベン博物館等）（自由） ライプツィヒ，首都ベルリン訪問
3月30日（金）〜 3月31日（土）	ドイツ発，福島着

出所：グンスケフォンケルン作成。

外旅行できる能力を得る」がある。学生が滞在中この能力を獲得すべく，第2週目からは自由時間を多く設定し，学生はホームステイをし，1人で学校に通い，食事を自分で用意する。単独行動が不安な学生は小グループで市内を散策し，不安のない学生は週末に2日半を遠隔地（ライプツィヒ，ベルリン，ウィーン）に旅行する。また，今回の研修旅行は経済経営学類グローバル人材育成事業の一環として「食」に関するアンケート調査と日本の食文化を伝え，ドイツの食文化を学ぶという国際交流活動も兼ねていた（写真5-15）。主な滞在先はルール地方ボーフム市とデュッセルドルフ市である。

写真5-14　ルール大学生とお好み焼き等を作った際の様子
出所：渡部友基撮影。

写真5-15　調査データのチェックの様子
出所：グンスケフォンケルン撮影。

2.6.3　ドイツでの「食」に関するアンケート調査

アンケート調査から，ドイツの学生の年齢，国籍の多様性，海外渡航経験の豊富さが示され，研修に参加した日本人学生の最も驚くところとなった。日本の料理はよく知られており，食べたことのある学生が多い。そして，好きな外国料理のジャンルについてみると，1～3番目の料理（イタリア，中華，トルコ）がドイツの食文化の中で長い歴史があり，その次に日本料理がランクインしていることは注目に値する（図5-5）。好きな日本の食べ物・料理については，寿司が82%と最も多い（図5-6）。

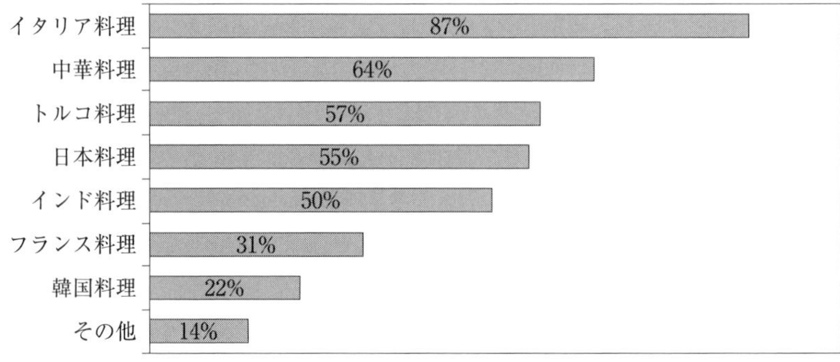

図5－5　ドイツ学生の好きな外国料理のジャンル
出所：グンスケフォンケルン作成。

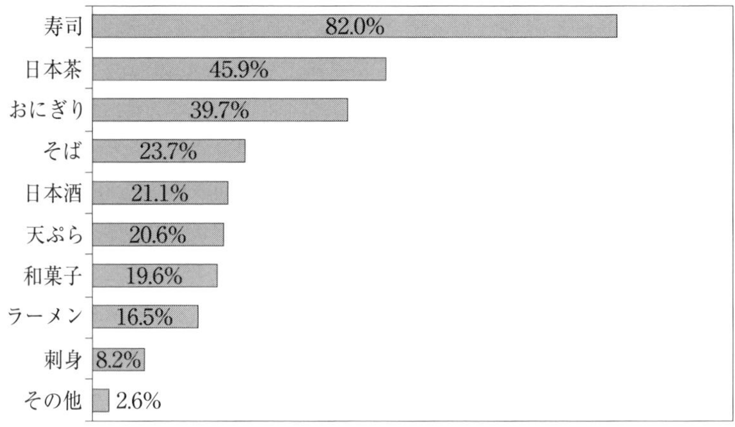

図5－6　ドイツ学生の好きな日本の食物・料理
出所：グンスケフォンケルン作成。

3 「ワールドキッチン in Fukudai」の概要とその成果

3.1 「ワールドキッチン in Fukudai」の概要

3.1.1 「ワールドキッチン in Fukudai」事前準備

前節までの各教員及びその担当授業受講生による活動成果を受け，グローバル人材育成企画委員会は2017年９月より，これらの成果を如何に学内外に発表し，得られた知見を社会に還元するかに関する検討を開始した。検討の結果，今回のプロジェクトのテーマが大学生のみならず一般の市民にも大いに関心を呼び得る世界及び日本の「食」であること，アンケートの内容が福島の「食」に多く割かれていることを考慮し，成果の発表は⑴福島市内の，市民が容易に足を運べる施設において実施する，⑵大学関係者のみならず一般の市民の方々にも楽しんでもらえる，⑶真摯な学習成果の発表にエンターテイメント的要素を加えた内容にすることが決定された。そしてその内容として，以下を実施することになった。

①渡航先別（以下「チーム」と呼称）の現地の食に関する調査結果発表（PPT使用）
②チームによる日本，特に福島の「食」に関する調査結果発表（同上）
③会場にチーム別のブースを設置，上記①②に関するポスター展示
④上記①②③の内容を基にチーム合同の「食」に関するクイズ用紙を作成，景品付きのクイズに回答するスタンプラリーを実施
⑤各チームによる現地料理の提供
⑥オープニング及びエンディングにおける歌と踊りのパフォーマンス実施

なお，ドイツチームは2018年２月に渡航予定であったため，事前学習で調査したドイツの食文化について発表することになった。

グローバル人材育成企画委員会は以上のような大方針を立てた後，各授業の受講生代表との合同会議を６回にわたり開催し，以下の実務的作業を進めた。

①発表日時の決定，会場の確保・予約および使用備品の調達
②チーム毎のPPT及びポスター作成，ブースの装飾方法検討
③各チームによるスタンプラリー用クイズの選定，クイズ用紙作成，景品の選定
④現地料理の選定及び食材の調達
⑤歌と踊りのパフォーマンスの担当者及び内容の決定

そして，成果発表日時は2017年12月16日11時～15時，会場は福島市内の多目的施設「アオウゼ」の大活動室１～３及び調理実習室，成果発表のイベント名称

写真 5 -16　ワールドキッチン・ポスター
出所：国際交流センターとグローバル企画委員会で共同で作成。

を「ワールドキッチン in Fukkudai —私たちが見た世界の食文化」とした（写真 5 -16）。なお，この準備過程で合同会議は福島民報社の取材を受け，その結果，イベントが2017年12月14日の同紙紙面で大きく紹介された。

3.1.2 「ワールドキッチン in Fukudai」当日

12月16日午前11時，「アオウゼ」大活動室には百名前後の来場者が集まり，時とともに百数十名まで増加した。イベントは各チームの代表者による現地の言語の挨拶で開会した。この後，イベントは学生の司会により進行され，実施責任者であるクズネツォーワ准教授がその趣旨を紹介し，次いで民族衣装に身を包んだロシアチームの歌と踊りのパフォーマンス「アントーシカ」が披露された。

調査結果発表は，まず正午過ぎまでアメリカ，ベトナム，中国の各チームが行なった。現地の食文化に関してはアメリカが主としてメキシコとアメリカを融合した料理「テキサスチリ」を，ベトナムが「フォー，バインセオ，春巻き，バインミー」を，中国が「中国八大菜系」を取り上げた。

3 チームの発表終了後，30分の休憩の間に，来場者はアメリカチームが提供するテキサスチリ，ベトナムのフォー，中国の水餃子と胡麻団子を試食した。また，各チームのブースを回って食に関するクイズスタンプラリーに参加した（写真 5 -17）。全問正解者には経済経営学類小山良太ゼミが土壌整備から店舗陳列まで関わって作った新米が景品として提供された。

午後からは，ロシア，韓国，ドイツの各チームが調査結果発表を行った。現地の食文化については，ロシアが主としてハンバーガー文化（写真5-18）を，韓国が食事のマナーを，ドイツがビーガン料理を取り上げた。ドイツチーム発表の最後に，ドイツのクリスマスソングの歌詞が会場に配布され，全員が「きらきら星」のメロディーにのせ斉唱した。

閉会までの30分の間に，来場者はロシアチームのロシアンティーとロシアのお茶菓子，韓国のトッポギ，ドイツのザウアークラウトを試食した。14時過ぎの閉会にあたっては，学生司会者が来場者に感謝の意を伝え，各チーム代表者が現地の言語で「ありがとう」と挨拶，会の幕を下ろした。

写真5-17　韓国のブースでスタンプラリーを楽しむ
出所：吉川宏人撮影。

写真5-18　ロシアチームの発表
出所：吉川宏人撮影。

3.2 「ワールドキッチン in Fukudai」の成果と課題

「ワールドキッチン」は，グローバルな統一テーマを掲げ，経済経営学類の専門教育の授業と共通領域の授業，演習系の授業と外国語系の授業，教員と学生が協働して実現した，かつて福大ではなかったタイプの企画であった。このような協力体制の下で実施したイベントにはマスコミも注目し，前述の福島民報による事前取材のみならず，当日も福島民報新聞，福島民友新聞，朝日新聞が取材に訪れ，翌日以降に紙面を大きく割いてこの模様を紹介した。福島大学経済経営学類におけるグローバル教育の今後のさらなる大きな展開を予告でき，きわめて大きな成果であった。

4 おわりに

本章では，2017年度に韓国，アメリカ，ロシア，中国，ベトナム，ドイツで実施された，福島大学における「食」を通じたグローバル人材育成の事例報告を行った。経済経営学類においては，これまで海外での短期研修・実習・インターンシップ・ゼミ研修がそれぞれ個別に実施されていた。一方，「食」を通じた今回の取り組みにより，各海外研修プログラム担当教員間の積極的な連携が推進された。そして，「食」を通じた国際交流の実践の要素を盛り込んだ海外研修プログラムに関わることで，参加学生には語学力の上達だけではなく，グローバル人材育成に欠かせない「異文化理解」，「コミュニケーション力」の向上も見られた。その意味で今回の取り組みは一定の成果が示されたと評価できる。

また，被災地としての福島および福島の食材に関するアンケートを実施することで，世界から震災・原発事故後の福島に向けられる眼差し，およびその地域間の差異を認識できた。さらに，福島の食品安全検査をはじめとして福島県および日本が実施している震災・原発事故被害からの脱却，復興への取り組みが海外ではまだまだ認識されていないこと，地域間で認識の差が激しいことが判明した。福島の現状に関する情報発信の必要性と，いかなる手段・媒体により情報を発信すべきか，などについて学生間で議論を深めることができた。

第6章

World tour
―「観光」を通したグローバル人材育成―

クズネツォーワ マリーナ

1 はじめに

2018年度に福島大学経済経営学類では，グローバル人材育成に関わる教員と学生が「多文化体験による国際人プログラムの創出～観光を通して～」をテーマに，韓国，アメリカ，ロシア，中国，タイ，ドイツの6カ国に渡り（表6-1），アンケート調査を行った[(1)]。帰国後は，海外の大学生による観光への考え方および日本と福島の「観光」,「食」などに関するイメージ，渡航先での観光事情の調査結果を発表する「ワールド・ツアー with Fukudai」という市民参加イベントを企画し，2019年1月12日に福島市内の施設「アオウゼ」で実施した。なお，多文化体験による国際人育成プログラムは，東日本大震災と原発事故以降の福島の現状を世界に発信し，福島に対する海外の人々の見方を紹介する活動を経て，福島の復興に役立てるよう働きがけるという目標を持つものである。

本章では，「多文化体験による国際人プログラムの創出～観光を通して～」の取り組みについて報告を行う。

---

(1) 詳細については，マクマイケル ウィリアム・沼田大輔・佐野孝治・朱 永浩・伊藤俊介・吉川宏人・クズネツォーワ マリーナ・グンスケフォンケルン マルティーナ・マッカーズランド フィリップ（2020）「日本・福島へのインバウンドについての海外の大学生の認識比較～韓国・中国・タイ・ロシア・ドイツ・アメリカでのアンケート調査をもとに～」『福島大学地域創造』第32巻 第1号，pp.23-32, http://ir.lib.fukushima-u.ac.jp/repo/repository/fukuro/R000005506/18-355.pdf 研究ノートを参照されたい。

表6－1　プログラム「多文化体験による国際人育成プログラムの創出～観光を通して～」の実施概要（2018年度）

国名	引率教員	海外研修プログラム	渡航先での滞在期間
韓国	伊藤俊介准教授	中央大学校サマープログラム（語学研修）	2018年7月31日～8月19日
アメリカ	マッカーズランド フィリップ教授	特別演習（Work Experience Abroad）・ヒューストン市でのインターンシップ	2018年8月6日～9月27日
ロシア	クズネツォーワ マリーナ准教授	特別演習（実践ロシア語演習）	2018年8月12日～19日
中国	朱永浩教授	朱ゼミ海外研修	2018年9月4日～14日
タイ	佐野孝治教授	佐野専門演習	2018年9月19日～10月1日
ドイツ	グンスケフォンケルン マルティーナ教授	特別演習（実践ドイツ語演習）	2019年2月24日～3月30日

出所：クズネツォーワ マリーナ作成。

2　観光を通したグローバル人材育成の事例報告

2.1　韓　国

2.1.1　研修期間ならびに研修内容

福島大学では協定校である韓国の中央大学校（在ソウル）で実施されているサマープログラムに本学の学生を派遣している。2018年度はグローバル人材育成企画とタイアップするかたちで18名の学生（経済経営学類：1年生5名・2年生3名，人間発達文化学類：3年生1名・4年生1名，行政政策学類：2年生6名・3年生1名，現代教養コース：3年生1名）が参加した（主なスケジュールは表6－2参照）。現地では短期研修プログラムに加えて独自に韓国の「観光」への取り組みに関するフィールドワークを行うとともに，中央大学校のキャンパスにおいてアンケート調査を実施した。以下，その概要を報告する。

2.1.2　「観光」文化をめぐるフィールドワーク

表6－2からも分かるように，中央大学のサマープログラムにはソウルの名所・施設や地方都市の視察など「観光」を考えるうえで有益なスケジュールが数多く盛り込まれていた。韓国グループでは学生にそうした訪問先での観光客誘致への工夫などの取り組みを調査するという課題を課した。各学生は「食」

表6－2　2018年度中央大学校サマープログラム内容

年月日	滞在地	行程
2018年 7月31日(火)	日本→ソウル	日本（成田・羽田・仙台）発 ソウル（仁川・金浦）着 中央大学校に移動，入寮手続き
8月1日(水)	ソウル	【午前】オリエンテーション 【午後】アイスブレーキング
8月2日(木)	ソウル	【午前】韓国語授業 【午後】プロ野球観戦
8月3日(金)	ソウル	【午前】韓国語授業 【午後】韓国文化授業
8月4日(土)	ソウル	【午前】DMZ ツアー 【午後】NANTA 鑑賞
8月5日(日)	ソウル	「観光」への取り組みに関するフィールドワーク ソウルグローバル文化体験センター訪問
8月6日(月)	ソウル	【午前】韓国語授業 【午後】ソウル路7018・ソウル N タワー見学
8月7日(火)	ソウル	【午前】韓国語授業 【午後】韓国文化授業 アンケート調査（1回目）
8月8日(水)	ソウル	【午前】韓国語授業 【午後】韓国文化授業 アンケート調査（2回目）
8月9日(木)	ソウル	【午前】韓国語授業 【午後】漢江クルーズ
8月10日(金)	ソウル	地方視察旅行：江陵（1日目）
8月11日(土)	ソウル	地方視察旅行：江陵（2日目）
8月12日(日)	ソウル	授業なし
8月13日(月)	ソウル	【午前】韓国語授業 【午後】K-POP ダンス体験
8月14日(火)	ソウル	【午前】韓国語授業 【午後】韓国文化授業
8月15日(水)	ソウル	祝日（光復節）
8月16日(木)	ソウル	【午前】韓国語授業 【午後】国立中央博物館見学
8月17日(金)	ソウル	【午前】韓国語授業 【午後】修了パーティー
8月18日(土)	ソウル	ロッテワールド見学
8月19日(日)	ソウル→日本	ソウル（仁川・金浦）発 日本（成田・羽田・仙台）着

出所：中央大学校サマープログラム時間割，伊藤俊介作成（出発日・帰国日は学生により異なる）

写真６－１　韓紙の伝統工芸の指導を受ける韓国グループ
出所：伊藤俊介撮影。

「街歩き」「名所スポット」「エンターテイメント」の４つの観点から訪問先で気づいたことや注目したことなどを研修日誌に記録し，帰国後それらを分析・検討することで韓国の観光業に対する取り組みに理解を深めた。なおそれらの分析結果は，本年１月12日に行われた「ワールド・ツアー with FUKUDAI」の会場において「韓国の魅力」「ソウル観光ランキング」などのポスターやスライド発表を通して福島の多くの方々に紹介した。

また中央大学のプログラムとは別途に，８月５日には韓国グループの観光業への問題関心を喚起する目的から独自にフィールドワークを実施した。訪れた先はソウルの明洞にあるソウルグローバル文化体験センターである。同センターは「ソウルを訪問する外国人とソウル市民のグローバル文化交流の場を提供することを目的」として2009年に開館した観光案内施設である(2)。ここでは韓国の文化や社会に関する講習会の開催のほか，伝統楽器の演奏やテコンドー教室などの文化体験プログラムも行っている。韓国グループが訪問したときは日本語の堪能な案内員の方に対応していただいた。ここで学生はソウルの人気スポットや外国人が驚く韓国の習慣など，出発前に各自が用意してきた疑問や関心事を案内員の方に質問し，この後中央大学で行われるアンケート調査に先立ち，韓国の観光業への取り組み姿勢や工夫についての基礎知識を身に付けた。また，同センター職員の方々のご厚意のもと伝統衣装を試着させていただき，また本来であれば事前予約の必要な韓紙を用いた伝統工芸の制作もさせていただくことができた。

(2)　ソウルグローバル文化体験センターについては，同センターの公式ホームページ（https://www.seoulculturalcenter.com）を参照されたい。

2.1.3 「観光」に関するアンケート調査

写真6－2　アンケート調査中の韓国グループメンバー

出所：伊藤俊介撮影。

韓国グループは8月7日と8日の両日に中央大学校での研修プログラム終了後，同校のキャンパスにおいて大学生を対象に「観光」に関するアンケート調査を実施した。ソウルは両日とも37度を超える猛暑日だったが，日本から来た我々に関心を持ってもらいより多くの人に調査に協力してもらおうと，当日はハングルで書いた手作りの看板を掲げたりアニメ映画のキャラクターに変装したりするなどの工夫を凝らして調査に挑むメンバーも多かった。事前に校内での調査の許可を得ていた中央大学側の協力もあり，アンケート調査はとても和やかな雰囲気の中で行うことができた。ここでは韓国人大学生の観光への志向に関する集計について見てみたい。なお，今回のアンケートに回答してくれた韓国の大学生の男女比の割合は，男性101名（74.3%），女性34名（25.0%），その他1名（0.7%）であった。

旅行先に求めるものについての集計結果（表6－3）を見ると，観光旅行では定番と思われる「美味しい食べ物を堪能する」（2位），「観光・ショッピング」（3位），「リラクゼーション」（4位）などを抑えて，韓国では男女ともに「他ではできない体験や学び」が1位を占めている。韓国の若者の特徴としてある，大学時代にできるだけ多様な経験をしたのち社会に出てその経験を生かしたいという考えがこれよりうかがえる。「周りの友人や知人が行ったことのない場所・体験」（5位）と「現地の人たちとの交流」（6位）の順位が高かったことも，こうした若者の意識に付随した結果とみることができよう。

また，韓国グループでは「孝道旅行」に対する若者の考えを知るべく独自の質問も行った（表6－4）。孝道旅行とは両親に旅行をプレゼントするもので両親への感謝の表現のひとつの形態である。5段階評価で孝道旅行の行き先とし

表6－3　Q. 旅行先に求めるものは？（複数回答）

順位	選択肢	男性	女性	その他	総計
1	他ではできない体験や学び	56	23	0	79
2	美味しい食べ物を堪能する	44	19	0	63
3	観光・ショッピング	38	15	0	53
4	リラクゼーション	36	10	0	46
5	周りの友人や知人が行ったことのない場所・経験	21	10	0	31
6	現地の人たちとの交流	21	7	0	28
7	他人に見せる・SNSに投稿する写真を撮る	20	6	1	27
8	アウトドアスポーツ	11	1	0	12
9	自己成長	3	3	0	6
10	どれでもない	4	0	0	4

注：便宜上，選択肢は解答数の多い順に並べ替えた。
出所：伊藤俊介作成。

表6－4　Q. 孝道旅行の行き先として日本は？

評価	男女合計	百分率
5	40名	31.7％
4	71名	56.3％
3	10名	7.9％
2	5名	4％
1	0名	0％

出所：伊藤俊介作成。

ての日本について質問したところ，「5」評価が31.7％，「4」評価が56.3％と，計88％もの若者が魅力的であると回答している。距離的にも近いうえ，自然公園やゴルフ場などの娯楽施設，温泉といった大学生の親世代に楽しんでもらえそうな旅行先として日本が好ましいと若者が考えていることがわかる。

2.1.4　研修を終えて

2018年度の中央大学サマープログラムは前年比2.25倍の18名の学生が参加した。本学における韓国朝鮮語に対する関心の増加が見て取れるが，それゆえに本企画の実施に向けた指導の充実化がさらに求められよう。冒頭でも述べたように韓国グループはゼミ研修とは異なるかたちで本企画に参加しており，他のグループに比して限られた時間内で同等の発表水準を目指したため，学生も指導側も負担が大きかった。だが韓国グループでは現在もメンバー同士の交流が盛んであり，プログラムへの参加が各メンバーの意識に大きな変化をもたらしたことを実感できる。何よりも「観光」というテーマを通して韓国，さらには異文化に接することの大切さについて理解を深めることができた。年を追うごとに，本企画が学生とともに成長していると感じられる。

写真６－３　S・ターナー市長らとヒューストン市役所でのインターンシップの様子の一例
出所：片野彩春撮影。

2.2　アメリカ

2.2.1　ヒューストン市における2018年度のインターンシップ・プログラムの概要

2018年度のヒューストン・インターンシップ・プログラムには８名の学生が参加し，内訳は日本人５名，留学生３名であった。学類・研究科別では，経済経営学類５名，共生システム理工学類・共生システム理工学研究科・人間発達文化研究科が各１名であった。学生はヒューストン市役所の３つの異なる部署（Department of Mayors Office に２名，Department of Public Works に２名，Department of Neighborhoods に４名）でインターンシップに取り組んだ。表６－５は，2018年度のヒューストン・インターンシップ・プログラムの日程を示したものである。ヒューストンにあるセントトーマス大学から Fukushima Ambassadors Program に2018年度の夏に５名の学生が参加し，2019年度の夏に４名の学生が参加を予定しているなど，セントトーマス大学と福島大学との関係が深まっている。

写真６－４　ヒューストン市役所内の電光掲示板に映し出されたインターンシップ中の学生の紹介
出所：劉文華撮影。

表6-5　ヒューストン・インターンシップ・プログラムの日程（2018年度）

日　付	行　程
2018年8月6日	日本発。ヒューストン着。ホームステイ開始
2018年8月7日	インターンシップ初日。オリエンテーション
2018年9月11-13日	セントトーマス大学でアンケート調査。授業に参加
2018年9月17日	ヒューストン大学でアンケート調査 ランチを兼ねたディスカッション・ミーティング
2018年9月27日	インターンシップ最終日
2018年9月28日-10月5日	各自アメリカを観光，帰国

出所：マッカーズランド フィリップ作成。

2.2.2　観光に関するアンケート調査の実施手順

2018年度は，観光に関するアンケートを，2.2.1で示したインターンシップの中で，オンラインアンケートツールである「Survey Monkey」を用いて英語で行った。質問は20問で，4分ほどですべての質問に回答できるようにした。オンラインアンケートに回答者を誘導する手順は次のとおりである。

（a）福島大学生がアメリカの大学での授業やキャンパス内のイベントに参加する許可をマッカーズランドが取得

（b）福島大学生が，（a）の担当教員にあらかじめ会い，授業やイベントに参加

（c）福島大学生が，（b）の後に，オンラインアンケートのQRコードが記載された紙を配付

（d）アメリカの大学の学生は携帯電話等でオンラインアンケートに回答

なお，（c）の紙には次の会話文に相当する英文を記載し，福島大学生がアメリカの大学の学生に話しかける際の参考にした：「こんにちは。日本の福島大学から来た◯◯です。5分くらいで日本の観光に関するアンケートに協力頂きたいです。質問があれば，回答終了後，喜んでお答えします。アンケート画面に進むにはこのQRコードを読み取ってください。」

2.2.3　観光に関するアンケートの回答者の属性

このアンケートの回答者数は103であり，回答時期は2018年9月11日から9月23日で，9月13日・17日・18日の3日間で全回答の82.5％にあたる85名の回答があった。回答者の性別は，男性46名，女性56名，無回答1名，回答者の年

齢は，20歳未満が28名，20歳以上24歳以下が62名，25歳以上39歳以下が13名であった。回答者の所属大学は，セントトーマス大学が63名，ヒューストン大学が33名，その他の大学が7名であった。また，留学生は10名であった。

回答者の海外旅行経験については，海外旅行の経験があり日本を訪れたことがある学生が21名，海外旅行の経験があるが日本を訪れたことはない学生が54名，海外旅行の経験が一度もない学生が28名であった。この日本を訪れたことがない学生82名のうち，訪れたい国ランキングのトップ10に日本が入ると70名が回答している。また，福島を訪れたことがない94名のうち71名が福島を訪れたいと回答している。すなわち，アメリカから日本・福島へのインバウンドの可能性は多くあることが窺われる。

海外旅行の経験があり日本を訪れたことがある学生21名のうち9名が福島を訪れたことがあると回答している。このことについては，2.2.1で述べたFukushima Ambassadors Program，もしくは，2016年度・2017年度に実施した「対日理解促進交流プログラム TOMODACHI KAKEHASHI INOUE プロジェクト」に参加した学生である可能性がある。このプロジェクトはセントトーマス大学と福島大学から学生と教職員を派遣しあい，交流を深めるというものである(3)。

2.2.4　福島への来訪経験が福島の観光・食に与える影響について

本節では，福島への来訪経験が福島の観光・食に与える影響を探るべく，福島に来たことがある9人と，福島に来たことがない94人の，福島に来たら経験したい観光，および，福島の食などについて思うことへの回答の差異を見る。

図6-1は，福島に来たら経験したい観光を5つまで選択してもらった結果を，福島に来たことがある9人と，福島に来たことがない94人についてまとめたものである。これを見ると，「震災や原子力事故について学ぶ」はそれほど多くない。むしろ，「グルメ」「自然景勝地を観光する」「街歩きをする」「歴史・文化に触れる」など，福島県が東日本大震災以前から育み続けてきた観光資源を，特に福島に来たことがない学生は期待していることが窺える。そして，

(3)　これについては，本書の第1部第3章を参照されたい。

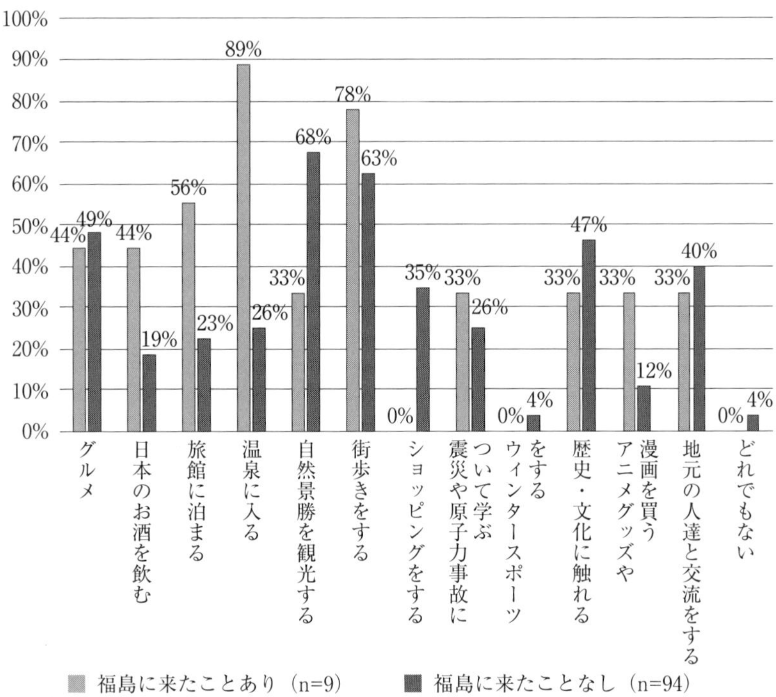

図６－１　アメリカの学生が福島に来たら経験したい観光（福島訪問経験別）
出所：沼田大輔作成。

福島に来たことがある学生は，「日本のお酒を飲む」「旅館に泊まる」「温泉に入る」「街歩きをする」を求めている傾向が窺われる。最初は主だった観光地を訪問し，リピーターには福島をじっくり味わってもらうのが良いのかもしれない。なお，福島を訪問したことがある９名は再び福島を訪問したいと回答している。

図６－２は，福島の食についての回答を，福島に来たことがある９人と，福島に来たことがない94人についてまとめたものである。これを見ると，福島に来ることで，東日本大震災による福島の被害を知るようになるだけでなく，福島の食品の安全性についての認識，福島の食品の安全性についての検査の認知，福島の食品の購入が，いずれも上昇している。このことは，Fukushima Ambassadors Program や「対日理解促進交流プログラム TOMODACHI KAKEHASHI INOUE

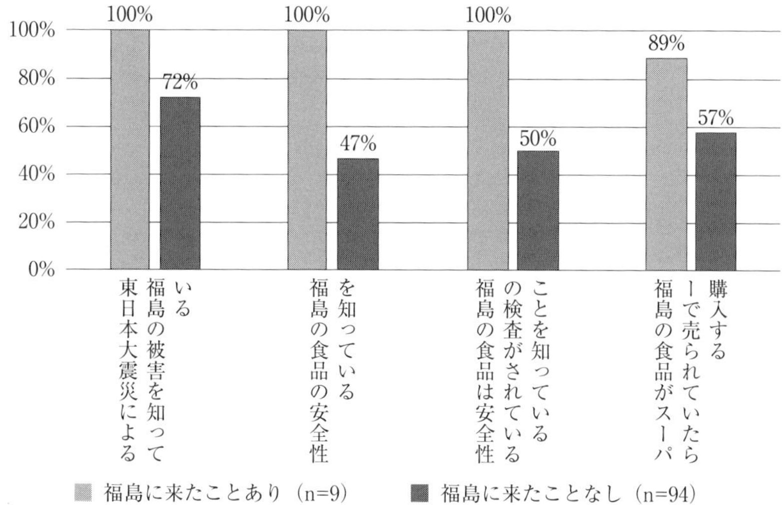

図 6 − 2　アメリカの学生が福島の食などについて思うこと（福島訪問経験別）
出所：沼田大輔作成。

プロジェクト」で行った，福島への訪問を交えた学びが，福島の食に対する認識の改善に大きく役立つことを示唆しているように思われる。

2.2.5　インターンシップ参加学生の旅行者としてのアメリカでの経験

2018年度のヒューストン・インターンシップ・プログラムに参加した学生 8 名は，インターンシップを終えた後，それぞれアリゾナ州・カルフォルニア州・ニューヨーク州・ネバタ州・モンタナ州を自ら訪れた。また，インターンシップ中盤の 3 日間の連休に，ルイジアナ州を訪れ，歴史のある街並みで有名なニューオーリンズを観光した。モンタナ州を訪れた学生は「町中で私と友人だけがアジア人のように感じた。ヒューストンはアメリカ西部の小さな町よりも国際的な空気が流れていると感じた」と述べるなど，学生は様々なアメリカを体験した。この中で，英語での交通や宿泊の手続きを自ら行い，海外で生き抜く術・自信を得て，翌年の春に，東南アジアの多くの国を数週間旅行した学生もいた。インターンシップを契機としたアメリカでの観光の経験は，学生の視野の拡大と，学生の成長につながったことが窺われる。

2.3　ロシア

2.3.1　ロシア研修の概要

実戦ロシア語演習（教員2名と学生3名）は，海外研修のため2018年8月にロシア・ハバロフスク地方（ハバロフスク市，シホテアリン国立公園・クトゥゾフカ村，シカチ・アリャン村）に行き，経済経営学類グローバル人材育成事業の一環として，ロシア・ハバロフスク地方へのインバウンド・ツーリズムをはじめ，エスニカルやエコツーリズムなどの観光事情を調査し，観光と福島県産の食品に関するアンケート調査と日本および福島県の観光を紹介するという活動も行った。

本研修は2018年8月12日（日）から8月19日（日）まで実施され，主な滞在先はハバロフスク市内に拠点を持つ「極東国立交通大学」である。今回の海外研修のスケジュールと概要は表6-6に示されたとおりである。

2.3.2　ロシア研修の事前準備と研修内容

実践ロシア語演習では，海外研修の事前準備に取り組む中，研修先のハバロフスク地方について自ら調べたり，福島の観光スポットについて，ハバロフスクの地元民に紹介するための資料収集及び作成に携わったりした。受け入れ先の極東国立交通大学の関係者向けに福島の観光に関するプレゼンテーションを行う計画を立て，現地で自作の観光ポスター（ロシア語版）の展示，日本の玩具と折り紙体験，赤べこ塗り絵体験，日本茶と福島の煎餅やアメを提供する「お茶会」を実施することができた。プレゼンテーションは，8月14日（火）の外国人留学生達との交流会の場と，8月16日（木）の専用イベントとして二回行われた。

観光に関する現地での研修は，ハバロフスク地方の観光事情，ナナイ少数民族村のエスニカルツーリズムと，ウスリー・タイガ（ウスリー川沿い原生林）にある野生動物保護施設のエコツーリズムに注目した。8月15日（水）には，原住民のナナイ人が暮らすシカチ・アリャン村でその独特の文化を観光客に紹介するウ家を訪れ，彼らのアムール川の魚に依存する生活振りを体験することができた。8月16日（木）には，ロシア観光業連盟極東地域支部部長/現地のツアーオペレーターのポータルセゾーノフ社のA.ステパシコ社長による，ハ

表６－６　2018年度ロシア・ハバロフスク地方短期海外研修プログラム

年月日	滞在地	行程
2017年 ８月12日（日）	福島→成田→ハバロフスク	【午後】成田空港　発 ハバロフスク市ノヴィー空港　着
８月13日（月）	ハバロフスク	【午前】極東国立交通大学　１）ロシア文化学習　２）ロシア食文化の体験型講義 【午後】ハバロフスク市内視察，現地学生との交流
８月14日（火）	ハバロフスク	【午前】極東国立交通大学 ロシアの民族学学習 【午後】グロデコフ郷土誌博物館見学 極東国立交通大学の関係者向けに福島の観光に関するプレゼンテーション①／外国人留学生達との交流会
８月15日（水）	ハバロフスク→シカチ・アリャン→ハバロフスク	【午前】極東国立交通大学 ロシア民族楽器の講義 【午後】ナナイ少数民族シカチ・アリャン村視察 （ナナイ人の文化体験学習）
８月16日（木）	ハバロフスク	【午前】極東国立交通大学　１）ロシア語の音楽的学習 ２）ハバロフスク地方の観光事情の講義 【午後】極東国立交通大学の関係者向けに福島の観光に関するプレゼンテーション②，アンケート調査ハバロフスク市歴史博物館見学
８月17日（金）	ハバロフスク	【午前】極東国立交通大学　１）「ロシアの歴史再現」授業 ２）ロシア語の音楽的学習 日本国政府設置のハバロフスク日本センター訪問 【午後】極東国立交通大学 学生スポーツフェスティバルに参加 ハバロフスク地方観光案内センター視察
８月18日（土）	ハバロフスク	【午前】ハバロフスク発 １）シホテアリン国立公園・クトゥゾフカ村 野生動物保護施設の視察 ２）田舎の村（ビチェヴァヤ村）視察 【午後】ハバロフスク着 ３）ハバロフスク市150周年記念祭に参加
８月19日（日）	ハバロフスク→東京→福島	【午前】ハバロフスク市ノヴィー空港　発 【午後】成田空港　着

出所：クズネツォーワ マリーナ作成。

バロフスク地方のインバウンド・ツーリズムや，現地のロシア人の主な海外旅行先についてレクチャーを受けた。ハバロフスクのインバウンドに関しては，日本人の訪問客数が，中国，韓国に次いで，３位の年間約6000人であり，一方，現地ロシア人のアジアの主な旅行先は中国，タイ，ベトナムであることについて学んだ。８月17日（金）には日本国政府設置のハバロフスク日本センターを

写真6－5　ハバロフスク市内の視察中。アムール川を背景に
出所：クズネツォーワ マリーナ撮影。

写真6－6　福島の観光に関するプレゼンテーション
出所：クズネツォーワ マリーナ撮影。

訪問し，石畠所長によるロシア極東地域の観光事情の解説を受けた。同日，ハバロフスク地方観光案内センターを訪れ，現地の見どころを紹介する無料の観光パンフレット（日本語や，その他の外国語のものも含む）が用意されている様子を目にすることができた。8月18日（土）には，シホテアリン国立公園内にあるクトゥゾフカ村の野生動物保護施設「ウチョース」（「懸崖」）を訪れ，自然の中の生活に戻れない，大けがをしたアムールタイガーの保護状況について説明を受けた。また，研修期間中に極東国立交通大学での語学・ロシア文化研修を始め，ハバロフスク地方郷土誌博物館やハバロフスク市歴史博物館を見学し，市内などの観光スポットを訪れることができた。

この他にもハバロフスク地方の研修中には，ロシア語・ロシア文化学習（月曜日―金曜日の午前中），極東国立交通大学主催のスポーツフェスティバルをはじめ，地元のロシア人学生と，中国や韓国などの留学生との交流イベントにも参加した。

2.3.3　ハバロフスクでの観光に関するアンケート調査

ロシア・ハバロフスクでの調査は，今までの旅行で気に入った場所，世界と日本で今後行きたい場所などに関する自由記述形式の3問を，海外6カ国の大学生の意識に関するアンケートに追加した形で実施された。日本および福島の

表６-７　海外渡航経験の有無（複数回答）

海外渡航経験なし	39人	32.8%
海外渡航経験あり（日本以外）	77人	64.7%
海外渡航経験あり（日本）＊	５人	4.2%
＊　日本渡航経験者のうち，「今までの旅行の中で，最も気に入った場所」として「日本」を挙げた割合	４人	80%

出所：クズネツォーワ マリーナ作成。

表６-８　希望旅行先として，「日本」と「福島」の人気度

「今後，旅行に一番行きたいところ」として「日本」を挙げた割合	46.5%
日本に旅行に行く機会があれば，一番行きたいところとして「福島」を挙げた割合	6.0%

出所：クズネツォーワ マリーナ作成。

観光に関するアンケート調査は，極東国立交通大学の３，４年生を主な対象として行われた。回答の集計結果を見ると，回答者119人のうち，男性は47人（39.5%），女性は71人（59.7%），その他１人（0.8%）で，全員25歳未満である。

ここではまず，「海外に渡航をしたことありますか？」を見ると，「海外渡航経験あり」（日本と日本以外の合計，重複する解答を除く）は想定以上の68.9% だったが，日本への旅行経験者は4.2%（５人）に過ぎない。しかし，追加質問１の「今までの旅行の中で，最も気に入った場所や経験は？」に対し，日本渡航経験者５人のうち，「日本」と答えたのは４人で，回答者の日本旅行に対する極めて高い満足度を示すだろう（表６-７）。

追加質問２「今後，旅行に一番行きたいところは？」の回答者101人のうち，「日本」と答えたのは47人（46.5%）であり，旅行先としての日本の評判が高いことを表している。一方，追加質問３「日本に旅行に行く機会があれば，一番行きたいところは？」の回答者84人のうち，「福島」と答えたのは５人（6.0%）という結果となった。しかも，その中には，福島の「文化」，「見どころ」，「原発」と「二本松・エビスサーキット」という具体的な解答もあった（表６-８）。

2.3.4　研修のまとめ

実践ロシア語演習のチームは一週間という短い研修期間でハバロフスク地方の一つの都市と三つの村を訪れ，多忙なスケジュールのなか，ロシア・ハバロ

フスクの観光事情について積極的に調査を行った。極東国立交通大学の関係者を対象に，福島の観光について２回の紹介を行ったことも本研修の成果であると思われる。2017年度の研修に続き，今回の研修を含む活動は，ハバロフスクの極東国立交通大学生の「福島」に対する認識度の向上に貢献することができた。

2.4　中　国

2.4.1　中国研修の概要

朱永浩ゼミナール（教員１名と学生12名。以下，朱ゼミ）は，2018年９月４日から９月14日にかけて海外研修を実施した。今回の研修では，中国大陸の最南端に位置する湛江（３年連続訪問）に加え，世界的な観光都市である香港，中国のイノベーション都市である深圳を巡り，中国の大学生との研究交流，観光に関するアンケート調査，現地企業訪問等の活動を行った。表６－９は朱ゼミの海外研修のスケジュールと主な内容を示したものである。本節では，中国研修の概要について紹介していきたい。

2.4.2　事前準備と研修内容

海外研修参加者の各自の役割を理解しつつ主体的な活動を行うために，参加学生は2018年４月～７月の毎週１回1.5時間の授業で，海外研修先の香港，深圳，湛江での移動ルートや，訪問先の概要などについて自ら調べたり研究発表の準備を行ったりして，周到な事前準備を行った。この事前準備の狙いで最も重要なのは，海外フィールドワークの基本的な技能を習得した上で，異文化理解・国際交流を促進しつつ多様性を尊重する態度を養うことである。さらには，海外研修の目的を明確にするために，参加学生はテーマ別に３つのグループに分かれ，グループごとに合同研究発表会の企画立案から発表テーマの設定・プレゼン資料の作成までの準備作業をすべて自身で行った。

９月10日の午前中に朱ゼミは寸金学院の寸金学院新校舎（新湖キャンパス）見学と国際交流センター訪問を経て，午後には寸金学院経済学部３年生との合同研究発表会に参加し，研究発表とディスカッションを行った（写真６－７）。朱ゼミは貿易・物流班，環境班の二班に分かれ，貿易・物流班は「日系企業の

表 6－9　朱ゼミの海外研修内容（2018年度）

年月日	滞在地	行程
2018年 9月4日(火)	福島→東京→香港	成田国際空港で集合 成田国際空港　発 香港国際空港　着 【夕方】香港市商業施設視察
9月5日(水)	香港	【午前】香港科技大学訪問，金融街視察 【午後】香港海事博物館見学 オーシャンターミナルデッキ見学
9月6日(木)	香港→深圳	【午前】香港→深圳（陸路通関） 【午後】深圳市内見学（市役所前広場，商業施設）
9月7日(金)	深圳	【午前】青果市場散策，深圳北駅見学 【午後】華強北，ビジネス街見学
9月8日(土)	深圳→湛江	【午前】深圳→広州（経由）→湛江（高速鉄道） 【夕方】湛江市内見学（商業施設）
9月9日(日)	湛江	【午前】湛江市内見学（商業施設） 【午後】寸金学院見学
9月10日(月)	湛江	【午前】寸金学院新校舎見学 国際交流センター訪問 【午後】寸金学院経済学部生との合同発表会 観光に関するアンケート調査実施
9月11日(火)	湛江	【午前】企業訪問（信达证券） 【午後】企業訪問（ギンヨウセンネンボク工場）
9月12日(水)	湛江	【終日】湛江市内見学（商業施設他）
9月13日(木)	湛江→上海	湛江空港　発 浦東国際空港　着
9月14日(金)	上海→東京→福島	浦東国際空港　発 羽田国際空港　着 東京→福島

出所：朱永浩作成。

中国進出と自由貿易―日中協力による双方のメリットを探る」，環境班は「中国におけるプラスチック問題について」という題で発表を行った。一方，寸金学院経済学部の学生は金融班と電子商取引班の二班に分かれ，それぞれ「中国における財務レバレッジの現状と今後の展望」，「中国の電子商取引について」というテーマで研究発表を行った。今回の合同発表会を通じ，中国側の大学生がどのようなことに興味を持っているか，一つの課題に対しどのような意見を持っているか，について多くのことを学んだほか，一人ひとりが主体的に調べて思考し，議論し合うことの重要さを感じる経験であった。

　このほか，湛江での研修期間中には，現地企業である証券企業の「信達証

写真 6－7　寸金学院との合同研究発表会
出所：朱永浩撮影。

券」，そして鑑賞用植物のギンヨウセンネンボクを生産する「湖光蘭盈開運竹花場」を訪問した。信達証券で見学した朝礼は，上司の命令に従う形式ではなく，一人ひとりでアイデアを出して最後に一つの当日目標に絞るというような形で行い，日本ではなかなか経験できない貴重な体験となった（写真 6－8）。

写真 6－8　信達証券の朝礼に参加した学生たちの様子
出所：朱永浩撮影。

中国研修期間中，ICT 企業が集積している深圳では，BAT（Baidu, Alibaba, Tencent）をはじめとしたICT 企業の数々が入居している高層ビル群と多数の建設中ビルに出迎えられた。さらに，現地の人々がICT の最新技術を利用している光景を見ることができた。たとえば，シェア自転車である。日本にも自転車貸し出しサービスがあるが，決定的な違いは，どこでも乗り捨て可能であることである。また，面倒な手続きはなく，スマホでQR コードを読み取って，手続きから支払いまで済ませることができるということも便利な点である。そのほか，飲料だけでなく，フルーツも売っている移動販売機や，一人用の小型カラオケボックスが置いてあった。ここでも決済はすべてWechat Pay などでのスマホ決済であった。中国現地の体験を通じて最も感じたことは，そこで生活する人々の積極性，新たなものを受け入れる姿勢である。

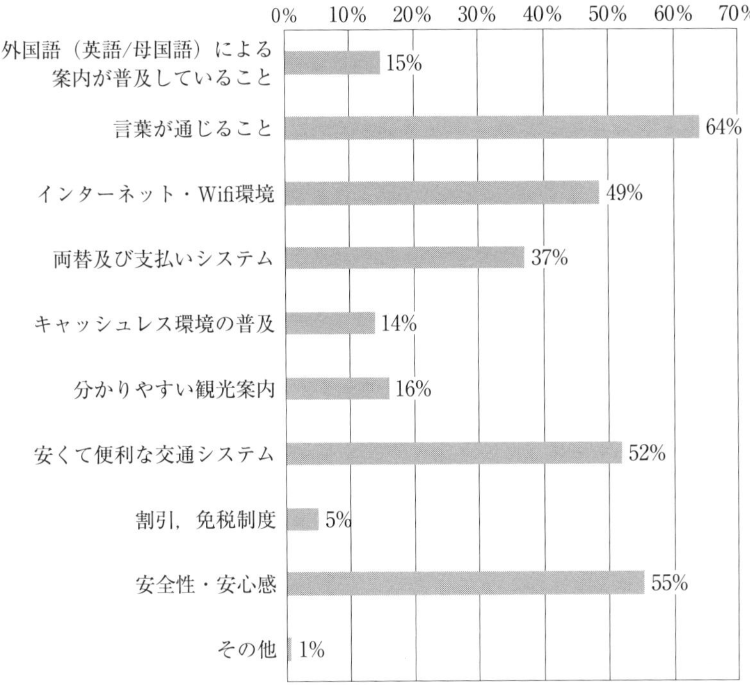

図6－3　快適な海外旅行のために必要なこと（複数回答）

出所：朱永浩作成。

2.4.3　寸金学院での「観光」に関するアンケート調査

前述の合同発表会の際に，寸金学院経済与金融学系の在学生を対象として，日本および福島の「インバウンド」に関するアンケート調査を行った。アンケートの集計結果の一部を抜粋して見てみると，中国の大学生が海外渡航をする際は，SNSやブログなどインターネットを中心としたアプリを利用することが分かった。スマートフォンの普及により，ICTサービスの発達は急速に進み，世界中がその対応に迫られている状況にある（図6－3）。

また，福島の食品に関するアンケートでは，「福島の食品は安全だと思いますか？」・「もし福島の食品がスーパーで売られていたら，購入しますか？」の問いに対し，「どちらともいえない」と答える人は2017年度と変わらず多かった。福島の食品の安全性について中国では十分に認識しておらず，未だに課題

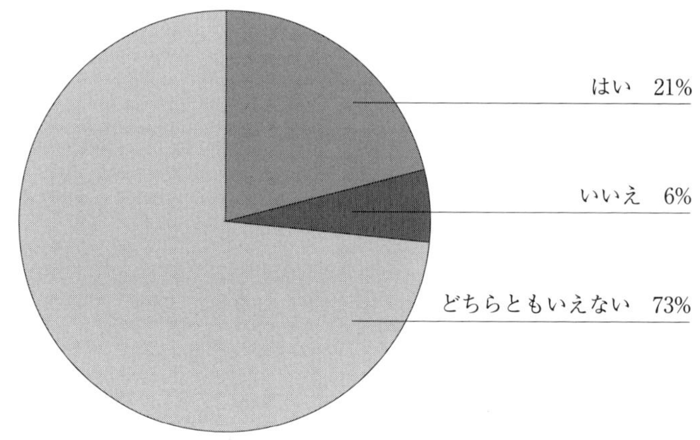

図６－４　福島の食品の安全性への信頼性

出所：朱永浩作成。

が残されていると強く感じた。福島の「食」の安全について理解や認識が進んでない現状が見受けられた（図６－４）。

2.4.4　中国研修のまとめ

朱ゼミ一行は中国の実際のフィールドで学び，自分の視野を広げて異なる文化を持った人々とコミュニケーションを取り，日本との相違点について詳しく考察することができた。そして，中国の深圳・湛江におけるキャッシュレス化の実態との比較によって，学生たちの日本のキャッシュレス化に対する興味や関心が一層深まった。その結果，海外研修終了後，日中両国のキャッシュレス化の実態調査を中心とした報告書を作成した。そして，2018年12月に開催された経済経営学類ゼミナール合同報告会で研究発表も行い，海外研修で経験したことや学び得たことについて発信することができた。

2.5　タ　イ

2.5.1　海外フィールドワークの概要

佐野孝治ゼミナールでは，2018年度は９月19日から10月１日にかけて，教員１名と学生13名で，タイ・フィールドワークを行った。バンコク，チェンマイ，

表6-10　佐野ゼミナール・タイ・フィールドワーク内容

年月日	研修地	スケジュール
2018年 9月19日(水)	成田→バンコク	移動
9月20日(木)	バンコク→チェンマイ	【午前】JICA バンコク事務所ブリーフィング 【午後】バンコク市内観光，チェンマイに移動
9月21日(金)	チェンマイ	【午前】在チェンマイ日本総領事館 【午後】チェンマイ大学での合同発表会，観光についてのアンケート調査
9月22日(土)	チェンマイ	NGO・Ban Rom Sai 視察，ワット・プラタート・ドイ・ステープ等観光
9月23日(日)	チェンマイ→バンコク	チェンマイ観光，エレファントキャンプ，少数民族村
9月24日(月)	バンコク	【午前】JETRO バンコク事務所ブリーフィング 【午後】H.I.S. 訪問
9月25日(火)	バンコク	【午前】アジアクリック訪問，SMI トラベル訪問，バンコクポルタ訪問 【午後】JTB 訪問
9月26日(水)	バンコク	シーナカリン・ウィロート大学での合同発表会，観光についてのアンケート調査
9月27日(木)	バンコク	【午前】現地旅行代理店調査 【午後】観光
9月28日(金)	バンコク→プーケット	【午後】市内観光
9月29日(土)	プーケット	コーラル島
9月30日(日)	プーケット→バンコク	市内観光等
10月1日(月)	バンコク→成田→福島	移動

出所：佐野孝治作成。

プーケット各地の，NGO，企業，大学，少数民族村などを視察し，チェンマイ大学とシーナカリン・ウィロート大学では，研究発表と観光に関するアンケート調査を行った。今回のスケジュールと主な内容は表6-10に示されたとおりである。以下では，その概要について紹介していきたい。

2.5.2　主な研修内容

今回のタイ研修は大きく分けて3つのプログラムからなっている。第一に，タイの大学での研究発表と観光についてのアンケート調査である。チェンマイ大学（9月21日，チェンマイ）とシーナカリン・ウィロート大学（9月26日，バ

写真6－9　シーナカリン・ウィロート大学での研究発表の様子
出所：佐野孝治撮影。

ンコク）で，①日本や福島の観光，②東日本大震災と原発事故からの復興状況について，英語で研究発表を行った。直前まで入念にリハーサルを行い，正確な情報発信を行うことを心掛けた。タイ人学生たちと活発な意見交換が行われ，大変有意義であった。

またシーナカリン・ウィロート大学で386名，チェンマイ大学で71名に対してアンケート調査を行った。キャンパス内で日本人学生が直接アンケート用紙を配って記入してもらう方法に加え，講義や合同発表会でも配布してもらって，回収した。両大学ともに大変協力的だった。

第二に，単なる視察にとどまらず，タイから福島へのインバウンド観光の可能性について明らかにするために研究を行い，論文を作成した。上記のタイ人大学生に対するアンケート調査に加え，JTB や HIS など日系旅行会社のタイ支店をはじめ現地の旅行業者やコンサル企業でのインタビュー調査を行った。また現地旅行業者を回り，ツアーパンフレットを収集し，帰国後，分析を行った。タイ調査に加え，国内では福島県観光交流局，福島県観光物産交流協会，タイ王国大使館，株式会社コリ企画，多慶屋などでインタビュー調査を行った。さらに，タイでは，団体旅行ではなく，個人旅行が増加していることを踏まえて，SNS 分析を行った。これによって，訪日タイ人に対する効果的な観光促進戦略について考察し，提言した。これについては佐野孝治ほか（2019）[(4)]を参照されたい。

第三に，タイは世界でも有数の観光大国である。UNWTO（2019）によれば，2017年の国際観光収入は575億ドルで世界４位（日本は10位），国際観光客到着

(4)　本書第３部 第11章参照。

数は3538万人で世界10位（日本は12位）である[(5)]。われわれは，観光大国タイの秘密を探るべく，地方都市チェンマイの自然を活かしたグリーンツーリズム，歴史的観光資源を活かしたアユタヤやバンコク観光，世界的なビーチで知られるプーケットでの観光を楽しむだけでなく，日本や福島への適用可能性についても考察した。特に，富裕層から庶民まで，所得階層を問わずに楽しめる多様な観光資源やホテルなどのインフラ，「微笑みの国」といわれるタイ独特のおもてなし，豊かな自然を活かしたグリーンツーリズム，体験型のアトラクションなど日本が学ぶべき点が多いといえる。

写真６-10　ワット・プラケオにて
出所：佐野孝治撮影。

2.5.3 「観光」に関するアンケート調査

訪日タイ人観光客は，2013年のビザ免除措置以降急増しており，2017年で99万人と第６位である。特に，福島を訪れるタイ人観光客は2017年には台湾，中国に次いで３位であり，前年比は206％と急増している。また福島の食品の安全性を問う質問には，55％が「安全」と回答しており，原発事故による風評が比較的少ない国である。したがって，佐野ゼミでは，タイから福島へのインバウンド観光の可能性について調査を行った。その一環として，首都のバンコクにあるシーナカリン・ウィロート大学の386名，タイ北部の山岳地帯にあるチェンマイ大学の71名の，計457名の大学生に対して「観光」についてのアンケート調査を実施した。ここではタイ人大学生の観光に対するイメージにについて簡単に見てみたい。

まず，「旅行に求めるもの」についての集計結果（表６-11）を見ると，第１

(5)　UNWTO (2019) Tourism Highlights: 2018.

表６-11　あなたが旅行に求めるものは何ですか？（３つまで選択）

順位	選択肢	男性	女性	その他	総計
1	観光・ショッピング	72	186	6	264
2	他ではできない体験や学び	70	121	5	196
3	周りの友人や知人が行ったことのない場所・経験	50	92	0	142
4	どれでもない	39	100	2	141
5	美味しい食べ物を堪能する	33	103	4	140
6	リラクゼーション	19	46	0	65
7	アウトドアスポーツ	22	18	0	40
8	他人に見せる・ＳＮＳに投稿する写真を撮る	8	24	1	33
9	現地の人たちとの交流	11	14	0	25
10	自己成長	10	14	0	24

出所：佐野孝治ほか（2019）。

位「観光・ショッピング」，第２位「他ではできない体験や学び」，第３位「周りの友人や知人が行ったことのない場所・経験」の順であった。６カ国比較では，「観光・ショッピング」を選択したタイ人大学生は60％であり，他国より20ポイントも高い水準である。第３位の「周りの友人や知人が行ったことのない場所・経験」も38％とアメリカに次いで高水準である。これは，タイの訪日観光客は団体旅行から個人旅行にシフトしていることに加え，「モノ消費」から「コト消費」へのシフトが進んでいることの影響があると考えられる。

次に，「福島に旅行に来たら経験をしてみたいこと」では，第１位は，「グルメ」，第２位は，「自然景勝地を観光する」，第３位は，「温泉に入る」であった（図６-５）。他の国と比較すると，第１位と第２位については回答に大きな差がないが，温泉については，タイ人大学生の61％が希望しており，他国より10ポイント程度高い水準にある。現地旅行会社でのインタビュー調査では，「タイ人は，他人とお風呂に入るのを恥ずかしがる」と聞いていたが，大学生は温泉を好むという知見が得られた。

また，訪日経験の有無で比較すると，両グループとも，「グルメ」が68％と第１位を占めているが，訪日経験なしのグループが第２位「自然景勝地を観光する」，第３位「温泉に入る」であるのに対し，訪日経験ありのグループは，第２位「温泉に入る」，第３位「旅館に泊まる」となっている。インタビュー調査によればタイ人にとって，東北および福島は最初に観光したい場所ではなく，東京，京都，大阪，名古屋といったゴールデンルート，そして札幌などの

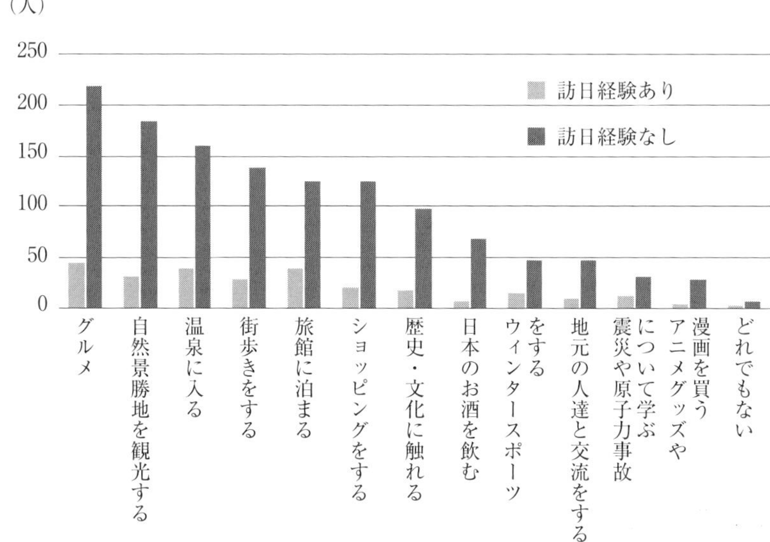

図6－5　福島に旅行に来たら経験をしてみたいものはどれですか？（5つまで選択）

出所：佐野孝治ほか（2019）。

次に行きたい場所となっている。今後，福島県は，比較的所得の高いリピーター層をターゲットに，福島の温泉地での宿泊をアピールすることが重要である。

2.5.4　まとめ

今回のタイ・フィールドワークでは，To-Do リストを着実にクリアすることによって，企画力，プレゼン力，行動力，国際感覚，論文執筆力など格段にレベルアップしたと評価できる。ただし，今回は，英語でのプレゼンの機会がチェンマイ大学だけであり，訪問先も日本語が通じるところが例年に比べ多かったため，語学力の習得という点では課題が残ったといえる。

2.6　ドイツ

2.6.1　ドイツにおける短期留学滞在の概要

本節では，20年以上の歴史を有するドイツ短期留学プログラムを紹介する。

表６-12　ドイツプログラム内容（2019年）

第１週	ボーフム市，ミュンスター市，ブレーメン市の滞在
２月25日 ２月26日，27日 ２月28日～３月３日	ボーフム市の到着 「観光」アンケート調査実施 ミュンスター市，ブレーメン市の観光ツアー
３月３日	デュッセルドルフのホームステイ家族のもとへ出発
第２週～第５週	デュッセルドルフ市の滞在
３月３日～29日 FIX	デュッセルドルフ滞在：ドイツ語授業（月～金，毎日５時間） 観光：ケルン市（９日），エッセン市（10日），ボン市（12日），ドルトムント市（13日），首都ベルリン（16，17日），コブレンツ市（18日），ミュンヘン市，ノイシュバンシュタイン城，アーヘン市（23，24日）

出所：グンスケフォンケルン マルティーナ，安藤菜々子作成。

注：ドイツプログラムの詳しいスケジュール等については，http://tiki.gunskevonkoelln.com/tanki_start を参照。

本プログラムは５週間（数年前より，それ以前は６週間）にわたるドイツ滞在を主とする。今回の参加者はプログラム担当者・引率教員１名，ボランティア教員・ガイド１名及び学生７名であった。

今回の「観光」というテーマを考慮し，グループは西ドイツ（ボーフム市，デュッセルドルフ市）から北へ（ミュンスター市，ブレーメン市），東へ（首都ベルリン），南へ（ミュンヘン市，東アルゴイ郡に属すフュッセン市）旅行し，観光した。

第１週はドイツの文化や日常生活に慣れるべく，参加者が一つのグループで１日約24時間行動を共にする。すなわち全員が一緒に寝起きし，一緒に食事し，一緒に見学をする。引率教員がガイドとして全ての行動を案内し，説明をする。

第２週，次のステップは学生が個別行動をとることである。学校でも自由時間でも他の参加者と一緒に行動することは可能であるが，原則として１人でホームステイをし，１人で学校に通学しなければならない。また，第２週から自由時間が多くなるため，学生は自らのすべきことを理解しつつ自主的に研修に取り組む。そのために参加者が自分自身で個別プログラムも準備する。その準備はすでに半年前より特別演習「実践ドイツ語演習１」で行った。

2.6.2　ドイツプログラムの体験型学習コンセプトとその期間設定

本プログラムではドイツの文化紹介とドイツ語学習研修に加え，以下の２つの目標をも設定している：

・グローバル人として自信を得る

・ドイツ語圏の文化を理解し，ドイツ語圏でのコミュニケーション能力を得る

したがってこのプログラムは，単なる短期間の海外研修旅行及び学生にガイドが同行する観光ではなく，「短期留学」という意味でドイツの日常生活も体感して，自身で経験的な（*learning by doing*）学びを獲得するプログラムである。

具体的な例を挙げれば，学生は第 2 週の日曜日に異なる興味関心に基づきグループに分かれ，自由時間の際に個人的に観光をした。しかしその日は天候が荒れて嵐となり，その後，倒木等が原因で全ての公共交通機関が停止した。この際には，学生は自信を持って異文化の中で（日本と異なる駅スタッフのアナウンス方法等）状況を把握し，情報を得るためにコミュニケーションをとり，自分自身で問題を解決しなければならない。勿論この場合，引率教員はいわゆる「スタンバイ・モード」にあり，いつでも連絡を受け付け相談に応じることが可能だったが，ガイドとして学生に代り問題を解決することはしなかった。学生はその日，ホストファミリーのもとに帰宅するまでには時間がかかったが，自分自身で問題を解決したことで成功体験を得ることができ，達成感を持てた。通常の海外旅行の場合，このような経験は時間的な問題等もあってできないが，「1 人で海外旅行できる能力を得る」学生になるためにはこのような *try and error* 経験がとても重要であるといえる。

ドイツの長期留学プログラムに参加する前に短期留学プログラムを受ける学生も多いため，短期留学は長期留学準備ともみなされる。そのため「1 人で海外滞在できる能力を得る」練習も必要である。

このように，本プログラムでは経験的な学びを通じて，学生が自身の失敗により学び，上達し，少しずつ上記で目標とした能力を得ることになる。

2.6.3　ドイツでの「WorldTour 観光」に関するアンケート調査と参加した学生の驚きの声

「各地を訪れる中で私達には一つ気づいたことがあります。それは観光客に対する姿勢です。例えば，ブレーメンやミュンヘンではまちのなかに無料の Wi-Fi がとん

写真6-11　3月4日に参加したデュッセルドルフ市のカーニバル
出所：高橋航撮影。

でおり，スマホの海外プランを契約していなくても使うことができました。またつなぐ際に一度周囲の観光地やおすすめのショップ，レストランが掲載されたサイトにつながるため，事前の調べが足りなくても楽しく観光することができました。さすがに日本語では書かれていませんでしたが，英語には対応しているためわからないドイツ語があっても大丈夫でした。また，私達はドイツ語を習い始めてからまだ一年だったため，正直コミュニケーションがとれるかとても不安でした。しかし，レストランやカフェでは多くの場合，店員が英語も話すことができ，なんとかコミュニケーションをとることができました。

今，私達が挙げた二つの点はいずれも「観光」に関するアンケートのなかの「快適な海外旅行のためには何があればいいと感じますか？」という質問に対する回答の上位三つのうちの二つ「インターネット・Wi-Fi 環境」「言葉が通じること」に当たります。（もう一つは「安心性・安全感」）福島に限らず日本国内でまちのなかをWi-Fi が通っていることはおそらく極めてまれでしょう。また，義務教育のなかで英語を習うものの日常の中で使えるといった方もそう多くはないと思います。カフェやファストフード店なら Wi-Fi があったりするしそれで充分じゃないかとか，ドイツはヨーロッパ圏だから英語を話せる人が多いのは当たり前といわれるかもしれません。しかし，そうではなく細やかな気配りをしてこそ日本人の「おもてなし」の精神であり，観光客への真摯な姿勢であると私達は考えます。」

「観光」とは関係がないが，「驚き」を伴う文化的差異の発見もあった。それはドイツの学生年齢である。日本の学生とは非常に異なる。30～39歳の学生が15%，25～29歳が35%，20～24歳が45% であるが，20歳未満の学生は５％に過ぎない。

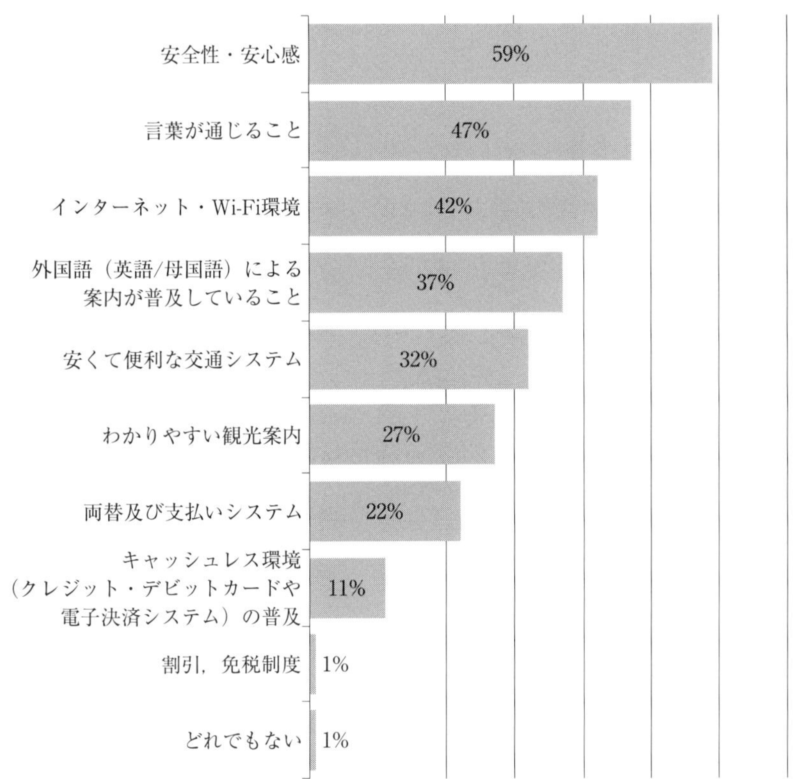

図６－６　快適な海外旅行のためには，何があればいいと感じますか？
出所：グンスケフォンケルン マルクス作成。

海外に渡航したことがないドイツの学生は１％だけである。

「また，ドイツを訪れたことで，ドイツについて学ぶと同時に，日本についても新たな視点で見ることができました。ルール大学でとったアンケートで９割以上の方が震災による福島の原子力発電所の事故を知っていると回答していたことや，観光先で出会った人やホストファミリーに福島は大丈夫なのかと聞かれたことなどから，遠く離れたドイツの地でも，震災の被害のことや福島のことを知っている人はたくさんいるのだと感じました。日本にいるとあまり意識していませんでしたが，大震災を経験した身として，これから自分にできることはないだろうかと考えるきっか

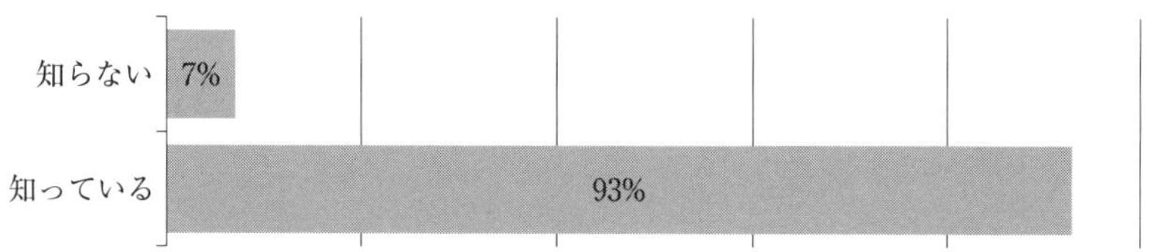

図6－7　2011年３月11日に発生した東日本大震災による福島の被害について知っていますか？

出所：グンスケフォンケルン　マルクス作成。

写真6－12　ドイツでは外国人観光者のために様々な言語で書かれた情報が至る所に
３月18日にコブレンツ市の例

出所：立原樹撮影。

けになりました。また，日常生活の中で，ドイツはゴミの分別の種類が多かったり，ペットボトルにデポジットがあったり，無駄な包装が少なかったりと，エコ活動が進んでいる印象がありました。日本でも地球環境のために参考にできることが多くあるのではないかと改めて思いました。」

3　「ワールド・ツアー with Fukudai」の概要とその成果

3.1　「ワールド・ツアー with Fukudai」の概要

3.1.1　「ワールド・ツアー with Fukudai」事前準備

前節までの各教員及びその担当授業受講生による活動成果を受け，グローバル人材育成企画委員会は2018年10月より，これら成果を如何に学内外に発表し，得られた知見を社会に還元するか，に関する検討を開始した。検討の結果，今回のプロジェクトのテーマが大学生のみならず一般の市民にも大いに関心を呼び得る世界及び日本の「観光」であること，アンケートの内容が福島の観光に多く割かれており，また昨年度の当委員会の活動テーマである福島の「食」についても継続調査を行い，その結果を発表すること，を考慮し，成果の発表は

⑴福島市内の，市民が容易に足を運べる施設において実施する，⑵大学関係者のみならず一般の市民の方々にも楽しんでもらえる，真摯な学習成果の発表にエンターテイメント的要素を加えた内容にする，ことが決定された。

昨年同様に，渡航先別（以下「チーム」と呼称）の各授業の受講生代表とグローバル人材育成企画委員会メンバーが合同会議を数回にわたり開催し，実務的作業を進めた。そして，成果発表日時は2019年1月12日（土）16時～19時，会場は福島市内の多目的施設「アオウゼ」の大活動室1～3及び調理実習室，成果発表のイベント名称を「ワールド・ツアー with Fukudai―「行きたい！」がここから見つかる」とした。なお，この準備過程で合同会議は福島民報社および福島民友新聞社の取材を受け，その結果，イベントが2018年12月22日と29日の民報紙面，および2019年1月11日の民友紙面で大きく紹介された。

3.1.2 「ワールド・ツアー with Fukudai」当日

1月12日午後4時，「アオウゼ」大活動室には80名前後の来場者が集まり，時とともに百名以上に増加した。

イベントは各国の国旗を手にした各チームの代表者による現地の言語の挨拶「ようこそ！」で開会した。この後，イベントは学生の司会により進行され，実施責任者であるクズネツォーワ准教授がその趣旨を説明した。また，同准教授の紹介により，各チームの教員が現地語で挨拶をした。

調査結果発表は，中国，韓国，ロシア，タイ，アメリカの順で各チームが行った。現地の観光に関しては中国チームが主として観光を含む社会のキャッシュレス化を，韓国チームが外国人に人気のあるソウルの観光スポットのランキング分析を，ロシアチームがハバロフスク郊外の少数民族の観光起業を取り上げた。タイチームはバンコクとチェンマイのアンケート分析及びSNS，パンフレット分析を，アメリカチームは国内7州の観光実態比較について説明した。

全チームの発表終了後，主催者である全学生と教員が歌を披露した。本イベントにおいては観光に関する，さらには観光を含む社会生活に関する世界各地域の多様な考え方や行動様式などを紹介しているが，そのような行動，思考の違いはあれ，地球という一つの星に住む我々は互いを理解し尊重しなければならないという企画の根幹に関わる願いを込め，ディズニーの「小さな世界」を

写真 6 -13　ワールドツアー・ポスター
出所：国際交流センターとグローバル企画委員会とが共同で作成。

選んだ。そして各チームが２コーラスの各部分を順番にそれぞれの言語で歌い，最終部は全員が日本語で歌いあげた。

発表の終了に際しては，学生司会者が来場者に感謝の意を伝え，各チーム代表者が現地の言語で「ありがとう」と挨拶した。

その後，来場者に各地域の軽食と飲料がふるまわれた。来場者は中国チームが提供する胡麻団子とジャスミンティー，韓国の月餅である薬菓と韓国風フルーツポンチ，ロシアのクレープであるブリヌィとロシア紅茶，タイのココナツ団子カノムクロックとミルクティー，アメリカのチーズナチョスとコーラ，ドイツワッフルとココアを試食・試飲した。

来場者はまた，各チームのブースを回って観光に関するクイズスタンプラリーに参加し，解答した。全問正解者には世界各地域の菓子が景品として提供された。

3.2　成果と課題

「ワールド・ツアー」は，前年度に実施した「ワールドキッチン」同様，グローバルな統一テーマを掲げ，経済経営学類の専門教育の授業と共通領域の授業，演習系の授業と外国語系の授業，教員と学生，が協働して実現した，福島大学では極めて珍しいタイプの企画であった。このような協力体制の下で実施したイベントにはマスコミも注目し，前述の福島民報，福島民友による事前取材のみならず，当日も民報，民友，読売新聞が取材，翌日以降に紙面を大きく割いてこの模様を紹介した。福島大学経済経営学類におけるグローバル教育の今後のさらなる大きな展開を予告できた，という意味では，きわめて大きな成果であった。

写真6-14　福島へのインバウンドの可能性について発表するタイチーム
出所：吉川宏人撮影。

4　おわりに

本章では，福島大学経済経営学類の教員間の積極的な連携と福島大学の学生参加により，2018年度に韓国，アメリカ，ロシア，中国，タイ，ドイツの各海外および国内で実施された，「観光」を通したグローバル人材育成プログラムの成果報告を行った。観光に関するアンケート調査を実施したことにより，東日本大震災の被害からの復興に取り組んでいる福島に対し，国際的な認識不足がいまだにあるが，今後の日本および福島のインバウンド・ツーリズムに若い外国人の旅行者が何を求めているかについて，一定の理解を得ることができた。日本全国に比べ低調である福島の「観光」が成長していくために役立てていきたい。

写真6-15　来場者がスタンプラリーを楽しむ—中国のブースにて
出所：吉川宏人撮影。

今回の取り組みの中で，海外プログラムに参加した福大生を対象に，帰国後の「福島大学・グローバル人材育成・海外研修事後アンケート」を実施した。福島大学の経済経営学類，行政政策学類，人間発達文化学類の学生（合計55名）が海外研修によって身についたと思う力について，5段階評価で回答した。その集計結果は表6-13及び図6-8の通りである。

表6-13　福島大学・グローバル人材育成・海外研修事後アンケート（2018年度）

海外研修によって身についたと思う力について，自己評価し，リストから該当する選択肢を選んで記入してください
選択肢　5：強くそう思う　4：かなりそう思う　3：少しそう思う　2：どちらとも言えない　1：そう思わない

		中国 11名	韓国 18名	ロシア 3名	タイ 11名	米国 5名	ドイツ 7名	各国 平均
1	外国語能力	2.8	3.8	3.3	3.0	4.0	4.0	3.5
2	国際感覚・異文化適応力	4.6	4.2	5.0	4.2	4.8	4.3	4.5
3	幅広い視野	4.5	4.7	4.7	3.7	4.8	4.3	4.5
4	専門知識・技能	3.6	2.6	3.7	3.7	2.8	3.4	3.3
5	交渉力・プレゼンテーション技術	4.0	3.1	3.0	3.6	3.2	3.7	3.4
6	コミュニケーション能力	4.0	4.1	3.0	3.6	4.0	3.9	3.8
7	問題発見・解決能力	4.2	3.7	3.7	3.9	4.0	3.4	3.8
8	判断力・決断力	4.3	4.1	4.7	4.0	4.0	3.7	4.1
9	積極性	4.4	4.2	4.3	4.1	4.6	3.7	4.2
10	忍耐力・我慢強さ	4.8	3.9	3.3	4.1	4.2	3.3	3.9

出所：グローバル企画委員会で作成。

海外研修の特性と学生の人数などにより国別に一定のばらつきが見られるものの，各国平均の数字から，「国際感覚・異文化適応力」が「かなりそう思う」の評価を上回り，「幅広い視野」の全体的な評価と並び，「強くそう思う」評点にもっとも近づいている。「積極性」と「判断力・決断力」もそれぞれ「かなりそう思う」という高い評価になっている。続いて，「忍耐力・我慢強さ」，「問題発見・解決能力」とグローバル人育成に欠かせない「コミュニケーション能力」も一部の国を除いて，比較的高く評価されている。「外国語能力」の各国平均値は，「少しそう思う」と「かなりそう思う」の間の数字にあたるが，主として，語学研修プログラムが実施された国の場合，「かなりそう思う」という回答が多く，海外調査プログラムが実施された国の場合，「少しそう思う」あたりまでに評価が下がってくる傾向が見られる。なお，「交渉力・プレゼンテーション技術」と「専門知識・技能」の「力」に関する学生の自己評価が国によって違うことは目立つが，各国平均の数字で判断すれば，「少しそう思う」の評価となる。

海外研修によって学生が身についたと思う「力」のバランスをどうとるかについての今後の検討が必要となるだろうが，今回の成果として，国際社会に一

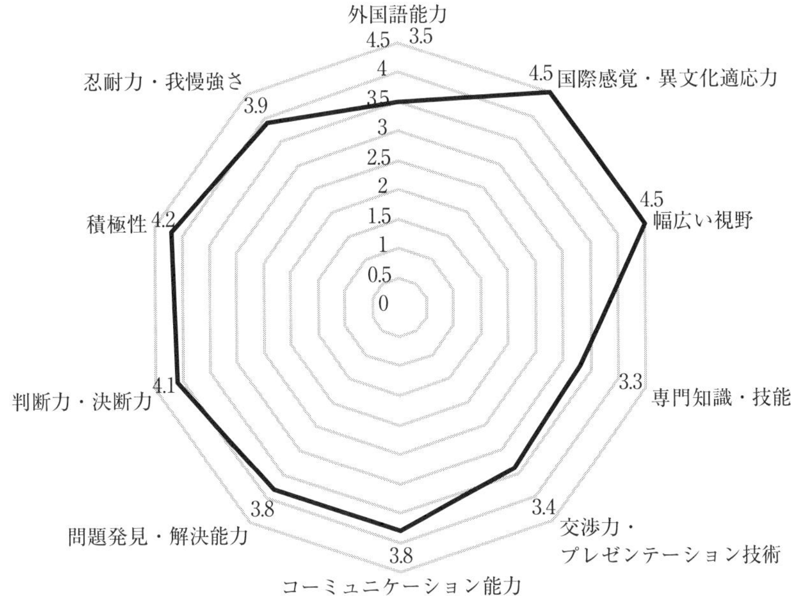

図 6－8　2018年度海外研修事後アンケート（各国平均）

出所：グローバル企画委員会で作成。

歩を踏み出す際に要求される「国際感覚・異文化適応力」という「力」が各海外プロクラムに参加した学生自身からみて十分に身についたと思うことが示された。これでグローバル人材育成の目標に一歩近づいたと判断できる。

今後もクローバル人材育成に取り組み，よりよい海外・国内プロクラムの企画を提供できる環境を保ちたい。

第7章

World market
―「若者の消費行動」を通したグローバル人材育成[(1)]―

伊藤　俊介

1　はじめに

2019年度はテーマを「多文化体験による国際人プログラムの創出～若者の消費行動を通して～」に設定し，教員と学生が韓国，アメリカ，ロシア，中国，ブルネイ，マレーシアの6カ国を訪問し（表7-1），実地研修とアンケート調査を行った[(2)]（2019年度はグンスケフォンケルン・マルティーナ教員がサバティカル期間中であったため，ドイツでの研修は実施されなかった）。帰国後，各派遣国における「若者の消費行動」のあり方と認識，さらにはこれまで行ってきた調査の延長として日本と福島の「観光」や「食」に対するイメージなどについても調査した内容を福島の方々に広く知ってもらうべく，「ワールド・マーケット at Fukudai」というイベントを企画し，2020年1月17日に福島市内の公共施設「アオウゼ」で実施した。

以下，本章では「多文化体験による国際人プログラムの創出～若者の消費行動を通して～」の取り組みについて報告する。

---

(1)　本章は，伊藤俊介・吉川宏人・沼田大輔・クズネツォーワ マリーナ・佐野孝治・朱永浩・マッカーズランド フィリップ・マクマイケル ウィリアム（2020）「「若者の消費行動」を通したグローバル人材育成―福島大学の成果事例報告」『福島大学地域創造』第32巻 第1号，pp.59-78を加筆・修正したものである。

(2)　調査結果の具体的な内容についての分析は本書第3部 第12章を参照されたい。

表７－１　プログラム「多文化体験による国際人育成プログラムの創出～若者の消費行動を通して～」の実施概要（2019年度）

国名	引率教員	海外研修プログラム	渡航先での滞在期間
韓国	伊藤俊介教授	培材大学校サマープログラム（語学研修）	2019年８月11日～23日
アメリカ	マッカーズランド フィリップ教授	特別演習（Work Experience Abroad）・ヒューストン市役所でのインターンシップ	2019年８月12日～９月28日
ロシア	クズネツォーワ マリーナ准教授	特別演習（実践ロシア語演習）	2019年８月18日～25日
中国	朱永浩教授	朱ゼミ海外研修	2019年９月１日～13日
ブルネイ マレーシア	佐野孝治教授	佐野特別演習	2019年８月21日～９月５日

出所：伊藤俊介作成。

2　若者の消費行動を通したグローバル人材育成の事例報告

2.1　韓　国

2.1.1　研修期間ならびに研修内容

2019年度の韓国研修は，新たに福島大学と協定を結んだ培材(ペジェ)大学校（在大田(テジョン)市）で実施されたサマープログラムに本学の学生を派遣した。同プログラムは，日本からの参加者を対象とした韓国語学習と韓国文化体験からなる12日間の短期研修（主な日程は表７－２参照）で，培材大学校でも初めて企画されたプログラムであった。2019年度は14名の学生（経済経営学類：２年生７名・３年生１名，人間発達文化学類：２年生１名，行政政策学類：２年生２名，現代教養コース：３年生１名，地域政策科学研究科：１年生１名・２年生１名）が参加した（以下「韓国チーム」と記す）。現地では短期研修に加え，韓国の「若者の消費行動」に関する課題を参加学生に課すとともに，培材大学校のキャンパスでアンケート調査を実施した。

2.1.2　「若者の消費行動」に関する現地での課題

韓国における「若者の消費行動」を考察するためには，何よりも韓国の経済事情への理解を深める必要がある。韓国チームでは事前研修で韓国経済の概略を説明し，研修先となる培材大学校周辺の商業施設，大田とソウルの繁華街や

表7－2　2019年度培材大学校サマープログラム日程

年月日	滞在地	行程
2018年 8月12日（月）	日本→大田	日本（成田・羽田・仙台）発 ソウル（仁川・金浦）着 バスで培材大学校（大田市）に移動 歓迎式，レベルテスト，オリエンテーション 大学見学
8月13日（火）	大田	【午前】韓国語授業 【午後】体育大会（大学体育館）
8月14日（水）	大田	フィールドトリップ（エバーランド）
8月15日（木）	大田	【午前】韓国語授業 【午後】大田見学（自由時間）
8月16日（金）	大田	【午前】韓国語授業 【午後】韓国学授業 若者の消費行動に関するアンケート調査
8月17日（土）	大田	終日フリー
8月18日（日）	大田	終日フリー
8月19日（月）	大田	【午前】韓国語授業 【午後】テコンドー体験
8月20日（火）	大田	【午前】韓国語授業 【午後】自由時間，歓送会
8月21日（水）	大田→ソウル	ソウルへ移動後，市内見学
8月22日（木）	ソウル	【午前】ソウル見学（南大門市場，明洞など） 【午後】K-POPコンサート見学
8月23日（金）	ソウル→日本	ソウル（仁川・金浦）発 日本（成田・羽田・仙台）着

出所：培材大学校サマープログラム時間割，伊藤俊介作成。

経済スポットなど，自らの関心ある対象を事前に調査するという課題を学生に課した。また，研修期間中は毎日家計簿をつけ，現地で買い物などを行う場合は同世代の韓国の若者がどのような決済方法を取っているのかにも注意し，新たな発見があれば日記に記録するよう指示した。

研修期間中は自由視察時間や週末のフリータイムなどを利用して，参加学生は培材大学校のパイロット（チューター）学生と行動をともにしたり，独自に近隣地域を訪れたりしながら，各々の課題をこなした。研修の最後には2泊3日のソウル滞在もあったので，大田とソウルの経済のあり方の違いについて身をもって体験することができた。

帰国後，各々が持ち帰ったデータの分析・検討を通して，韓国の経済事情と若者の消費行動に対する理解をさらに深めた。それらの分析結果は，後述する

「ワールド・マーケット at Fukudai」の会場において「私たちが見た韓国」「日本と韓国のキャッシュレス文化」などのポスターやスライド発表を通して福島の多くの方々に紹介した。

写真7-1　フィールドトリップ（エバーランド）
出所：培材大学校学生スタッフ撮影。

2.1.3 「若者の消費行動」に関するアンケート調査

韓国チームは2019年8月16日の研修日程が終了後，培材大学校のキャンパスにおいて大学生を対象に「若者の消費行動」に関するアンケート調査を実施した。その日は全国的な猛暑日となり，大田市も40度近くまで気温が上昇したが，できるだけ多くの人にアンケートに協力してもらおうと，学生たちはハングルで書いた手作りの看板を持参するなどの工夫をして調査に臨んだ。あいにく8月15日の光復節（祖国解放記念日）を含む週末4連休の最中に調査日を設定せざるを得なかったこともあり，キャンパスには学生がまばらだったが，パイロット学生2名の協力もあってアンケート調査は回収数こそ少なかったもののスムーズに行うことができた。ここでは韓国の若者の消費行動に対する認識に関する集計の中から，学生たちのまとめた興味深い結果について見てみたい。なお，今回のアンケートに回答してくれた韓国の大学生の男女比の割合は，男性26名（47.2%），女性29名（52.8%）であった。

まず，韓国の若者の決済方法についての集計結果（表7-3）を見ると，回答者全体の半数以上が「クレジットカード」と答えており，次いで「モバイル決済」「チェックカード」の順番になっている。一方，「現金」と答えた回答者は全体の15%にも満たない。韓国では1997年のアジア通貨危機以降，政府が主

写真7－2　培材大学校図書館前での集合写真
出所：伊藤俊介撮影。

写真7－3　アンケート調査中の韓国チームの学生
出所：伊藤俊介撮影。

体となってクレジットカードの利用を推進してきたという背景がある。また近年では決済アプリの開発と各種サービスが次々に登場していることも若者のキャッシュレス化に拍車をかけたと言える。こうしたキャッシュレス化の浸透した韓国の現状に触れ，学生も驚きを隠せない様子であった。

次に，韓国の若者が考える贅沢についての集計結果（表7－4）を見ると，「旅行に行く（海外を含む）」が2位以下に大差をつけての1位となっており，昨今の韓国における旅行人気の高さがうかがえる。注目すべきは2位に「親孝行」が入っていることである。現在も儒教文化の影響が残る韓国社会において親孝行は美徳であり，両親にプレゼントや旅行を贈る習慣がある。そのことを勘案すると，1位の「旅行に行く」には「孝道旅行」（両親に感謝の意を込めて贈る旅行）という要素も含まれている可能性が高いと考えられる。

2.1.4　研修を終えて

2019年度の韓国派遣研修は，出発直前に日韓の政府間で高まった政治的な軋轢の影響もあり，例年とは違った雰囲気のもとで実施を迎えた。そのため多少の緊張感を持ちつつ現地に赴いたが，培材大学校国際交流処の金讃基（キムチャンギ）係長をはじめ多くのスタッフの方々やパイロット学生に迎えられ，参加学生はみな充実

表７-３　一般的によく使う決済方法は？（１つのみ選択可）

順位	選択肢	男性	女性	総計	百分率
1	クレジットカード	14	14	28	51.8%
2	モバイル決済	10	7	17	32.1%
3	デビッドカード・プリペイカード	7	9	16	26.8%
4	現金	6	2	8	14.3%
5	電子マネー	1	0	1	1.8%
6	Bit Coin	0	0	0	0.0%

注：便宜上，選択肢は回答数の多い順に並べ替えた。
出所：伊藤俊介作成。

表７-４　あなたが贅沢するとしたら何にお金を使いますか？（２つまで選択可）

順位	選択肢	男性	女性	総計	百分率
1	旅行に行く（海外を含む）	16	18	34	41.4%
2	親孝行	2	9	11	13.4%
3	高い食べ物・飲み物	5	5	10	12.2%
4	ブランド品	7	1	8	9.8%
4	最新型の電化製品	4	4	8	9.8%
4	パーティー	5	3	8	9.8%
7	その他	1	2	3	3.6%

注：便宜上，選択肢は回答数の多い順に並べ替えた。
出所：伊藤俊介作成。

した研修期間を終えることができた。研修や課題を通じて学生は，自らの調査した内容についてはもちろんのこと，韓国への見聞を広め，固定概念や一面的な情報などに捉われることなく韓国という国を体感することができた。この場を借りて関係者各位に改めてお礼を申し上げたい。

2.2　アメリカ

本節では，アメリカ・テキサス州・ヒューストン市における2019年度のインターンシップ・プログラム（以下，ヒューストン・インターンシップ・プログラム）の概要，および，その期間にアメリカの大学生に実施した若者の消費行動に関する調査のうちアメリカ独自の設問について論じる。また，参加学生がインターンシップ中の生活から若者の消費行動を考察したことについても言及する。

写真７－４　シルベスター・ターナー・ヒューストン市長（右から２人目）とインターンシップ参加学生
出所：小野叶子撮影。

写真７－５　Department of Neighborhoods の職員の方々ほかとインターンシップ参加学生
出所：小野叶子撮影。

2.2.1　2019年度のヒューストン・インターンシップ・プログラムの概要

2019年度のヒューストン・インターンシップ・プログラムには５名の学生（経済経営学類の日本人学生４名，経済学研究科の留学生１名）が参加した。学生はヒューストン市役所の Department of Neighborhoods の Houston Crackdown, Mayor's Office, Public Safety Office, Homeland Security と呼ばれる各部署でインターンシップに取り組み，ハリケーンからの復興のための寄付金を集めるための企業のリストを作ったり，英語を話せない人をサポートする通話システムを市の職員が使っているかの点検などをした（写真７－４，写真７－５）。表７－５は同プログラムの日程を示したものである。

2.2.2　若者の消費行動に関するアンケート調査の実施手順

アメリカにおける若者の消費行動に関するアンケート調査は，セントトーマス大学などの協力のもと，オンラインアンケートツールである「Survey Monkey」を用いて英語で行った。質問は23問で，５分ほどですべての質問に回答できるようにした。ヒューストンでの調整・本インターンシップについての福島大学での渡航前後の授業を担当するマッカーズランドは，参加学生にア

表７－５　ヒューストン・インターンシップ・プログラムの日程（2019年度）

日　付	行　程
2019年８月12日	ヒューストン着。ホームステイ開始
８月13日	インターンシップ初日。オリエンテーション
８月13日～９月27日	ヒューストン市役所でのインターンシップ（平日）
９月18日	セントトーマス大学でアンケート調査を依頼。授業に参加
９月28日	ヒューストン発

出所：マッカーズランド フィリップ作成。

ンケートの手法と手順を示し，参加学生はセントトーマス大学の学生の協力を得つつ街頭などでアンケートへの回答を依頼した（写真７－６）。

写真７－６　街頭でのアンケートの様子の一例

出所：弓座千春撮影。

アンケートでは，アメリカ独自に，若者の消費行動に関係しうる要因として，金銭面の状況を尋ねた。また，来日経験，福島を訪れたことがあるか，福島を訪れたことがない場合の福島への訪問の希望についても尋ねた。以下，これらについての回答を紹介する。

2.2.3　若者の消費行動に関するアンケートの回答者の属性

このアンケートの回答時期は2019年９月19日から９月29日であり，回答者数は116であった。性別・年齢・所属大学については回答者全員が回答し，性別は男性が37.9％，女性が61.2％であった。年齢は，20歳未満が34.5％，20歳以上24歳以下が50％，25歳以上29歳以下が7.8％，30歳以上が7.8％であった。所属大学は，セントトーマス大学が85.3％，ライス大学が6.9％，その他が6.9％であった。

来日経験についての回答者数は95であり，来日したことがある回答者は17.9

%，来日したことがない回答者は82.1%であった。来日したことがある回答者のうち福島を訪れたことがある回答者は35.3%[(3)]，福島を訪れたことがない回答者は64.7%であった。福島を訪れたことがない場合の福島への訪問の希望についての回答者数は87であり，福島を訪れたいは65.5%，福島を訪れたくないは16.1%，なんともいえないは18.4%であった。

2.2.4 若者の消費行動に影響を与えうる金銭面の状況

家族からの仕送りがあるかについては回答者全員（116名）が回答した。そして，仕送りがある回答者に，自身の総予算の何%が仕送りかを尋ね，88名から回答があった。なお，この88名のうち1名は総予算の0%が仕送りと回答しており，仕送りがあるとは言えないため，仕送りがないとした。図7-1は，自身の総予算に占める仕送りの割合を示したものであり，縦軸に回答者全員に占める該当の回答者数の割合，横軸に総予算に占める仕送りの割合を示している（仕送りの割合が0は仕送りなしを意味している）。図7-1より，総予算に占める家族からの仕送りの割合は，多い方から，0%，100%，81-90%であることが分かる。

アルバイトなどの状況については105名が回答し，週に40時間以上フルタイムで働いているが6.7%，週に10-20時間アルバイトをしているが41.0%，アルバイトをしていないが40%，時給制ではない形で働いているが8.6%であった。毎月の収入の使途の計画を立てているかについては105名が回答し，計画を立てているが53.3%，計画を立てていないが46.7%であった。そして，毎月の収入の使途の計画を立てており，その計画を守れているかについて回答のあった49名の内訳を見ると，ほぼ完全に守れているが4.1%，ほとんど守れているが59.2%，少し守れているが32.7%，あまり守れていないが4.1%であった。

卒業時の返済必要額については95名が回答した。図7-2は，縦軸にこの95名の回答者に占める該当の回答者数の割合，横軸に大学卒業時の返済必要額を

(3) 福島を訪れたことがある回答者はいずれもセントトーマス大学の学生である。この背景には，本書第2部第6章に示した，Fukushima Ambassadors Programや「対日理解促進交流プログラム TOMODACHI KAKEHASHI INOUE プロジェクト」があると思われる。

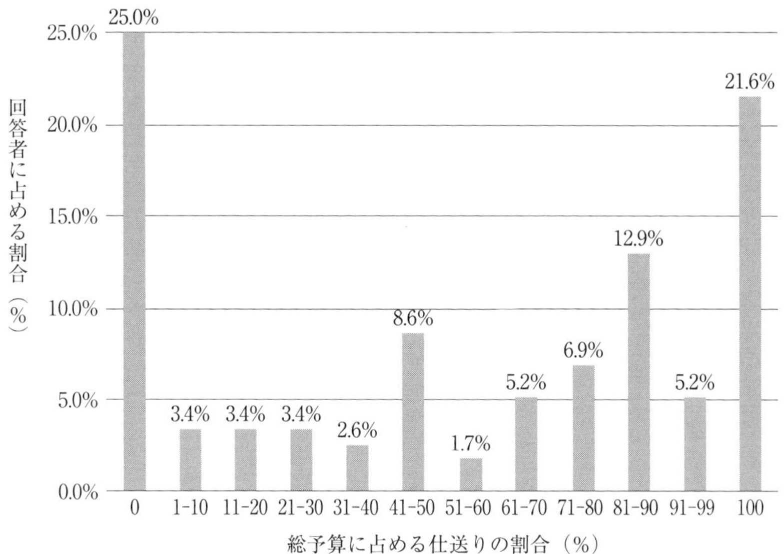

図７－１　総予算に占める家族からの仕送りの割合（サンプル数116）
出所：沼田大輔作成。

示したものである。図７－２より，大学卒業時の返済必要額は，なしが56.8%と最も多く，43.2%は返済の必要額があり，その額はばらつきが見られ，５万ドル以上の返済必要額を抱えることになる学生も見られる。

2.2.5　インターンシップ中の生活からの若者の消費行動の考察

参加学生は，自身もインターンシップ中はアメリカで若者として生活していたことから，インターンシップ中の自身のアメリカでの生活からも，若者の消費行動について考察した。例えば，自身のヒューストン市役所でのインターンシップ中の支出について記録し，自身の経験の中から，ある１週間の支出額は261.3ドル（ホームステイに含まれる朝食と夕食を除く），そのうち外食費が29.9%，娯楽費が29.5%，交通費が15.8%などとまとめた。また，同じ商品・サービス

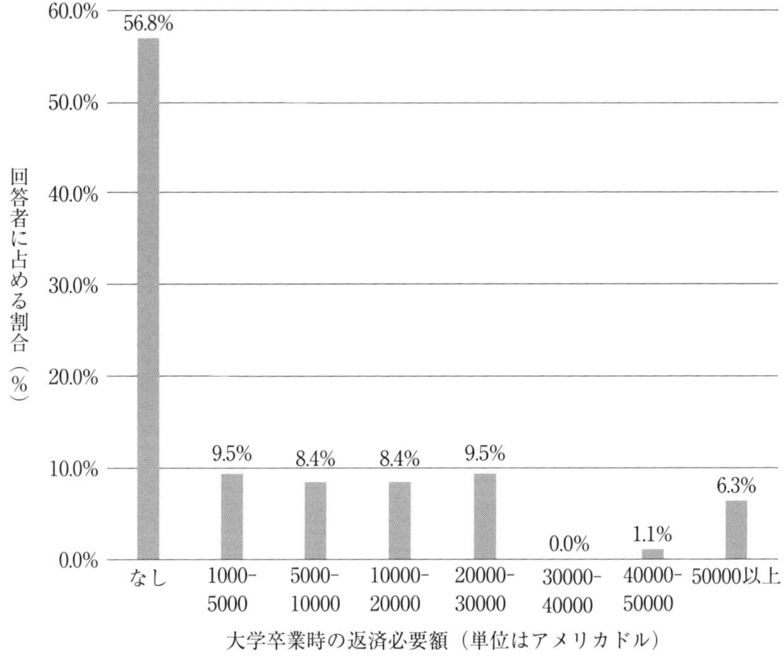

図7－2　大学卒業時の返済必要額（サンプル数95）

出所：沼田大輔作成。

について，日本とアメリカで単価を比較し，例えば公共交通機関やタクシーで同じ距離を移動する場合の料金を比較するなどした。

2.3　ロシア

2.3.1　ロシア研修の概要

実践ロシア語演習（教員１名と学生４名）は，海外研修のため2019年８月にロシア・ハバロフスク地方（ハバロフスク市，シカチ・アリャン村）に行き，極東国立交通大学での語学・ロシア文化研修，マーケティング論の専門家による「ロシアの若者の消費行動」に関する講義，ハバロフスク正教区（ロシア正教会）の青少年信徒達との座談会，ハバロフスク・シナゴーグ付属ユダヤ教徒若者センター訪問，極東国立交通大学学生労働組合のメンバーとの話し合い，現地の若者に人気のあるスポーツ施設・アイスクリーム工場・アニメショップの視察など，地元の方々との交流を含む活動を実施した。また，原住民のナナイ人村を視察し，エスニカルな消費行動について学んだ。2018年度の「観光」のテーマの延長線として，ロシア観光業連盟極東地域支部長によるロシアとハバロフスク地方における若者のツーリズムに関するレクチャーも受けた。さらに，若者の消費行動と福島県産の食品に関するアンケート調査と，日本および福島県の若者の興味関心を紹介するという活動も行った。同研修のスケジュールと概要は表７-６に示したとおりである。

2.3.2　ロシア研修の事前準備と研修内容

実践ロシア語演習では，海外研修の事前準備に取り組む中，研修先のハバロフスク地方について各自で調べたり，日本・福島の若者の興味関心についてハバロフスクの地元の方々に紹介するための資料収集と作成に携わったりした。テーマは，自分の消費生活，福島のｅスポーツ，部活とサークル活動，福島のアニメとウルトラマン，東日本大震災復興記念の伊藤若冲展などに定め，受け入れ先の極東国立交通大学の関係者向けにプレゼンテーションを行う計画を立てた。そして，現地で自作の資料（ロシア語版）の展示，墨絵体験，ウルトラマン塗り絵体験，けん玉体験を実施し，日本茶とアメと煎餅を提供する「福大ブース」を設けることができた。「福大ブース」の設置は国際交流イベントのロシア人学生，外国人留学生達との交流会の８月21日（水）に，プレゼンテーションは８月22日（木）に行われた。

若者の消費行動に関する現地での研修は，ロシア・ハバロフスク地方の若者の消費行動事情に関するA.ルデンコ先生（所属：極東国立交通大学，専攻：マーケティング論）の８月19日（月）の講義から始まった。消費行動においてロシアの若者（14～35歳）が重視していることは，１位が金銭面，２位が健康・スポーツ面，３位が個人主義的な側面であることを学んだ。８月20日（火）には，シカチ・アリャン村に暮らす原住民のナナイ人の消費パターンとアムール川に依存する独特の文化と生活ぶりを体験することができた。８月21日（水）には，ハバロフスク市内の若者向けスポーツ施設である「リーダー」クラブを視察し，青少年のホッケーチームの選手たちにスポーツの生きがい，スポーツ

表７－６　2019年度ロシア・ハバロフスク地方短期海外研修プログラム

年月日	滞在地	行　程
2019年 ８月18日（日）	福島→成田→ハバロフスク	【午後】成田空港　発 ハバロフスク市ノヴィー空港　着
８月19日（月）	ハバロフスク	【午前】極東国立交通大学 １）ロシアの若者の消費行動に関する講義 ２）ロシア語の音楽的学習 【午後】ハバロフスク市内視察
８月20日（火）	ハバロフスク→シカチ・アリャン→ハバロフスク	ナナイ少数民族シカチ・アリャン村視察 （ナナイ人の文化体験・消費行動体験学習）
８月21日（水）	ハバロフスク	【午前】極東国立交通大学 １）ロシア語の音楽的学習 ２）ロシア文化：一年間の行事の講義 【午後】１）国際交流イベント／ロシア人学生，外国人留学生達との交流会（「福大ブース」），アンケート調査 ２）「リーダー」クラブ（若者向けスポーツ・ホッケー施設）視察
８月22日（木）	ハバロフスク	【午前】極東国立交通大学 １）極東国立交通大学の関係者向けに日本・福島の若者の興味関心と消費行動に関するプレゼンテーション ２）ハバロフスク正教区（ロシア正教会）の青少年信徒達との座談会，スパス・プレオブラジェンスキー大聖堂，神学校視察 【午後】１）グロデコフ郷土誌博物館見学 ２）ハバロフスク・シナゴーグ付属ユダヤ教徒「ソフヌト」センター訪問
８月23日（金）	ハバロフスク	【午前】極東国立交通大学 １）ロシアとハバロフスク地方における若者のツーリズムに関するレクチャー ２）極東国立交通大学学生労働組合のメンバーとの話し合い 【午後】「ザイツァ」アイスクリーム工場視察
８月24日（土）	ハバロフスク	【午前】１）「Kaboom」アニメショップ視察 ２）子供連れ・若者向け「ブリン・コンポート」カフェにてロシア食文化の体験型講義 【午後】１）ハバロフスク市内の自由市場，ショッピングセンター視察 ２）ハバロフスク市生誕祭に参加
８月25日（日）	ハバロフスク→東京→福島	【午前】ハバロフスク市ノヴィー空港　発 【午後】成田空港　着

出所：クズネツォーワ マリーナ作成。

写真７-７　極東国立交通大学の国際交流イベントにてロシア民謡を歌う福大生
出所：クズネツォーワ マリーナ撮影。

写真７-８　福島の若者の興味関心に関するプレゼンテーション
出所：クズネツォーワ マリーナ撮影。

生活にかかる費用について話を聞いた。８月22日（木）には，ハバロフスク正教区（ロシア正教会）の青少年信徒達との座談会で，宗教による特定の消費行動や制限等について話し合い，ハバロフスク・シナゴーグ付属ユダヤ教徒「ソフヌト」センターでは，ハバロフスク地方に住むユダヤ系の若者の興味関心等について説明を受けた。８月23日（金）には，ロシア観光業連盟極東地域支部長で現地のツアーオペレーターであるポータルセゾーノフ社の A. ステパシコ社長による，ロシア・ハバロフスク地方の若者のツーリズムの現状と課題についてのレクチャーを受けた。その後，極東国立交通大学学生労働組合のメンバーと大学生の諸問題ならびに消費パターンについて話し合った後，現地のハバロフスクの若者に大人気の「ザイツァ」アイスクリーム工場を視察した。８月24日（土）には，市内の「Kaboom」アニメショップを視察し，アニメ好きの人々の消費パターンについて知ることができた。

この他にもハバロフスク地方の研修中には，ロシア語・ロシア文化学習，ロシア食文化の体験型講義，グロデコフ郷土誌博物館見学など，ロシアとハバロフスク地方を知るための様々な学習と体験ができた。

表７-７　「旅行」に対する消費行動：現実と潜在需要

項目	割合
「主に何にお金を使いますか？（３つまで選択可）」に対して「旅行」を選択した回答者の割合	21.5%
「あなたが贅沢するとしたら何にお金を使いますか？（２つまで選択可）」に対して「旅行に行く（海外を含む）」を選択した回答者の割合	73.2%

出所：クズネツォーワ マリーナ作成。

2.3.3　ハバロフスクでの若者の消費行動に関するアンケート調査

若者の消費行動のアンケート調査は，極東国立交通大学の１～３年生を主な対象として行われた。回答の集計結果を見ると，回答者150人のうち，男性は89人（59.3%），女性は61人（40.7%）で，そのうち146人（97.3%）は25歳未満である。

調査結果に目立ったのは「主に何にお金を使いますか？」と「あなたが贅沢するとしたら何にお金を使いますか？」の「旅行」に関する回答である。前者で「旅行」を選択したのは人数の少ない32人（21.5%）に対して，後者で「旅行に行く（海外を含む）」を選択した回答者はもっとも多く109人（73.2%）であった。この差はロシア・ハバロフスク地方の若者の旅行に対する相当な潜在需要が存在することを示している（表７-７）。

ロシアでの調査で２番目に目立つのは，「次の消費トレンドのうち，あなたの消費行動に最も影響するものはどれですか？」に対して「地産地消」という回答者が27人（18.4%）と比較的多かったことである。この背景には，現地栽培の農産物の値段が高くても消費者の評価が良いのに対し，輸入農産物が安いわりには消費者の満足度が低いという，ハバロフスク地方を含むロシア極東地域の野菜や果物などの食料品市場の特徴があると思われる。ハバロフスクの若者が「健康に良い」という回答をもっとも多く選択したこと（61人，41.5%）も「地産地消」を重視するトレンドに関係がある（表７-８）。

2.3.4　研修のまとめ

実践ロシア語演習のチームは一週間という研修期間の中でハバロフスク地方の一つの都市と一つの村を訪れ，ロシア・ハバロフスクの若者の消費行動について積極的に調査を行った。極東国立交通大学の関係者，ロシア人学生，外国

表７－８　「次の消費トレンドの内，あなたの消費行動に最も影響するものはどれですか？」（３つまで選択可）への回答

環境に優しい　Eco-friendly	21人	14.3%
健康に良い　Health conscious	61人	41.5%
フェアトレード　Fair trade	26人	17.7%
シンプルなデザイン　Back to basics	32人	21.8%
オーガニック素材　Organic materials	12人	8.2%
チャリティー性（被災地支援など）　Charity	７人	4.8%
"お一人様"　Loner Living, "JOMO"	14人	9.5%
"地産地消"　Local production, Local Consumption	27人	18.4%
その他	37人	25.2%

出所：クズネツォーワ マリーナ作成。

人留学生などを対象に，日本・福島の若者の興味関心について紹介をしたことも本研修の成果である。2017年度，2018年度の研修に続き，今回の研修を含む活動は，極東国立交通大学生を始め，ハバロフスクの地元民の「福島」に対する認識度のさらなる向上に貢献することができた。

写真７－９　ハバロフスクの若者と現地ブランドの「ザイツァ」アイスクリーム工場を視察

出所：クズネツォーワ マリーナ撮影。

2.4　中　国

2.4.1　中国研修の概要

朱永浩ゼミナール（教員１名と学生12名［経済経営学類11名，経済学研究科１名］以下，朱ゼミ）は，2019年９月１日から９月13日にかけて海外研修を実施した。今回の研修は，中国の香港・深圳・湛江・上海の４都市を訪れ，中国の大学生との研究交流，若者の消費行動に関するアンケート調査，現地企業訪問，ボランティアなどの活動を行った。表７－９は今回の海外研修のスケジュールと主な内容を示したものである。以下，その概要について紹介する。

表7－9　朱ゼミの海外研修内容（2019年度）

年月日	滞在地	行程
2019年 9月1日(日)	福島→東京	福島→東京 羽田国際空港で集合
9月2日(月)	東京→香港	羽田国際空港　発 香港国際空港　着 商業施設見学（旺角エリア，銅鑼湾エリア）
9月3日(火)	香港	海洋博物館，オーシャンターミナルデッキ，香港大学，香港中央図書館見学
9月4日(水)	香港→深圳	香港→深圳 深圳市内商業施設見学（南山区ハイテクエリア）
9月5日(木)	深圳	深圳市内企業視察（COSHIP） OMO スーパーマーケット視察（フーマーフレッシュ）
9月6日(金)	深圳→湛江	深圳→広州→湛江（高速鉄道） 自由行動
9月7日(土)	湛江	広東海洋大学寸金学院校舎見学 寸金学院国際交流センター訪問
9月8日(日)	湛江	湛江市内商業施設見学（金沙湾エリア） 湛江市内企業視察（湛江星陽実業有限公司）
9月9日(月)	湛江	インキュベーター施設「TOWN」視察 日本語学習サークルの大学生との交流会 若者の消費行動に関するアンケート調査実施① 寸金学院経済学部学生との合同発表会（研究報告・討論）
9月10日(火)	湛江	若者の消費行動に関するアンケート調査実施② ボランティア活動（マングローブ保護活動）
9月11日(水)	湛江→上海	湛江市内商業施設見学（赤坎老街エリア） 湛江空港　　　発 上海虹橋空港　着
9月12日(木)	上海	上海市内商業施設見学（外灘エリア） 自由行動
9月13日(金)	上海→東京	上海市内商業施設見学（陸家嘴エリア） 浦東国際空港　発 羽田国際空港　着
9月14日(土)	東京→福島	東京→福島

出所：朱永浩作成。

2.4.2　中国研修の事前準備と研修内容

海外研修参加学生の各自の役割を理解しつつ主体的な活動を行うために，参加学生は2019年4月～7月の毎週約1時間，海外研修先の香港・深圳・湛江・上海での移動ルートや，訪問先の概要などについて自ら調べたり研究発表を準備したりして周到な事前準備を整えた。この事前準備の狙いは，海外フィールドワークの基本的知識・技能を習得した上で，異文化理解を促進しつつ多様性を尊重する態度を養うことであった。具体的には，海外研修の目的を明確にするために，テーマ別に３つのグループに分け，グループごとに中国の大学生との交流活動の企画立案から合同研究発表会のテーマ設定と発表資料の作成，商業施設・企業見学の質問対策までの細かい準備作業をすべて参加学生が行った。

写真７-10　広東海洋大学寸金学院校舎入口で記念撮影

出所：朱永浩撮影。

湛江市では，朱ゼミ一行が広東海洋大学寸金学院校舎見学（写真７-10）と国際交流センター訪問を経て，寸金学院経済学部３年生・４年生との合同研究発表会に参加し，研究報告・討論を行った。朱ゼミは商流・物流班，環境班の二班に分かれ，商流・物流班は「無人化のメリットと課題」，環境班は「食品ロスによる環境問題とその解決策」について研究発表を行った。一方，寸金学院経済学部の学生たちは金融班と電子商取引班の二班に分かれ，金融班は「Golden Bee（金蜜蜂）インターンシップ事例から考察する成果と課題」，電子商取引班は「ECを活用したコインランドリービジネス―可喜ハイエンド洗濯プラットフォームの事例」について，実践的な学外活動をベースとする発表を行った。今回の合同発表会を通じ，中国の大学生が経済・社会的課題に対してどのように主体的に調べているかについて多くのことを学んだほか，彼らのハングリー精神や向上心を強く感じる貴重な経験となった。

湛江での研修期間中には，欧米市場向けの革製品を生産する現地企業「湛江星陽実業有限公司」を訪問したほか，若者の起業支援を行うインキュベーター施設「TOWN」も見学したが，多くの中国の現役大学生が独自のアイディアを用いて勇敢に新たな事業にチャレンジする姿勢に感銘を受けた。また，湛江の特呈島（離島）でマングローブ保護の重要性についてNGO関係者からの説明を受けた後，特呈島の小学生たちとふれ合いながら，手作りのポスターや寸

写真７-11　ボランティア活動に参加した学生たちの様子
出所：朱永浩撮影。

写真７-12　COSHIP 広報担当者の説明を熱心に聞く学生たち
出所：朱永浩撮影。

劇を通してその大切さを伝えるボランティア活動を行った（写真７-11）。

深圳市では，中国の EC 市場を席巻するアリババが展開する会員制生鮮スーパーマーケット，OMO（オンラインとオフラインの融合）による盒馬鮮生（フーマーフレッシュ）の実店舗を視察する機会を得た。最新のデリバリーシステム，キャッシュレス決済などのテクノロジーを活用した様々な施策をユーザー目線で体験することができた[4]。

深圳市での研修活動では，市内企業の COSHIP（同洲電子）を訪問することができた。COSHIP は1994年に設立され，2006年には上場を果たした電気通信事業および関連機器の製造・販売に従事する企業であるが，同社が研究・開発した家をまるごと IOT 化したスマートハウス関連技術の説明のほか，同社副社長に約１時間のインタビューをすることができた。日常の学生生活では得難い経験は学生たちにとって大きな刺激となった（写真７-12）。

---

(4)　中国のキャッシュレス決済の現状と特徴については，朱永浩（2019）「中国におけるキャッシュレス化の現状と課題―O2O マーケティングの可能性」『ERINA REPORT (PLUS)』№146，環日本海経済研究所，pp.9-15を参照されたい。

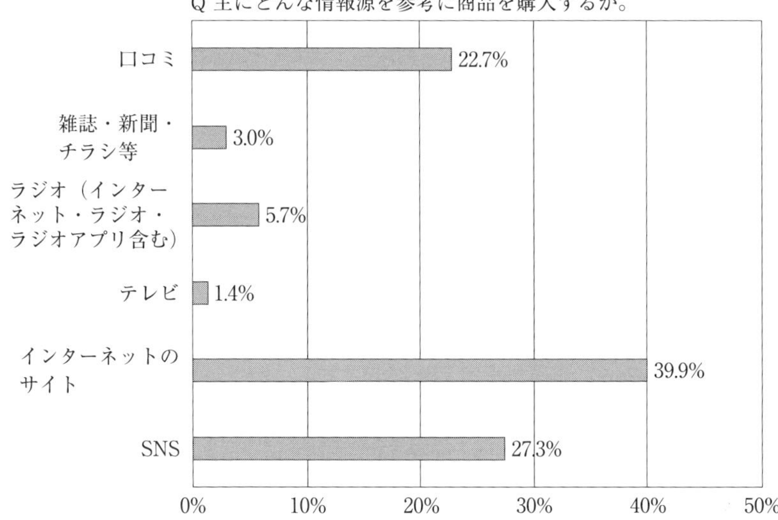

図７－３　商品購入のために中国の大学生が主に参考にする情報源

出所：朱永浩作成。

2.4.3　寸金学院での若者の消費行動に関するアンケート調査

前述の合同発表会の際に，寸金学院経済学部の在学生200名を対象とした若者の消費行動に関するアンケート調査が行われ，回答率は99％であった。アンケートの集計結果の一部を抜粋して見てみると，主に何を参考に商品を購入するかという質問に対して，インターネットのサイトと答えた人が39.9％，SNSが27.3％，口コミ22.7％，ラジオ（インターネット・ラジオ・ラジオアプリ含む）が5.7％，雑誌・新聞チラシ等が3.0％，テレビが1.4％という結果だった。この結果から，67.2％の学生がインターネットまたはSNSを参考にして商品を購入していることが読み取れ，中国の大学生の間でもインターネットを媒体とした購買行動が主流になっているということが分かった（図７－３）。

また，中国の大学生がよく利用する決済方法を見てみると，図７－４に示したようにQRコードを読み取るだけで決済が完了できるモバイル決済を利用する割合は全体の93.7％で，クレジットカード・デビッドカード・プリペイドカード・電子マネーなども合わせると98.0％がキャッシュレス決済を利用してい

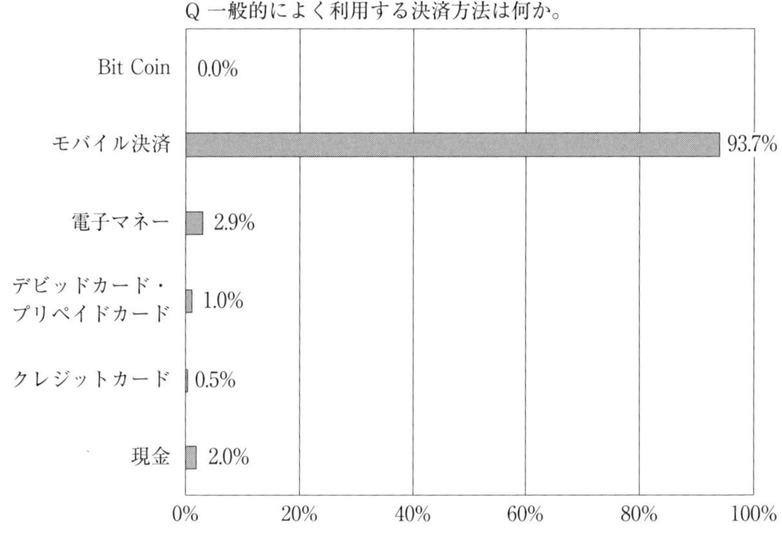

図７－４　中国の大学生が主に利用する決済方法

出所：朱永浩作成。

る。さらに，モバイル決済の使用頻度については，95.0％の大学生がほぼ毎回使用すると回答している。Alipay と WeChat Pay を中心としたモバイル決済の急速な普及により，キャッシュレス化が広く中国の若者消費者に浸透していることがうかがえる。

2.4.4　中国研修のまとめ

今回の中国研修に参加した朱ゼミ一行は，海外研修の目的を明確にし，事前準備をしっかり行うことで，実際に外の世界に踏み出して「現場主義」の大切さを学び，フィールドワークの基本的なスキルを習得することができた。そして，今回の中国研修を通して，日本との類似点や相違点について考察して国際感覚・異文化適応力とコミュニケーション能力を磨くことができ，その過程でゼミ生同士の関係もより親密になった。さらには，このグローバル時代に活躍する人材に不可欠とされる問題発見・解決能力，忍耐力・我慢強さなどといった多くの成果も得ることができた。

2.5　ブルネイ・マレーシア

2.5.1　海外フィールドワークの概要

佐野孝治特別演習で実施する海外フィールドワークは2019年で21回目を迎えた。2019年度は８月21日から９月５日（14泊15日）にかけて，教員１名と学生11名で，ブルネイとマレーシアへのフィールドワークを行った。ブルネイ，クアラルンプール，コタキナバル各地の，NGO，企業，大学などを視察し，University Malaya，Sunway University，National University of Malaysia，International Islamic University Malaysiaでは，若者の消費行動についてアンケート調査を行った。今回のスケジュールと主な内容は表７-10に示されたとおりである。以下では，その概要について紹介していきたい。

2.5.2　主な研修内容

今回のブルネイ・マレーシア研修は大きく分けて４つのプログラムからなっている。第一に，マレーシアの大学でのアンケート調査である。５カ国での若者の消費行動についての共通項目に加え，観光，食，ハラール意識，福島県に対する意識など30項目のアンケート調査を行った。マレーシアでは夏季休暇中であり，例年行っている研究報告や学生間の交流は実施できなかったが，８月29日にクアラルンプールにあるUniversity Malaya，Sunway University，National University of Malaysia，International Islamic University Malaysiaの４大学でのアンケート調査を行った。学生を４グループに分け，各大学のキャンパス内で大学生に直接アンケート用紙を配って記入してもらう方法で回収した。４大学の合計で123名と例年に比べ若干回収数は少なかったが，学生たちは広いキャンパスを走り回って積極的にアンケート調査を行った。マレー系66%，中華系24%，インド系５%，その他民族５%とほぼ多民族国家であるマレーシアの民族構成と同じ割合の回答が得られた。

第二に，単なる視察にとどまらず，マレーシアにおけるハラール市場と日系企業について研究を行った。事前学習として文献研究を行うとともに，日本貿易振興機構（JETRO）主催のビジネスセミナー「マレーシアの最新日本食品市場動向」（７月30日）に参加した。マレーシアでは，JETRO，キユーピー・マレーシア，ヨシノヤ・ハナマル・マレーシア，ISETAN，AEON，日本通運な

表7-10　佐野特別演習・ブルネイ・マレーシア・フィールドワーク内容

年月日	研修地	スケジュール
2019年 8月21日（水）	成田→クアラルンプール	移動
8月22日（木）	クアラルンプール→ブルネイ・バンダルスリブガワン	【午後】ロイヤル・レガリア，ブルネイ市内観光
8月23日（金）	ブルネイ・バンダルスリブガワン	【午前】在ブルネイ日本大使館 【午後】博物館，モスク観光
8月24日（土）	ブルネイ・バンダルスリブガワン	カンポン・アイール　水上集落の視察
8月25日（日）	ブルネイ→クアラルンプール	市内観光等
8月26日（月）	クアラルンプール	【午前】JETRO 事務所ブリーフィング 【午後】JTB 視察
8月27日（火）	クアラルンプール	【午前】H.I.S マレーシア視察，Edaran Komachi 視察 【午後】ISETAN 視察，ヨシノヤ・ハナマル・マレーシア視察
8月28日（水）	クアラルンプール	【午前】AEON 視察，キユーピーマレーシア視察 【午後】JNTO 視察，日本通運視察
8月29日（木）	クアラルンプール	【午前】University Malaya，Sunway University，National University of Malaysia，International Islamic University Malaysia でのアンケート調査 【午後】Soft Space 視察
8月30日（金）	クアラルンプール	市内観光，王立モスク等
8月31日（土）	セランゴール州	スカイミラー観光，バトゥ洞窟観光
9月1日（日）	クアラルンプール→コタキナバル	市内観光等
9月2日（月）	コタキナバル	グリーンツーリズム
9月3日（火）	コタキナバル→クアラルンプール	市内観光等
9月4日（水）	クアラルンプール→ホーチミン	市内観光等
9月5日（水）	ホーチミン→成田	移動

出所：佐野孝治作成。

どの日系企業でハラールへの対応についてインタビュー調査を行った。さらに若者の消費行動についてのアンケート項目に，ハラールに対する意識調査を加えて，民族ごとに集計・分析した。その結果，マレーシアにおけるムスリム人口の増加と所得増加，厳しい認証基準（JAKIM）によるハラールハブとしての地位，根強い若者のハラールの意識，ハラール認証を取得した日系企業の経済効果などから，マレーシアに進出する日系企業にとってハラール認証取得は有効であることを明らかにした。

写真7-13　University Malaya でのアンケート調査の様子
出所：佐野孝治撮影。

第三に，マレーシアから日本・福島へのインバウンドに関する調査である。これは2018年のタイにおける調査[(5)]をマレーシアでも実施したものであり，在マレーシア政府観光局をはじめ，JTB や HIS など日系旅行会社のマレーシア支店でのインタビュー調査を行った。マレーシアから日本への旅行は近年鈍化傾向にあり，FIT（個人旅行）が増えつつあること，また福島の原発事故に対する風評も一定残っており，福島を前面に押し出したプロモーションは難しいことなどが分かった。他方，調査だけでなく，コタキナバルの豊かな自然を活かしたグリーンツーリズムやセランゴール州のスカイミラーなど，日本にはない観光地も楽しんだ。

第四に，マレーシアへの福島県産農産物の輸出可能性に関する調査である。これは2017年のベトナムにおける調査[(6)]をマレーシアでも実施したものである。福島県産農産物の輸出は震災直後の2011年度に前年比９割減となり，2012年度には2.4トンにまで激減した。その後，V 字回復し，2019年には265トンと過去最多となっている。現在も規制が残る中で，輸出の拡大に寄与したのが，マレーシアへの米の輸出であり，マレーシア向け日本産米の７割が福島県産である。我々は，福島県庁や JETRO をはじめ，福島県産米を取り扱う Edaran Komachi 社や ISETAN や AEON でのインタビュー調査を行った。福島県産米はグレード A であり，家庭用として無洗米を販売していること，2017年までは福島県産米としては販売していなかったが，2018年に福島県産米と表示し

(5)　本書第３部 第11章参照。
(6)　本書第３部 第９章参照。

写真７-14　在ブルネイ日本大使館にて
出所：佐野孝治撮影。

写真７-15　マレーシア・スカイミラーにて
出所：佐野孝治撮影。

た後も特に悪影響はなかったこと，福島産の米や桃などについての風評被害はあまりないことなどが分かった。

2.5.3 「若者の消費行動」に関するアンケート調査

マレーシアは人口3239万人(2018年）であり，平均年齢は28歳，24歳以下の比率が45％と比較的若い人口が多い国である。またマレー系69％，中華系23％，インド系７％，その他民族１％の多民族国家である。我々の研修では，８月29日にクアラルンプールにあるUniversity Malaya，Sunway University，National University of Malaysia, International Islamic University Malaysiaの４大学で，30項目のアンケート調査を行い，民族別に集計・分析した。ここではマレーシア人大学生の消費行動について簡単に見てみたい。

まず，「主に何にお金を使うか」についての集計結果（図７-５）を見ると，全体では，第１位「旅行」，第２位「レジャー」，第３位「ファッション・ブランド品」の順である。民族別で見ても，全体と同じ傾向である。「旅行に求めるもの」では，第１位「他ではできない体験や学び」43％，第２位「現地の人たちとの交流」21％，第３位「リラクゼーション」21％の順である。マレーシアの観光が団体旅行から個人旅行にシフトしていることに加え，「モノ消費」から「コト消費」へのシフトが進んでいることの影響があると考えられる。

次に，「日本のブランドイメージのうち，あなたが最も魅力的だと感じるものはどれですか？」では，第１位は，「先進的な技術」28％，第２位は，「高い

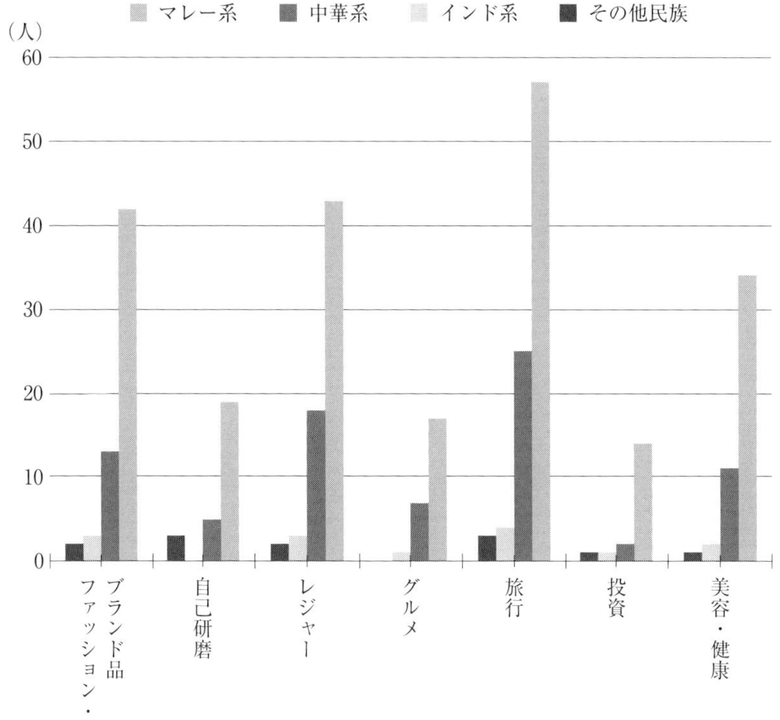

図７－５　主に何にお金を使いますか（3つまで選択可）
出所：佐野孝治作成。

品質」21%，第３位は，「アニメ・マンガ・かわいい」14%であった（図７－６）。民族別では，マレー系は同じ順位であるのに対し，中華系では「アニメ・マンガ・かわいい」の割合が，若干高めである。またインド系では「低価格」が第１位になっている。

2.5.4　まとめ

佐野特別演習の海外フィールドワークは学生主体のプログラムである。今回のブルネイ・マレーシア・フィールドワークでは，いくつかのチームに分けることで，若者の消費行動，マレーシアにおけるハラール市場と日系企業，マレーシアから日本・福島へのインバウンド，マレーシアへの福島県産農産物の輸

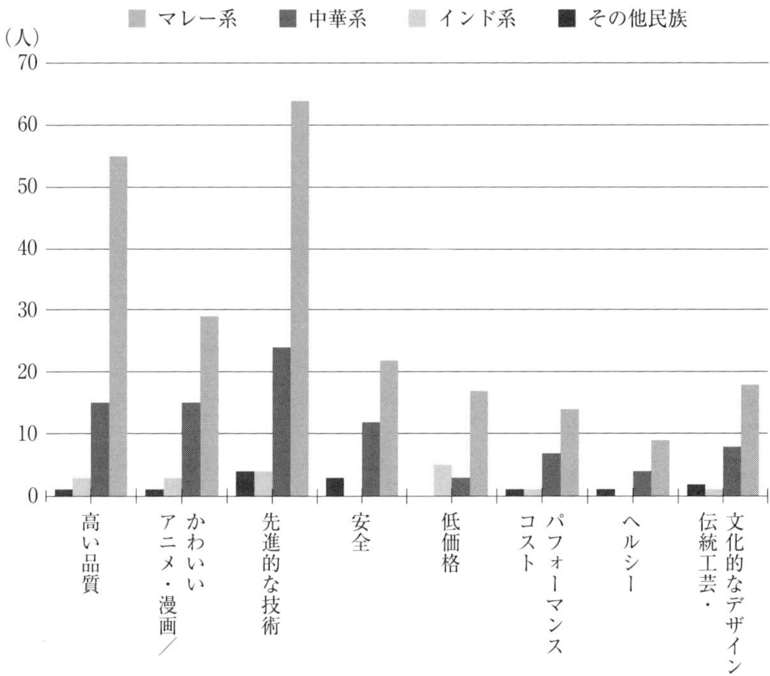

図7-6　日本のブランドイメージのうち，あなたが最も魅力的だと感じるものはどれですか？

出所：佐野孝治作成。

出可能性など多様なテーマに取り組むことが出来た。これにより，企画力，プレゼン力，行動力，国際感覚，論文執筆力など格段にレベルアップしたと評価できる。ただし，今回は，マレーシアの大学が夏季休暇中であり，大学でのプレゼンテーションや国際交流が十分に行えなかったことが残念である。

3 「ワールド・マーケット at Fukudai」の概要とその成果

3.1 「ワールド・マーケット at Fukudai」の概要

3.1.1 「ワールド・マーケット at Fukudai」事前準備

前節までの各教員およびその担当授業受講生による活動成果を受け，グローバル人材育成企画委員会は2019年10月より，これらの成果の学内外への発表方法および各研修で得られた知見の社会への還元方法について検討し，おおむね過年度と同様の大方針を立てた後，各授業の受講生代表との合同会議を４回開催し，成果発表に向けた実務的作業を進めた。そして，成果発表の日時は2020年１月17日（金）18時～20時15分，会場は福島市内の多目的施設「アオウゼ」の多目的ホールおよび調理実習室，成果発表のイベント名称を「ワールド・マーケット at Fukudai―「買いたい」を世界中で」とした。なお，この準備過程で合同会議は福島民報社および福島民友新聞社の取材を受け，その結果，イベントが2020年１月16日と21日の福島民報紙面，2020年１月21日の福島民友紙面，および１月30日の読売新聞で大きく紹介された。

3.1.2 「ワールド・マーケット at Fukudai」当日

2020年１月17日18時，「アオウゼ」大活動室には40名前後の来場者が集まり，時とともに60名以上に増加した。

イベントは各国の国旗を手にした各チームの代表者による現地の言語の挨拶「ようこそ！」で開会した。この後，イベントは学生の司会により進行され，まず貴田岡信経済経営学類長が歓迎の挨拶を述べ，次に実施責任者であるクズネツォーワ准教授がイベントの趣旨を説明した。また，同准教授の紹介により，各チームの教員が現地語で挨拶をした。

調査結果発表は，中国，アメリカ，ロシア，マレーシア，韓国の順で各チームが行なった。現地の若者の消費行動に関しては中国チームが主として若者のキャッシュレス事情を，アメリカチームは若者の利用頻度の高い外食，購買，娯楽施設の商品価格の日米比較を取り上げた。ロシアチームは極東地方における若者の消費行動の特徴を，マレーシアチームは多文化社会における諸民族の消費行動の差異を，韓国チームは韓国国内での決済方法に関する実情調査などを報告した。

前半３チームの発表終了後，ロシアチームがロシア語による歌を披露した。本イベントのメインである調査結果発表の調査対象が若者であることを考慮し，「カチューシャ」を選んだ。昭和後期の日本でも広く愛唱されたこの歌は，不安な社会情勢の中でも未来への希望と互いを思う気持ちを失わない若い男女が

写真７-16　ワールドマーケット・ポスター
出所：国際交流センターとグローバル人材育成企画委員会が共同で作成。

歌われており，イベントのテーマともよく合致する選択であった。

発表部の終了に際しては，学生司会者が来場者に感謝の意を伝え，各チーム代表者が現地の言語で「ありがとう」と挨拶した。

その後，来場者に各地域の軽食と飲料がふるまわれた。来場者は中国チームが提供する胡麻団子と烏龍茶，アメリカのマカロニチーズとレモネード，ロシアのビスケットとロシアンティー，マレーシアの揚げバナナとマイロ，韓国のトッポギと柚子茶を試食・試飲した。

来場者はまた，各チームのブースを回って各国の民族衣装を着たチームメンバーと写真に写りこみ，また民族衣装を試着し，自らのスマートフォンで撮影して楽しんだ。

3.2　成果と課題

「ワールド・マーケット」は，前年度，前々年度に実施した「ワールド・キッチン」「ワールド・ツアー」同様，グローバルな統一テーマを掲げ，経済経営学類の専門教育の授業と共通領域の授業，演習系の授業と外国語系の授業，教員と学生が協働して実現した，福島大学では極めて珍しいタイプの企画であった。このような協力体制の下で実施したイベントにはマスコミも注目し，前述のような事前取材のみならず，当日も福島民報新聞，福島民友新聞，読売新聞が取材に訪れ，翌日以降に紙面を大きく割いてこの模様を紹介した。福島大学経済経営学類におけるグローバル教育の今後のさらなる大きな展開を予告できた，という意味で極めて大きな成果であった。

写真７-17　オープニング　チーム代表者の各国語による挨拶
出所：クズネツォーワ　マリーナ撮影。

4　おわりに

今回の海外研修プログラムに参加した学生を対象に，帰国後「福島大学・グローバル人材育成・海外研修事後アンケート」を行った。福島大学の経済経営学類，行政政策学類，人間発達文化学類，現代教養コース，地域政策科学研究科の学生（合計46名）が，本研修を通して身に付いたと思う力について５段階評価で回答した。その集計結果は表７-11および図７-７のとおりである。

写真７-18　来場者に調査結果を説明――中国ブースにて
出所：クズネツォーワ　マリーナ撮影。

海外研修の性格や参加学生数などにより派遣国の間に若干のばらつきはあるものの，各国平均の数値を見ると，まず「国際感覚・異文化適応力」(4.4) と「幅広い視野」(4.3) の２項目がともに高いことがわかる。これは本プログラムの骨子であるグローバル人材に求められる異文化理解や多文化共生といった趣旨を参加学生が理解し，自らのものとして吸収した結果であると評価できる。同じように，実地調査や交流活動などのプログラムを遂行する上で必要となる「積極性」(4.3)，「忍耐力・我慢強さ」(4.3)，「コミュニケーション能力」(4.0) などの項目も，実際に海外で行ったアンケート調査などの経験を通して，その重要性を実感したことが，このような高評価につながったと考えられる。「判断力・決断力」(4.0)，「問題発見・解決能力」(3.9) の２項目も比較的高い評価に

表７-11　福島大学・グローバル人材育成・海外研修事後アンケート（2019年度）

海外研修によって身についたと思う力についての自己評価
（５：強くそう思う　４：かなりそう思う　３：少しそう思う　２：どちらとも言えない　１：そう思わない）

	訪問国 （参加学生人数）	韓国 （14名）	アメリカ （５名）	ロシア （４名）	中国 （11名）	ブルネイ・マレーシア （４名）	各国平均
1	外国語能力	3.4	3.6	3.8	2.4	3.3	3.3
2	国際感覚・異文化適応力	4.2	4.8	4.0	4.9	4.0	4.4
3	幅広い視野	4.3	4.6	4.3	4.6	3.8	4.3
4	専門知識・技能	3.2	3.0	3.0	3.7	3.8	3.3
5	交渉力・プレゼンテーション技術	3.0	3.8	3.0	4.1	3.8	3.5
6	コミュニケーション能力	4.3	4.0	3.8	4.6	3.5	4.0
7	問題発見・解決能力	3.6	4.2	3.8	3.9	3.8	3.9
8	判断力・決断力	3.6	4.4	4.3	4.0	3.8	4.0
9	積極性	4.1	4.8	4.3	4.7	3.8	4.3
10	忍耐力・我慢強さ	3.9	4.8	4.8	4.3	3.8	4.3

出所：グローバル人材育成企画委員会で作成。

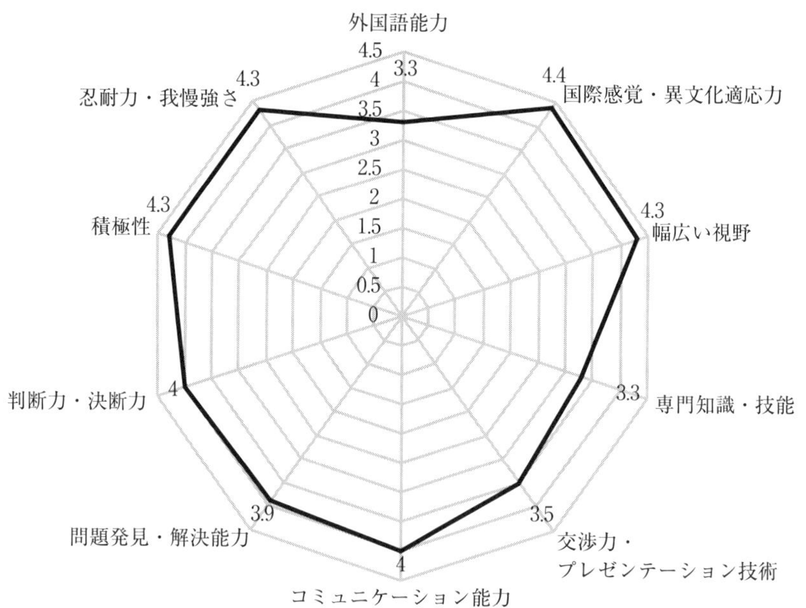

図７-７　2019年度海外研修事後アンケート（各国平均）
出所：グローバル人材育成企画委員会作成。

なっている。一方,「交渉力・プレゼンテーション技術」(3.5),「外国語能力」(3.3),「専門知識・技能」(3.3) といった知識や技術的な側面に関する項目は,各派遣国での研修内容にともない各グループで評価に差が見られるが,全体的には,いずれも「少しそう思う」に該当する評価となった。

総じて,本研修を通して多くの参加学生は,「海外」というこれまでとは違う新たなフィールドに活動を伸ばすスタートを切ったと言えよう。彼らがさらなる経験を積み,ますます国際的感覚を磨き,グローバル化の進む現代社会で活躍していけるように,また,新たにスタートを切ろうと願っている学生を後押しできるように,今後もグローバル人材育成企画委員会はたゆまぬ努力を続けていきたい。

第3部　多文化体験による国際人育成プログラム
——海外の認識に関する国際比較アンケート

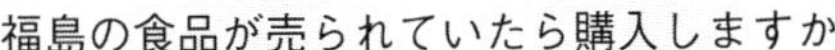

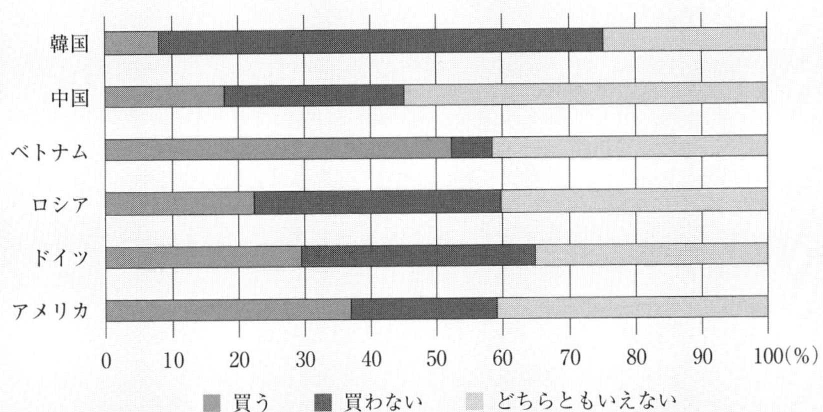

注：福島県の「食」について海外の大学生の認識を問うアンケートの回答のまとめの一例。

第２部で紹介したように，福島大学経済経営学類グローバル人材育成企画委員会では，「多文化体験による国際人育成プログラム」において，2017-2019年度に，毎年共通テーマを設定し，そのテーマについて，渡航先（韓国・中国・東南アジア・ロシア・ドイツ・アメリカ）の大学生にアンケート調査を行い，関係機関等へのインタビュー調査などを行ってきた。第３部では，そこでのアンケート調査の結果を，渡航先同士の国際比較によって紹介する。また，アンケートの結果を深堀りすべく，共通テーマに関するケーススタディについても紹介する。

第３部の構成は６章からなり，大きく次の３区分からなる。

第８章・第９章では，食に関する調査結果を，特に福島の食品の安全性に焦点をあてて示す。これらの章は，第５章で紹介した，食に関するプログラムをもとにとりまとめたものである。第８章では，福島の食品への安全性の認識を高めることが福島の食品の購入につながるか，福島の食品への安全性の認識をどう高めるかなどについて，アンケート調査をもとに検討している。第９章では，福島の梨に着目し，ベトナムでの食に関する関係機関，福島県での梨の生産者などへのヒアリングも踏まえ，ベトナムにおける福島の食の発信について検討している。

第10章・第11章では，観光に関する調査結果を，特に日本・福島へのインバウンドに焦点をあてて示す。これらの章は，第６章で紹介した，観光に関するプログラムをもとにとりまとめたものである。第10章では，海外の大学生の，旅行へのスタンス，日本・福島への観光に求めることなどについて，アンケート調査をもとに検討している。第11章では，タイから日本・福島へのインバウンドに関わる複数の関係者へのインタビュー，タイから日本へのインバウンドを促すパンフレットやSNSにおける福島の取り上げられ方についての集計などを行い，タイから福島へのインバウンドの現状と課題について考察している。

第12章・第13章では，若者の消費行動に関する調査結果，例えば大学生の商品購入時の決済方法（キャッシュレス化・モバイル決済）を検討する。これらの章は，第７章で紹介した，若者の消費行動に関するプログラムをベースにとりまとめたものである。第12章では，大学生のお金の使い道についての意識と実際，それらの影響要因などについて，アンケート調査をもとに検討している。第13章では，現地調査の結果も踏まえて，中国におけるモバイル決済の現状，オンラインでのプロモーション活動によってオフラインでの販売促進につなげる仕組みの現状とその背景などについて言及する。

第３部を通して，食・観光・若者の消費行動という３つの観点から，韓国・中国・東南アジア・ロシア・ドイツ・アメリカの大学生の考え方を，ケーススタディとともに確認することで，東日本大震災と東京電力福島第一原子力発電所事故による，いわゆる海外からの風評被害を乗り越える新たな手がかりを見出しうると筆者らは考えている。その具体的な手がかりを第３部でくみ取って頂きたい。（沼田　大輔）

第8章

福島県の「食」についての海外の大学生の認識比較[(1)]

沼田　大輔

1　はじめに

第2部で述べてきたように，福島大学経済経営学類グローバル人材育成企画委員会（以下，グローバル企画委員会）では，福島大学学生教育支援基金[(2)]の補助を受け，韓国・中国・東南アジア・ロシア・ドイツ・アメリカなどの経済・文化・言語を扱う学生・教員が，共通の視点で学び合う取り組みを実施している。

第5章で示したように，2017年度は，共通の視点として，大学生の日々の生活になじみの深い「食」を据え，「多文化体験による国際人育成フログラムの創出～食を通して～」という取り組みを行った。そこでは，福島大学や教員個人が関係を有する海外の大学等の学生に，語学研修・海外調査などで渡航した学生が，福島県の「食」についての認識などを問うアンケート調査（以下，食に関するアンケート）を現地の言葉で実施した。本章は，その調査結果の国際比較を，福島県の食に焦点をあてて行う。

東京電力福島第一原子力発電所事故からの風評払拭に向けた取り組みが，福島県知事による福島の食のトップセールスをはじめ，様々に行われている。たとえば福島県は2018年4月に「福島県県産品輸出戦略」を発表し，2020年度の輸出目標額を12億円に設定して，2016年度の3倍増を目指している。具体的に

(1)　本章は，沼田ほか（2018）を加筆修正したものである。

(2)　福島大学学生教育支援基金については，福島大学のホームページの学生教育支援基金の欄（http://www.fukushima-u.ac.jp/donation/education/（2020年6月28日アクセス））を参照されたい。

は，タイ，マレーシアなどの５カ国を重点地域に位置付け，国ごと，分野ごとの活動方針，優先順位を決め，輸出戦略を立てている。

しかし，農林水産省ホームページによると，福島県産の食品の輸入規制を続けている国が見られる。福島県（2018）によると，日本全体の食品の輸出額は東日本大震災後の７年間で倍増しているが，福島県の農産物の輸出量は東日本大震災前の水準を回復したにすぎない。国内外10カ国の20-60歳代の約１万2500人にインターネットで実施したアンケート調査によると，福島県産農産物への不安を訴える回答は，欧米よりもアジア圏で多く，「放射性物質検査で多くの福島県産農産物と食品の放射性物質濃度が検出限界値未満となっていること」について，知らないと回答した人の割合は年々増加している[(3)]。本章は，このような現状を打開する足掛かりを得るべく，福島大学とつながりのある諸外国の学生が，福島県の食をどう認識しているかなどについてまとめたものである。

以下，本章の構成は次のとおりである。２節では，食に関するアンケートの構成・実施概要・回答者の属性を述べる。３節では，２節で示した食に関するアンケートのうち，福島県の食への認識についての回答を分析する。そして，４節で，本章のまとめと残された課題を示す。なお，福島県の食以外についてのアンケート結果，多文化・多様な価値観を受け入れられる人材を育成する教育プログラムとしての側面については，５章を参照されたい。

2　食についての海外の大学生の認識に関するアンケートの概要

食に関するアンケートは，グローバル企画委員会に出席している教員の授業・ゼミなどの受講生からの意見を適宜取り入れて作成した。本章末の付録８－１は，実際のアンケートの日本語版を選択肢などとともに示したものである。まず，一般的な社会的属性である性別・年齢などを聞き（設問１－３，設問８），次に，回答者の国の食一般（設問４－７，設問９－10），和食（設問12-17）について尋ね，最後に，東日本大震災や福島の食についての認識を尋ねた（設問

⑶　福島民報新聞2017年12月６日１面「県産食品　欧米よりアジアで「不安」」

18-21)。そして，日本語版を，韓国語・中国語・ベトナム語[4]・ロシア語・ドイツ語・英語に翻訳し，海外の大学の関係者と調整して実施した。

表８-１は，食に関するアンケートを，どのような学生研修の中で，どのように実施したかをまとめたものである。韓国・ロシア・ドイツ・アメリカについては語学研修の中で，中国については中国経済に関する専門演習（ゼミ）の海外調査，ベトナムについては開発経済に関する専門・特別演習の中で実施した。ベトナム・ドイツ・アメリカについては，２つ以上の大学で実施した。食に関するアンケートの実施場所・時期・方法は，各国における研修の形態などに応じて，引率教員と現地の間での調整などによって決めた。紙を配付してその場で書いてもらった国もあれば，インタビュー形式やインターネットで実施した国もある。ロシアについては，現地の大学のスケジュールとの兼ね合いで，現地の大学の関係者にアンケートの配布・回収を依頼した。なお，日本語版のアンケートをどう各国版に翻訳したかなども回答に影響していると考えられるが，本章ではそこには踏み込まない。

表８-２は，表８-１のようにして実施したアンケートの回答者の属性を示したものである。複数の大学で実施したベトナム・ドイツ・アメリカについては，注に，大学ごとのサンプル数も示している。サンプル数が200を超える国もあれば，２桁台のサンプル数の国もある。

表８-２における「男性の割合」「24歳までの割合」「日本に来たことがある割合」は，いずれも各国の全回答者数に占める割合を示している。男性の割合は，ロシアが７割を超えているのに対し，中国・ベトナム・アメリカは２割台である。24歳までの割合は，中国・ベトナム・ロシア・アメリカが９割台であるのに対し，韓国・ドイツは６割程度である。日本に来たことがある割合は，韓国・アメリカが２割前後であるのに対し，中国・ベトナム・ロシアは１割以下である。このように，各国間で，アンケートの回答者の属性は大きく異なっている。

(4)　東南アジアについては，毎年訪問国が異なり，2017年度はベトナムであった。ベトナムでのアンケートは，設問１，２，８，11，14，16，18，19，20，21のみを尋ねるアンケートに修正して実施した。

表８－１　食に関するアンケートの実施概要

国名	韓国	中国	ベトナム	ロシア	ドイツ	アメリカ
引率教員	伊藤俊介教授	朱永浩教授	佐野孝治教授	クズネツォーワ マリーナ准教授	グンスケフォンケルン マルティーナ教授	マッカーズランド フィリップ教授
福島大学における授業名	韓国朝鮮語	朱専門演習	佐野専門演習・特別演習（海外調査 アジア）	特別演習 実践ロシア語演習	特別演習 実践ドイツ語演習	特別演習 Work Experience Abroad
渡航先での滞在期間	2017年８月３-19日	2017年９月６-14日	2017年９月20-30日	2017年８月13-20日	2018年２月25日-３月30日	2017年８月６日-９月26日
渡航した学生数	８人	８人	９人	４人	７人	５人
アンケートの実施場所（括弧内は所在地）	中央大学校（ソウル）	広東海洋大学寸金学院（広東省）	ハノイ国家大学（ハノイ）ホアセン大学（ホーチミン）	極東国立交通大学（ハバロフスク）	ルール大学ボーフム（ボーフム）Heinrich Heine大学（デュッセルドルフ）	セントトーマス大学／ライス大学／ヒューストン大学（いずれもヒューストン）など
アンケートの実施時期	2017年８月９日・11日	2017年９月７日（文学部）2017年９月８日（外国語学部・経済学部）	2017年９月22日（ホアセン大学）2017年９月28日（ハノイ国家大学）	2017年９月	2018年２月26日・27日（ルール大学ボーフム）2018年３月７日・14日・28日（Heinrich Heine大学）	2017年９月14日・16日など
アンケートの実施方法	大学構内での聞き取り	授業中にアンケート用紙を配付	授業中に，もしくは，大学構内でアンケート用紙を配付	授業中にアンケート用紙を配付	大学構内での聞き取り	授業中にアンケート用紙を配付，もしくは，インターネットで実施

出所：筆者作成。

3　福島の食についての海外の大学生の認識に関するアンケート結果

本節では，福島の食など東日本大震災に関する設問18-21について見る。3.1項では単純集計による国際比較，3.2項では設問19（福島の食品を安全と思うか）と設問21（福島の食品がスーパーで売られていたら購入するか）の関係について

表８－２　食に関するアンケートの回答者の属性

	韓国	中国	ベトナム	ロシア	ドイツ	アメリカ
サンプル数	102	173	235[注1]	114	210[注2]	78[注3]
男性の割合（%）	45	24	23	73	51	28
24歳までの割合（%）	56	94	98	98	60	94
日本に来たことがある割合(%)	18	9	6	1	11	24

注１：ハノイ国家大学 184，ホアセン大学 51
　２：ルール大学ボーフム 105，Heinrich Heine 大学 105
　３：セントトーマス大学 43，ライス大学 29，ヒューストン大学 ３，その他 ３
出所：筆者作成。

の国際比較，3.3項では設問19（福島の食品を安全と思うか）と設問20（福島の食品は安全性の検査がされていることを知っているか）の関係についての国際比較を行う。なお，設問18-21について無回答がある個票，設問20について付録８－１に示した日本語版アンケートにない選択肢を回答した個票は，本章におけるサンプルから除外し，サンプル数は，韓国が100，中国が163，ベトナムが229，ロシアが107，ドイツが204，アメリカが78である。なお，ドイツについては，国籍も尋ねたため，回答者に日本人も含んでいることが分かったが，他国では国籍を尋ねていないため，サンプルには日本人の回答も含めている。

3.1　東日本大震災や福島の食についての単純集計による国際比較

図８－１は，東日本大震災による福島の被害について知っている回答者が全サンプル数に占める割合を各国別に示したものである。いずれの国も福島の被害を知っている回答者の割合はかなり高く，韓国・中国・ベトナム・ドイツでは９割台，ドイツでは97%である。

図８－２は，福島の食品を安全と思う回答者が全サンプル数に占める割合を各国別に示したものである。福島の食品を安全と思う回答者の割合は低い傾向が伺われ，韓国・中国は一桁台である。このことは，福島県（2018）における「厳しい輸入規制が続く中国，韓国などの隣国では，（中略）今なお『FUKUSHIMA』を危険な地域と感じる市民が多く存在している」という言及に合致する。

なお，ベトナムは他国と比べて，安全と思う割合が高い。この背景には，福島大学からの一行が，ホアセン大学で，2016年度に，福島県における食品の検査体制について，研究者・学生向けのセッションで報告したため，一部の回答

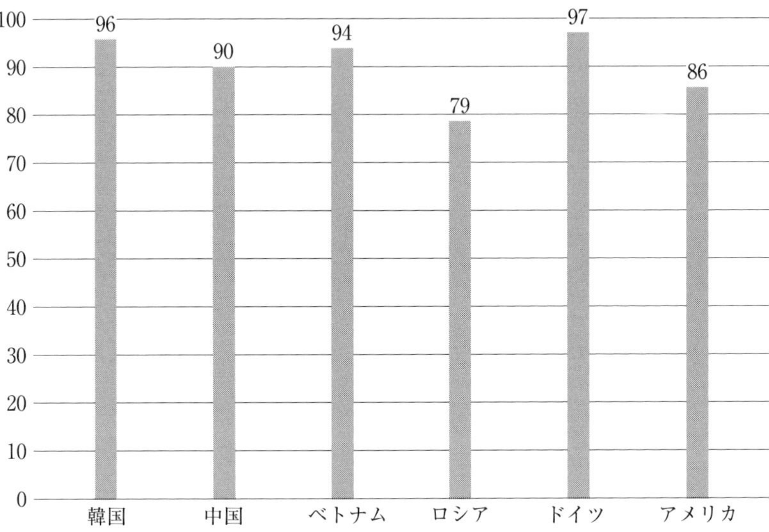

図８－１　東日本大震災による福島の被害について知っている回答者の割合（%）
出所：筆者作成。

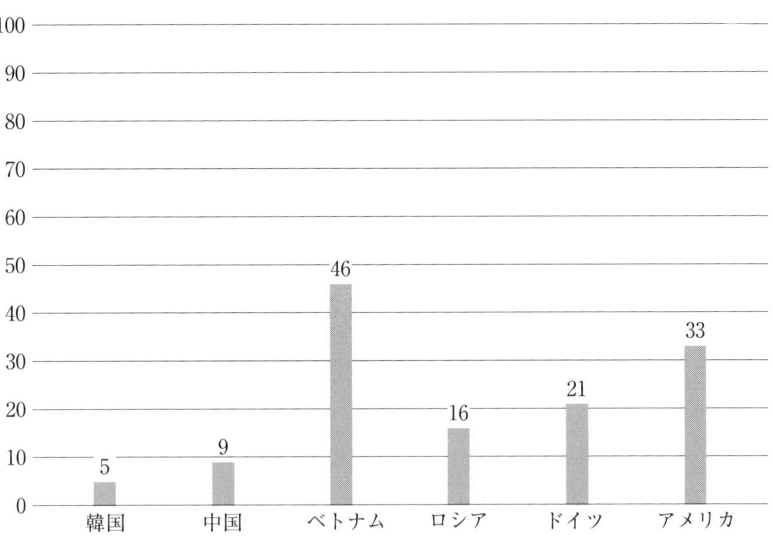

図８－２　福島の食品を安全と思う回答者の割合（%）
出所：筆者作成。

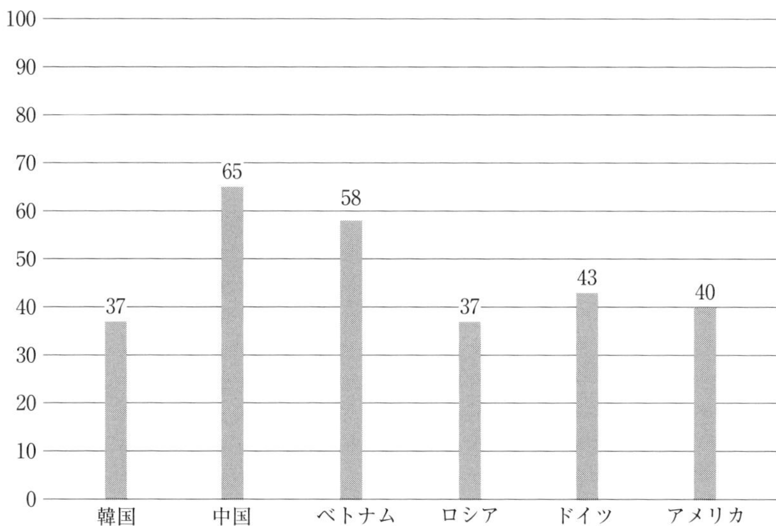

図8－3　福島の食品は安全性の検査がされていることを知っている回答者の割合（%）

出所：筆者作成。

者は福島県の食品の検査についてあらかじめ把握していた可能性がある。このことの影響などについては，9章を参照されたい。

図8－3は，福島の食品は安全性の検査がされていることを知っている回答者が全サンプル数に占める割合を各国別に示したものである。中国・ベトナムでは，福島の食品は安全性の検査がされていることを知っている回答者の割合が相対的に多い。一方，韓国・ロシアでは，安全性の検査がされていることを知っている回答者の割合が相対的に小さい。

なお，1節で紹介した，国内外10カ国の約1万2500人へのアンケート調査では，「放射性物質濃度が検出限界値未満となっていること」への認知を問い，図8－3では放射性物質濃度に関しては尋ねていない点に注意されたい。

図8－4は，福島の食品がスーパーで売られていたら購入する回答者が全サンプル数に占める割合を各国別に示したものである。韓国ではその割合は8％と最も低く，次に中国が低い。一方，ベトナム・アメリカでは，52%・37%と相対的に高い。これらの大小関係は，図8－2と同じであり，「福島の食品の安

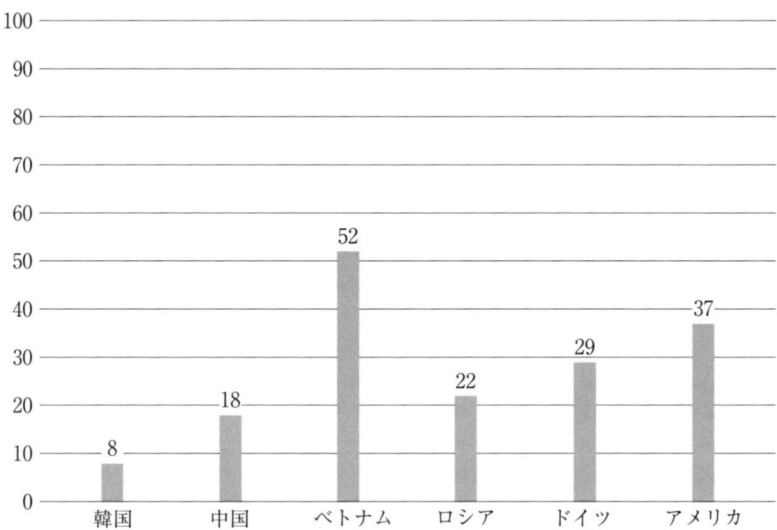

図８－４　福島の食品がスーパーで売られていたら購入する回答者の割合（%）
出所：筆者作成。

全性の認識」と「福島の食品の購入」は関係があることが推察され，この詳細については3.2項で述べる。なお，福島県（2018）によると，農産物の地域別活動の重点地域の一つとしてベトナム，加工食品・６次化商品・酒類の地域別活動の重点地域の一つとしてアメリカが挙げられており，それらの国々で福島県は販路拡大活動を行うとしている。

3.2　「福島の食品の安全性の認識」と「福島の食品の購入」の関係についての国際比較

図８－５から図８－10は，「福島の食品を安全と思うか」（設問19）の回答と「福島の食品がスーパーで売られていたら購入するか」（設問21）の回答のクロス集計を，韓国・中国・ベトナム・ロシア・ドイツ・アメリカそれぞれについて，全サンプルに占める割合で示したものであり，特筆すべき％について具体的な数値を追記している。縦軸は「福島の食品を安全と思うか」について「安全と思わない」「どちらともいえない」「安全と思う」の３つの選択肢，横軸は

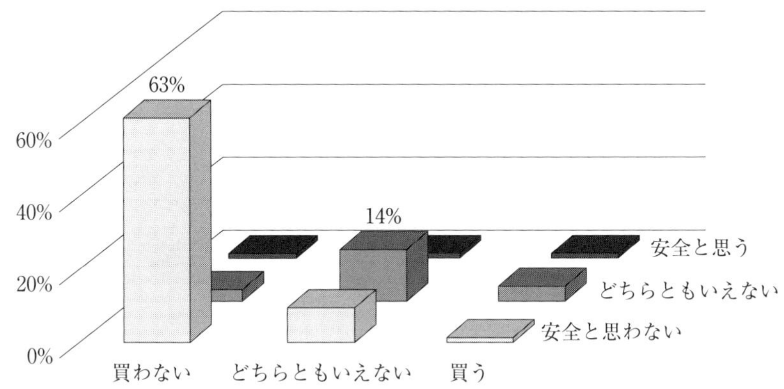

図８－５　「福島の食品の安全性の認識」と「福島の食品の購入」の関係（韓国）
出所：筆者作成。

「福島の食品がスーパーで売られていたら購入するか」について「買わない」「どちらともいえない」「買う」の３つの選択肢を示している。そして，「福島の食品は安全と思うか」の選択肢と「福島の食品がスーパーで売られていたら購入するか」の選択肢からなる９つの組み合わせについて，回答者の全サンプルに占める割合を示している。

図８－５より，韓国では，「福島の食品を安全と思わない」と「福島の食品を買わない」の組み合わせの回答者が，全サンプルの63%を占め，その割合は後述する図８－６から図８－10で示す他国に比してかなり多い。そして，次に，「福島の食品の安全性についてどちらともいえない」と「福島の食品を買うか否かはどちらともいえない」の組み合わせの回答者が14%を占め，後述の図８－６から図８－10における同じ組み合わせの回答者の割合に比して相対的に少ない。

図８－６より，中国では，「福島の食品の安全性についてどちらともいえない」と「福島の食品を買うか否かはどちらともいえない」の組み合わせの回答者が，全サンプルの50%を占めている。そして，「福島の食品の安全性についてどちらともいえない」という回答は，「福島の食品を買わない」「福島の食品を買う」の組み合わせと合わせると全サンプル数の73%を占めている。

図８－７より，ベトナムでは，「福島の食品を安全と思う」と「福島の食品を

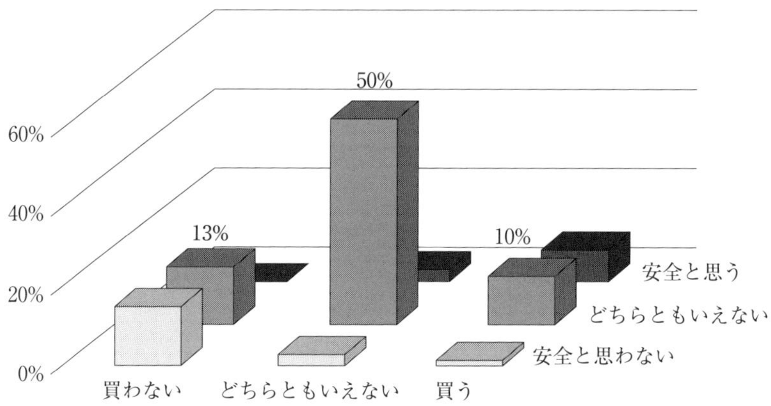

図8-6　「福島の食品の安全性の認識」と「福島の食品の購入」の関係（中国）
出所：筆者作成。

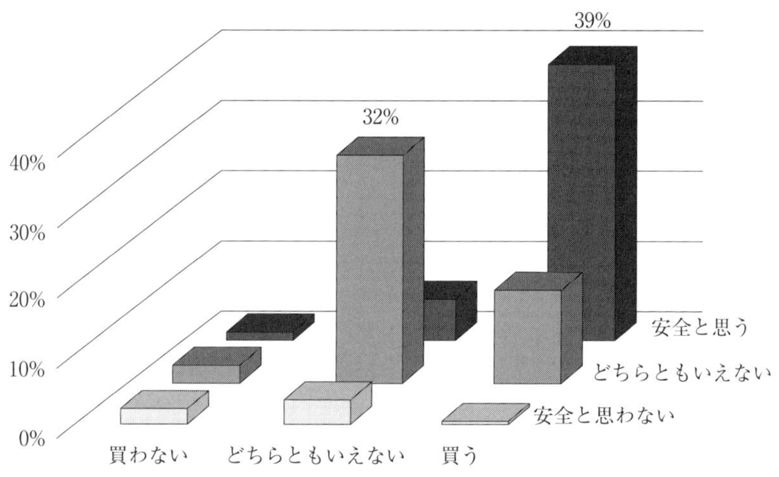

図8-7　「福島の食品の安全性の認識」と「福島の食品の購入」の関係（ベトナム）
出所：筆者作成。

買う」の組み合わせの回答者が，全サンプルの39%を占めており，図8-5で見た韓国における「福島の食品を安全と思わない」と「福島の食品を買わない」の組み合わせの回答者が，全サンプルの63%を占める状況とは対極的な傾

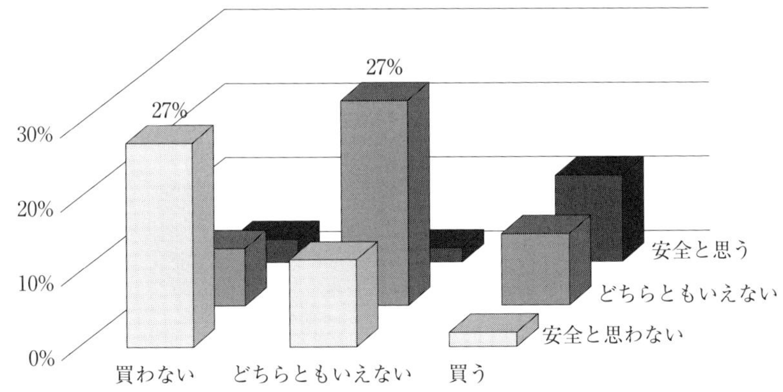

図８－８　「福島の食品の安全性の認識」と「福島の食品の購入」の関係（ロシア）
出所：筆者作成。

向が伺われる。一方で，「福島の食品の安全性についてどちらともいえない」と「福島の食品を買うか否かについてどちらともいえない」の組み合わせの回答者が32%を占めており，韓国における同じ組み合わせの割合よりも20%近く高い。

図８－８より，ロシアでは，「福島の食品を安全と思わない」と「福島の食品を買わない」の組み合わせの回答者，および，「福島の食品の安全性についてどちらともいえない」と「福島の食品を買うか否かについてどちらともいえない」の組み合わせの回答者がいずれも，全サンプルの27%を占めている。しかしながら，韓国・中国に比して，これらの組み合わせの占める割合が突出して多くはない。

図８－９より，ドイツでは，「福島の食品を安全と思わない」と「福島の食品を買わない」の組み合わせの回答者が，全サンプルの23%を占め，次に多いのが，「福島の食品を買うか否かについてどちらともいえない」と「福島の食品の安全性についてどちらともいえない」の組み合わせの回答者が21%となっている。しかしながら，これらの組み合わせもロシア同様，突出して多くはなく，ロシア以上に様々な組み合わせの回答が見られる。

図８－10より，アメリカでは，「福島の食品の安全性についてどちらともいえない」と「福島の食品を買うか否かについてどちらともいえない」の組み合わ

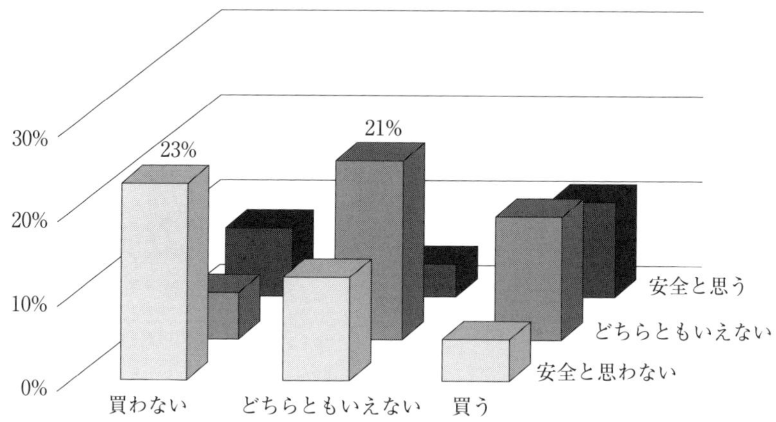

図８－９　「福島の食品の安全性の認識」と「福島の食品の購入」の関係（ドイツ）
出所：筆者作成。

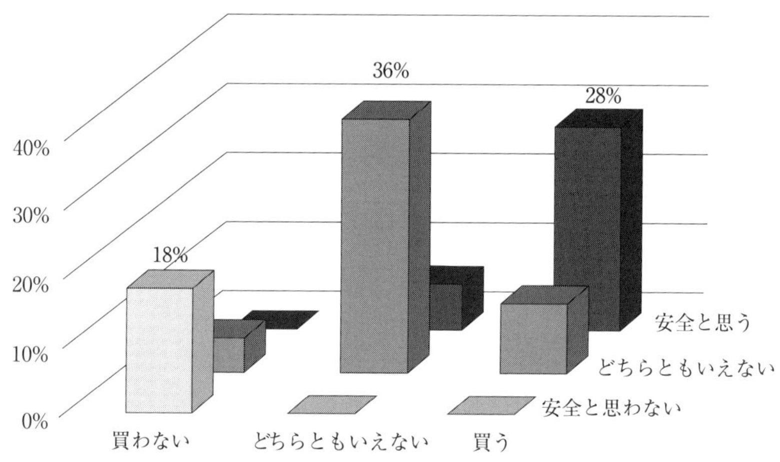

図８－10　「福島の食品の安全性の認識」と「福島の食品の購入」の関係（アメリカ）
出所：筆者作成。

せの回答者が，全サンプルの36％を占めて最も多く，次に，「福島の食品を安全と思う」と「福島の食品を買う」の組み合わせの回答者が28％，「福島の食品を安全と思わない」と「福島の食品を買わない」の組み合わせの回答者が18％と続いている。すなわち，「福島の食品への安全性の認識」と「福島の食品の購入」は相関があることが伺われる。

以上の下で，「福島の食品の安全性の認識」と「福島の食品の購入」の関係についての統計的な確からしさを，６カ国について検討した結果，いずれの国も，「福島の食品の安全性の認識」を高めることで，「福島の食品の購入」が増える可能性があることが分かった（詳細は，沼田ほか（2018）を参照されたい）。

3.3 「福島の食品が安全性の検査がされていることの認知」と「福島の食品の安全性の認識」の関係についての国際比較

図８-11から図８-16は，「福島の食品は安全性の検査がされていることを知っているか」（設問20）の回答と「福島の食品を安全と思うか」（設問19）の回答のクロス集計を，韓国・中国・ベトナム・ロシア・ドイツ・アメリカそれぞれについて，全サンプルに占める割合で示したものであり，特筆すべき％について具体的な数値を追記している。縦軸は「福島の食品は安全性の検査がされていることを知っているか」について「検査を知らない」「検査を知っている」の２つの選択肢，横軸は「福島の食品を安全と思うか」について「安全と思わない」「どちらともいえない」「安全と思う」の３つの選択肢を示している。そして，「福島の食品は安全性の検査がされていることを知っているか」の選択肢と「福島の食品を安全と思うか」の選択肢からなる６つの組み合わせについて，回答者の全サンプルに占める割合を示している。

図８-11より，韓国では，「福島の食品は安全性の検査がされていることを知らない」と「福島の食品を安全と思わない」の組み合わせの回答者が，全サンプルの46％と最も多く，その割合は後述する図８-12から図８-16で示す他国に比してかなり多い。また，「福島の食品は安全性の検査がされていることを知っている」と「福島の食品を安全と思わない」の組み合わせの回答者が，全サンプルの28％を占め，その割合も後述する図８-12から図８-16で示す他国に比して多い。

図８-12より，中国では，「福島の食品は安全性の検査がされていることを知っている」と「福島の食品は安全と思うか否かはどちらともいえない」の組み合わせの回答者が，全サンプルの46％と最も多い。そして，次に多いのが，「福島の食品は安全性の検査がされていることを知らない」と「福島の食品は

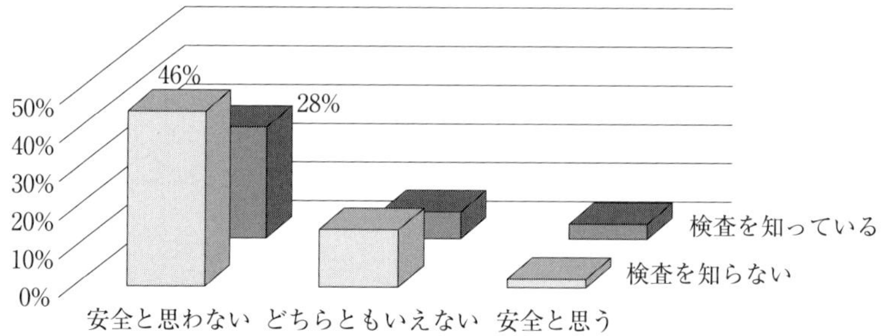

図８-11　「安全性の検査の認知」と「福島の食品の安全性の認識」の関係（韓国）

出所：筆者作成。

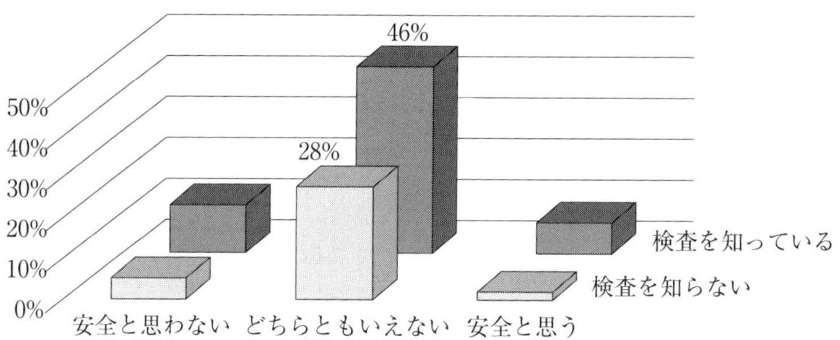

図８-12　「安全性の検査の認知」と「福島の食品の安全性の認識」の関係（中国）

出所：筆者作成。

安全と思うか否かはどちらともいえない」の組み合わせで，全回答者の28％を占めている。

図８-13より，ベトナムでは，「福島の食品は安全性の検査がされていることを知っている」と「福島の食品を安全と思う」の組み合わせの回答者が，ベトナムの全サンプルの34％と最も多く，次に，「福島の食品は安全性の検査がされていることを知らない」と「福島の食品を安全と思うか否かはどちらともいえない」の組み合わせの回答者が26％を占めている。そして，「福島の食品を安全と思うか否かはどちらともいえない」「福島の食品を安全と思わない」回答者について，「安全性の検査がされていることを知らない」（それぞれ26％・

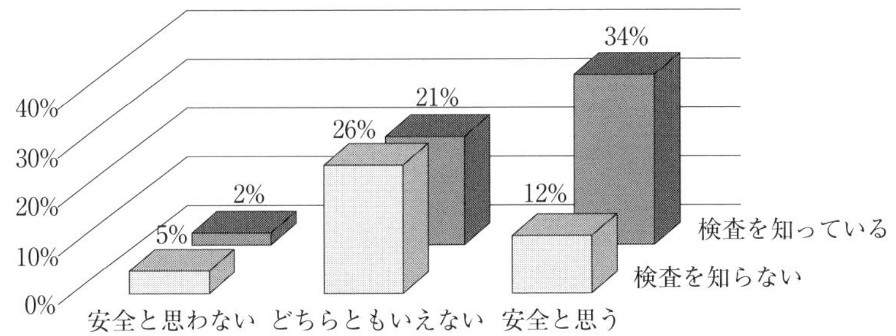

図８-13 「安全性の検査の認知」と「福島の食品の安全性の認識」の関係（ベトナム）
出所：筆者作成。

５％）が「安全性の検査がされていることを知っている」（それぞれ21％・２％）よりも多い一方で，「福島の食品を安全と思う」回答者について，「安全性の検査がされていることを知っている」（34％）が「安全性の検査がされていることを知らない」（12％）よりも多い。このことは，安全性の検査の認知によって，福島の食品を安全と思わない・どちらともいえないが減り，安全と思うに変化する可能性と示唆している。

図８-14より，ロシアでは，「福島の食品は安全性の検査がされていることを知らない」と「福島の食品を安全と思うか否かはどちらともいえない」の組み合わせの回答者が34％で最も多い。そして，次に多いのが，「福島の食品は安全性の検査がされていることを知らない」と「福島の食品を安全と思わない」の組み合わせの回答者で，全サンプルの24％を占めている。ベトナムと同様，安全性の検査の認知によって，福島の食品を安全と思わない・どちらともいえないが，安全と思うに変化する可能性が伺われる。

図８-15より，ドイツでは，「福島の食品は安全性の検査がされていることを知らない」と「福島の食品を安全と思うか否かはどちらともいえない」の組み合わせの回答者が24％で最も多いが，「福島の食品は安全性の検査がされていることを知らない」と「福島の食品を安全と思わない」の組み合わせの回答者が23％と拮抗している。図８-９と同様に，これらの組み合わせが突出して多いことはなく，様々な組み合わせの回答が見られる。

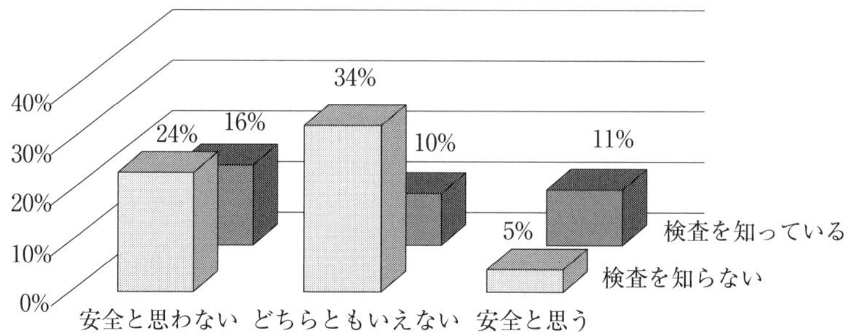

図8-14 「安全性の検査の認知」と「福島の食品の安全性の認識」の関係（ロシア）

出所：筆者作成。

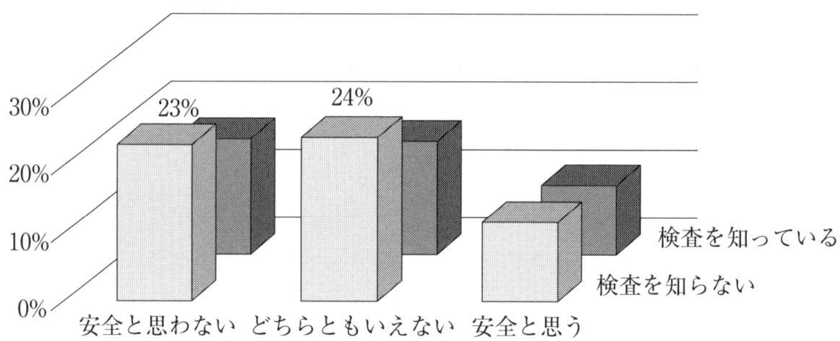

図8-15 「安全性の検査の認知」と「福島の食品の安全性の認識」の関係（ドイツ）

出所：筆者作成。

図8-16より，アメリカでは，「福島の食品は安全性の検査がされていることを知らない」と「福島の食品を安全と思うか否かはどちらともいえない」の組み合わせの回答者が33％で最も多い。次に多いのが，「福島の食品は安全性の検査がされていることを知っている」と「福島の食品を安全と思う」の組み合わせの回答者で，全サンプルの18％を占めている。そして，「福島の食品を安全と思う」回答者について，「安全性の検査がされていることを知っている」（18％）が「安全性の検査がされていることを知らない」（15％）よりも３％だけ多い。このため，ベトナム・ロシアと同様，安全性の検査の認知によって，福島の食品を安全と思わない・どちらともいえないが，安全と思うに変化する

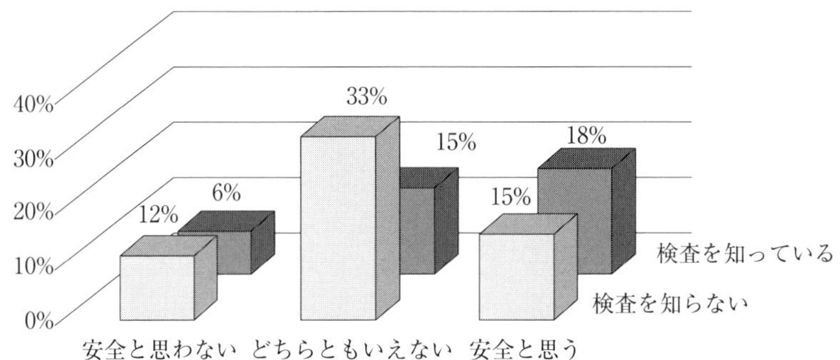

図 8 -16 「安全性の検査の認知」と「福島の食の安全性の認識」の関係（アメリカ）

出所：筆者作成。

可能性があることが多少なりとも伺われる。

以上の下で,「福島の食品の安全性の検査の認知」と「福島の食品への安全性の認識」の関係の統計的な確からしさを，6 カ国について検討した結果，ベトナム・ロシアについては,「福島の食品の安全性の検査の認知」が広がると「福島の食品の安全性の認識」が高まることが伺われた。しかしながら，韓国・中国・ドイツ・アメリカについては,「福島の食品の安全性の検査の認知」が広がったとしても,「福島の食品の安全性の認識」が高まるとは言いがたいことが分かった（詳細は，沼田ほか（2018）を参照されたい)。このことから，韓国・中国・ドイツ・アメリカについては,「福島の食品の安全性の認識」を高めるためには，福島の食品の安全性の検査以外の方策も考える必要があることが伺われた。

4　まとめ

本章では，福島大学経済経営学類グローバル人材育成企画委員会における，韓国・中国・東南アジア・ロシア・ドイツ・アメリカなどの経済・文化・言語を扱う学生・教員が，福島大学とつながりのある諸外国の学生に2017年度に実施した食に関するアンケートの回答を，福島県の食に焦点をあて，国際比較によって検討した。そして，例えば次の傾向が伺われた：福島の食品は安全と思わない傾向は韓国・中国で顕著であり，特に韓国では福島の食品がスーパーで売られていても購入にはなかなかつながらない；韓国・中国・ベトナム・ロシア・ドイツ・アメリカのいずれの国についても，福島の食品の安全性の認識を高めることで，福島の食品の購入を増やしうる；ベトナム・ロシアについては，「福島の食品の安全性の検査の認知」が「福島の食品の安全性の認識」につながりうるが，韓国・中国・ドイツ・アメリカについては，「福島の食品の安全性の検査の認知」を高める以外にも何らかの方策が必要である。

本章で残された課題は，「日本の食材を購入したことがあるか」など，本章で示した食に関するアンケートにおける福島の食以外の設問との関係を精査することで，特に韓国・中国・ドイツ・アメリカにおける「福島の食品の安全性の認識」につながりうる要因について，検討を深めることである。

参考文献

福島県（2018）『福島県県産品輸出戦略』。

沼田大輔・佐野孝治・朱永浩・伊藤俊介・吉川宏人・クズネツォーワ・マリーナ・グンスケフォンケルン マルティーナ・マッカーズランド フィリップ・マクマイケル ウィリアム（2018）「福島県の「食」についての海外の大学生の認識比較 ―韓国・中国・ベトナム・ロシア・ドイツ・アメリカでのアンケート調査をもとに―」『福島大学地域創造』第30巻 第1号，43-53ページ

農林水産省ホームページ「東京電力福島第一原子力発電所事故に伴う各国・地域の輸入規制強化への対応」http://www.maff.go.jp/j/export/e_info/hukushima_kakukokukensa.html（2018年7月16日アクセス）。

謝辞

本章の作成にあたり，食に関するアンケート調査にご協力くださいました皆様，データ分析の相談に載ってくださいました井上健教授（福島大学経済経営学類）に大変お世話になりました。本章で示したアンケート調査は，2017年度福島大学学生教育支援基金・2017年度福島大学経済経営学類プロジェクト経費の補助を受けて実施いたしました。ここに記して感謝いたします。なお，本章における一切の誤謬の責任は筆者にあります。

付録８－１　実施した食に関するアンケートの日本語版

1．性別	○ ○ ○	男性 女性 その他 ＿＿＿＿＿＿＿＿
2．あなたの年齢は？	○ ○ ○ ○ ○	20歳未満 20～24歳 25～29歳 30～39歳 40歳以上
3．どのようなところに住んでいますか。	○ ○ ○ ○ ○	アパートなどに１人暮らし 知り合いなどとともにルームシェア 大学などの寮 実家 その他（具体的に） ＿＿＿＿＿＿＿＿
4．自炊はしますか？	○ ○ ○ ○	ほぼ毎日する 週に３～４回程度する たまにする（月に数回程度） 全くしない
5．好きな自国の食べもの・料理は何ですか？		＿＿＿＿＿＿＿＿
6．食事に求めるものは何ですか？ （複数回答可）	○ ○ ○ ○ ○ ○ ○	栄養バランス 彩り・美しさ 量 価格 味 手軽さ その他（具体的に） ＿＿＿＿＿＿＿＿
7．生活費に占める食費の割合はどの位ですか？		＿＿＿＿＿＿％
8．海外渡航経験	○ ○ ○	渡航経験なし 渡航経験あり（日本） 渡航経験あり（日本以外）
9．自国の料理で外国人が驚くものは何ですか／何だと思いますか？		＿＿＿＿＿＿＿＿
10．食事の時に気を付けているマナー・習慣は何ですか？		＿＿＿＿＿＿＿＿
11．好きな外国料理のジャンルは何ですか？ （複数回答可）	○ ○ ○ ○ ○	中華料理 イタリア料理 フランス料理 トルコ料理 韓国料理

	○ インド料理 ○ 日本料理 ○ その他（具体的に） ＿＿＿＿＿＿＿＿＿＿
12. 日本食を食べたことありますか？	○ ある ○ ない ○ 分からない
13. 次の内，どの日本の食べ物・料理を知っていますか？（複数回答可）	○ 寿司 ○ 刺身 ○ 天ぷら ○ そば ○ 日本酒 ○ 日本茶 ○ おにぎり ○ ラーメン ○ 和菓子 ○ その他（具体的に） ＿＿＿＿＿＿＿＿＿＿
14. 次の内，好きな日本の食べ物・料理は何ですか？（複数回答可）	○ 寿司 ○ 刺身 ○ 天ぷら ○ そば ○ 日本酒 ○ 日本茶 ○ おにぎり ○ ラーメン ○ 和菓子 ○ 特になし ○ その他（具体的に） ＿＿＿＿＿＿＿＿＿＿
15. 日本料理についてどのようなイメージがありますか？（複数回答可）	○ 美味しい ○ 口に合わない ○ 健康的 ○ 安全 ○ 値段が高い ○ おしゃれ・格好いい・豪華 ○ 綺麗（見た目） ○ 量が少ない ○ イメージがわかない ○ その他（具体的に） ＿＿＿＿＿＿＿＿＿＿
16. 次の内，知っている日本の味はありますか？	○ わさび味 ○ 味噌味 ○ しょうゆ味 ○ 梅干し味

	○	照り焼き味
	○	カツオ節味
	○	みりん味
	○	その他（具体的に） ＿＿＿＿＿＿＿＿＿＿
17. 日本の食材を購入することはありますか？	○ ○ ○	はい いいえ 分からない
18. 2011年3月11日に発生した東日本大震災による福島の被害（地震，津波，原子力発電所事故）について知っていますか？	○ ○	知っている 知らない
19. 福島の食品は安全だと思いますか？	○ ○ ○	はい いいえ どちらともいえない
20. 福島の食品が市場に出る前に，安全性（放射線量など）の検査がされていることを知ってますか？	○ ○	知っている 知らない
21. もし福島の食品がスーパーで売られていたら，購入しますか？	○ ○ ○	はい いいえ どちらともいえない

第9章

ベトナムへの福島県産農産物の輸出可能性[(1)]

佐野　孝治

1　はじめに

2011年3月の東日本大震災・福島第一原子力発電所の事故により，福島県は，地震，津波，原子力災害，風評被害という未曽有の四重の複合的災害に見舞われた。特に農業に対する被害は大きく，一時は存続が危ぶまれるほどであった。しかし，震災後の7年間，国や自治体，生産者，関係団体，企業などが一体となって，農地の除染や放射線対策，コメの全袋検査などの厳しい放射線検査，食の安全・安心のための情報発信を進めてきたことにより，ようやく震災前の水準に回復してきている。

農産物の輸出についても，2011年度には，54ヵ国・地域から輸入停止措置を取られ，前年度の153トンから2.4トンにまで激減してしまった。しかし，2012年のタイへの桃の初輸出をきっかけとして，全県を上げて販路を開拓することにより，輸出量を震災前の水準に回復させている。ただし，福島県産農産物に対する輸入規制は，中国，台湾，香港をはじめ27ヵ国・地域で残っている。また全国的に農産物輸出が，震災前に比べ金額，量ともに倍増しているのと比較すれば低調であり，課題も残っている。

ところで，筆者らは，1997年から，ほぼ毎年海外フィールドワーク実習を行

(1)　本章は，佐野孝治，海外フィールドワーク実習メンバー（伊藤如晏，大平彩花，金子彩花，川村真衣，佐藤海帆，塩見若穂，野々村優月，羽賀珠稀，坂内直美）(2018)「ベトナムへの福島県産農産物の輸出可能性―海外フィールドワーク実習報告―」『福島大学地域創造』第30巻第1号，55～73ページを加筆修正したものである。

っており，2012年９月にタイでフィールドワークを実施した際に，「桃プロモーション」の存在を知った。日本国内でも風評被害が大きい中，福島県庁，JETRO，JA，桃農家などの懸命な努力，そして，「日本人を信頼して，福島の桃を買って食べる」というタイ国民の温かさに大きな感動を覚えた。そして，2017年には，ベトナムに初めて福島県産の梨が輸出されると知り，海外フィールドワーク実習のメインテーマにベトナムへの「梨プロモーション」を取り上げることにした。

ベトナムは，新たな食品市場として福島県のみならず日本各地から注目を受けている。これに関する先行研究として，日本貿易振興機構・ハノイ事務所(2016)，日本貿易振興機構・ホーチミン事務所（2017），農林水産省（2016）などが，ベトナムにおける食生活や日本を含めた海外食品進出の現状と課題について論じている。しかし，福島県産農産物の輸出に焦点を絞った研究はほとんど行われていない。

そこで本章では，第一に，東日本大震災・原発事故後の福島県産農産物の輸出状況と輸出戦略を概観したのち，文献研究とインタビュー調査をもとに，梨プロモーションの成果と課題を明らかにする。第二に，ハノイ国家大学とホアセン大学での「食」に関するアンケート調査をもとに，ベトナムの大学生が原発事故後の福島県産の食品に対してどのような認識を持っているのかを明らかにする。

2　東日本大震災・原発事故後の福島県産農産物の輸出状況と輸出戦略

本節では，東日本大震災・原発事故後の福島県産農産物の輸出状況と各国の輸入規制の状況を概観したうえで，福島県の資料に基づき輸出戦略を整理する。

2.1　福島県産農産物の輸出状況

福島県産農産物の輸出量は，コメと桃を中心に，2009年度120トン，2010年度153トンへと順調に増加していたが，東日本大震災と原発事故により，2011年度には2.4トンに激減してしまった。実に98％の減少率である。国内外における風評被害の払拭は容易ではなく，輸出の低迷が続いたが，2012年のタイへ

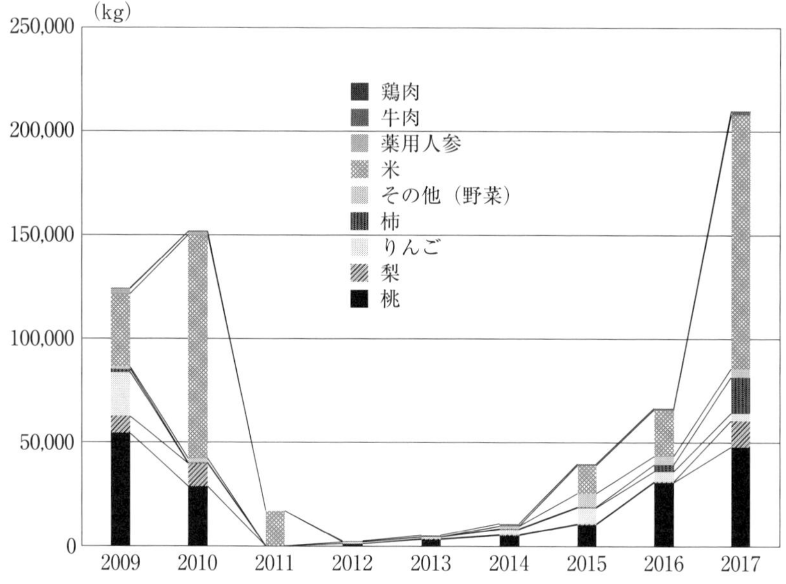

図９－１　震災前後における福島県農産物の輸出状況

出所：福島県貿易促進協議会（2018）「福島県農産物の輸出状況」。

の桃の輸出をきっかけとして，果物の輸出が徐々に回復し，2016年度には約66.9トンに増加した。2017年度には，福島県産農産物の輸出量は約210トンと東日本大震災前の水準を大幅に超え，過去最高となった。内訳は，コメが最多の122トンで，5.5倍に激増した。これは2017年８月の内堀雅雄福島県知事のマレーシアへのトップセールスの際，現地の輸入商社（エダラン・コマチ）とコメを101トン輸出する契約を結んだことが大きな要因である。その他の要因として，ベトナム向けに梨が11.5トン輸出されたこと，タイやマレーシア向けに，桃の輸出が48トンに増加したこと（前年度比56％増），タイを中心に会津身不知柿が17.5トン（5.6倍）と大幅に増加したことを挙げることができる（図９－１参照）。

以上のように，福島県は，厳しい輸入規制が続く中，規制が緩和された東南アジア地域向けにコメや果実などの輸出を伸ばし，震災以前の水準を超えたことは評価できる。しかし，全国の増加率と比べれば低調である。例えば，2017年の全国の農産物（コメ，野菜，果実，食肉）輸出量は11万3143トンであり，震災前に比べ倍増している。ちなみに福島県のシェアは全国輸出量の0.2％に過ぎない。主要輸出品の桃で見ても福島産のシェアは2.8％である。また農林水産物の輸出額で見ても，2012年から一貫して増加し，2017年は8071億円とこれも震災前に比べ倍増している[(2)]。全体的に，他の自治体の農産品輸出が倍増する中で，福島県の産地，ブランドの存在感が低下していることは否めない事実である。

2.2　海外における福島県産食品の輸入規制

ここでは，諸外国における福島県産食品の輸入規制の状況について見ていく。

福島県産の食品に対して，東日本大震災の発生以降，54カ国・地域で輸入規制が課されたが，食品のモニタリングに基づく安全性の確保と厳しい基準値を超える食品が減少したため徐々に規制が解除・緩和されてきている。2018年２月時点で，輸入規制を解除した国・地域は，カナダ，ミャンマー，マレーシア，ベトナム，インドなど27カ国・地域にのぼる。近年では，EUが，2017年12月１日から，福島県産のコメを含んだ周辺10県の農産品の輸入制限を緩和したことにより，放射性物質検査証明書や産地証明書の添付が不要になった。ちなみに，今回，筆者らが訪問したベトナムが規制措置を完全に撤廃したのは，2013年９月である[(3)]。

他方，依然として福島県産食品の輸入規制を行う国・地域は27カ所である。そのうち，福島県産食品の広い品目で輸入を停止している国・地域は，中国・香港・台湾・マカオの４カ所である。特に，東日本大震災以前，福島県にとって香港と台湾の農産品輸出量は全体の95％を占める市場だったため，そこが輸入停止の状態にあるのは大きなマイナス要因である。また福島県産食品の一部の輸入を停止している国・地域は，韓国・シンガポール・ロシア・アメリカ・フィリピンの５カ所である。放射性物質検査証明書の添付等により，食品の輸入を認めている国・地域は，EU・スイス・インドネシア・ブラジル・エジプ

---

(2)　農林水産省（2018）「平成29年農林水産物・食品の輸出実績（確定値）」参照。
(3)　農林水産省（2017）「東京電力福島第一原子力発電所事故に伴う各国・地域の輸入規制強化への対応」。

トなどの19カ所である。

2.3　福島県産品の輸出戦略

福島県は東日本大震災以降，どのような輸出戦略で福島県産品の国際展開を図ってきたのか，また2022年に向けてどのような輸出戦略を採っていくのかについて，福島県観光交流局・県産品振興戦略課（2013）「福島県県産品振興戦略」および福島県（2018）「福島県県産品輸出戦略」をもとに整理する。

（1）「福島県県産品振興戦略」2013年～2017年

先述したように，原発事故以前は，香港，台湾などのアジアを中心に福島県産食品を輸出していたが，原発事故後，これらの主要輸出国において厳しい輸入規制の措置がとられ，輸出量は激減した。これに対して，2013年に福島県は「福島県県産品振興戦略」を策定し，以下のような国際展開の推進方針のもと，輸出の回復を目標に取り組んできた[(4)]。

第一に，食品分野については輸入規制のある国・地域に対して，県産品の安全性確保について積極的な情報発信を行い，各国規制の解除を早期に実現する。また規制が緩やかな国・地域に対しては，バイヤー等の招聘などによって，県産品の魅力や安全性の積極的な発信を行う。

第二に，JETRO などと協力し，注力すべき市場についての情報収集を積極的に行い，市場性を見据えた商品開発，販路開拓を展開する。

第三に，経験やノウハウを持つ人材の確保とネットワーク機能を整備し，多種多様な事業者ニーズに対応した，きめ細かな支援を行う。

第四に，現地小売店からの発注に各事業者や産地が自立的に対応できる体制を構築するため，現地流通事業者や県内産地とのネットワークを強化していく。また輸送中の損傷等を抑制するための技術等の開発を支援する。

以上のような，官民一体となった取り組みと輸入規制が少ないタイやマレーシアなど東南アジアに販路を広げることで，食品輸出のＶ字回復を果たしてきた。

---

(4)　福島県観光交流局・県産品振興戦略課（2013）「福島県県産品振興戦略」17～18頁。

（２）「福島県県産品輸出戦略」2018年～2020年

福島県は，2018年４月に原発事故後のさらなる風評払拭と戦略的かつ効果的な県産品の輸出拡大に向けて，2020年度までの輸出戦略を策定した。2020年度末までの数値目標は，農畜産物の輸出額を２億円（2016年度実績は3359万円），輸出数量は500トン（同，67トン）と，意欲的な計画となっている[(5)]。戦略的な取り組みとして，①関係機関・団体と連携した推進体制の構築，②輸入規制解除に向けた取り組み，③国別の風評払拭，情報発信の取り組み，④品目（農産物，加工食品，酒類，水産物，工芸品）別の輸出先国（重点地域，注目地域，調査地域）の設定を進めていく。

農産物については，輸入規制がなく風評も比較的少ないタイ，マレーシア，インドネシア，ベトナム，シンガポールの６カ国を「重点地域」に位置付け，販路開拓活動を行っていく。「注目地域」のイギリスやオーストラリアなど４ヵ国に対しては，普及啓発活動を行っていく。輸入規制が強い中国，香港，台湾，韓国の４カ国は「調査地域」と位置づけ，輸入規制解除活動を行っていく（表９－１参照）。

風評払拭との関係では，「重点地域」については次のように述べている。「アジアの親日国においては，日本の食の安全性に対する信頼は高く，一部住民を除き，県産食品に対する風評の影響は感じられず，『検査体制が万全で安全』だとする情報発信を前面に出した活動は，逆に懸念を招きかねない可能性があることから，県産食品の①品質の高さ（ブランド力），②貴重性・希少性などの魅力発信，③認証 GAP（Good Agricultural Practice：農業生産工程管理）を始めとした安全性や健康メリットに対する情報の提供を中心に取り組んでいく[(6)]」。

筆者らが訪問したベトナムにおいても，同様の販売戦略が取られていた。このような，「安全情報を発信しない」戦略については，４節のアンケート調査をもとに検証する。

---

(5)　福島県（2018）「福島県県産品輸出戦略」１頁。加工食品，アルコール，水産物，工芸品を含めた輸出額の目標値は12億円である。

(6)　同上，７頁。

表９－１　農産物の地域別活動方針

区域	優先順位	地域	国・地域名	輸入規制	経済力	輸出先将来性	活動方針			理由
							輸入規制解除活動	普及啓発活動	販路開拓活動	
重点地域	1	アジア	タイ	◎	○	◎			○	日本産果物の人気絶大で更なる拡販見込まれる。
	2		マレーシア	◎	○	○			○	現地事業者との連携により市場拡大中。
	3		インドネシア	○	△	○			○	急速な経済発展中で富裕層に日本食人気が拡大中。
	4		ベトナム	○	△	○			○	急速な経済発展中，日本梨，りんごが輸出解禁。
	5		シンガポール	△	◎	○		○	○	富裕層多く，日本食料理店急増。販路拡大推進中。
注目地域	1	ヨーロッパ	イギリス	○	◎	△		○		県人会からの支援による販路拡大期待。県産米の輸出拡大。
	2		フランス	○	◎	△		○		日本食に対する人気が絶大。
	3	オセアニア	オーストラリア	◎	◎	○		○		海上輸送等により輸出実現の可能性あり。
	4	中東	アラブ首長国連邦	○	◎	○		○		現地で多くの日本食品フェアーが行われ好評。
調査地域	1	アジア	中国	×	◎	○	○			経済力のある大きな市場。
	2		香港	△	○	○	○	○		震災前の青果物輸出の有力市場。日本食品輸出の最大市場。
	3		台湾	×	○	○	○			震災前の桃輸出の最大地域。新政権誕生後の規制解除期待。
	4		韓国	×	○	△	○			経済力のある大きな市場。

出所：福島県（2018）「福島県県産品輸出戦略」８頁。

3　ベトナムへの福島県産梨の輸出可能性

本節では，梨輸出の経緯，各関係者の取り組み，梨輸出事業全体の成果と課題についてインタビュー調査をもとに明らかにする。

3.1　福島県産梨の初輸出の経緯

福島県産の梨がベトナムへ輸出されるまでの経緯を説明する。日本産梨の生果実に対して2007年にベトナムで植物検疫法が制定された。それ以降，ベトナム向けに日本産梨の生果実を輸出することができなくなっていた。しかし，農林水産省とベトナムの植物検疫当局との間で技術的協議を重ねた結果，日本産梨の生果実について輸出植物検疫条件に合意し，2017年１月16日から，日本産梨の生果実のベトナムへの輸出が解禁された[(7)]。その後，福島，宮城，茨城の３県から日本産梨をベトナムへ輸出することが決定され，2017年８月，福島産梨が初輸出された。福島からはいわき産「幸水」，「新高」，郡山産「二十世紀」の３品種が輸出された。

2017年１月，ベトナムへの日本産梨の輸出解禁が決定し，２月頃，福島ベトナム友好協会副会長の大和田氏が梨を輸出することを提案したことが，福島県産梨プロモーションの始まりである。その後，ベトナム市場視察が行われ，梨農家やJA 福島さくら職員の計10名が現地訪問をした。訪問先は現地コーディネーターであるJETRO 事務所，実際に梨が販売されるイオンモールなどである。４月末には生産園地登録，続いて６月末には選果場登録がされた。生産者の園地登録の条件として，1ha 以上の農地が必要であるが，その生産園地登録の条件を満たす農家を見つけ園地登録することは大変だったという。こうした厳しい環境を乗り越え８月21日に第１弾として「幸水」が輸出され，８月25日から３日間に渡って「幸水」梨プロモーションが行われた。内堀福島県知事による販売促進も行われ，１回目の輸出は無事完売という結果となった。続いて「二十世紀」，「新高」梨の輸出も共に成功を収めた（表９－２参照）。

3.2　梨の生産から販売までのプロセスと各関係者の相関図

福島県産の梨がベトナムの消費者の手に届くまでには，いわき市の梨農家から始まり，JA さくら，イオンリテールが関わり，販売店舗であるイオン系列店に並べられる。その他にもコーディネーターとして協力した福島県庁やJETRO も今回の梨プロモーションに関わっている（図９－２参照）。このように，多くの関係者に見守られながら収穫・出荷された梨は，羽田空港を経由してベ

---

(7)　農林水産省（2018）「ベトナム向け日本産なし生果実の輸出植物検疫条件の合意について～なしの生果実についてベトナムへの輸出が解禁されました～」。

表９-２　ベトナムへの福島産梨の輸出プロモーション

日程	内容	備考
2017年１月	ベトナムへの日本産梨輸出解禁	
２月末	ベトナム市場視察	計10名
	1 JETRO ホーチミン事務所訪問	
	2 イオンモール訪問・視察	
４月末	生産園地登録	
６月末	選果場登録	
８月17日	「幸水」選果開始	
８月21日	「幸水」輸出一回目	空輸　400kg×２回
８月25日～27日	「幸水」梨プロモーション，内堀福島知事も参加，ホーチミン市	イオン，タンフーセラドン店
９月中旬	「二十世紀」選果開始	
９月下旬	「二十世紀」輸出	船便
10月28日～29日	「二十世紀」梨プロモーション，ホーチミン市	イオン，タンフーセラドン店
10月下旬	「幸水」輸出２回目	船便
	「新高」輸出	船便
11月16日～21日	ベトナムにおける梨市場調査及び販売促進活動（～21日（火）までの５日間）	参加者５名，同行者２名
	1 JETRO ホーチミン事務所訪問	
	2 ホーチミン高島屋，サイゴン・コープマート視察	
	3 VIETNAM FOODEXPO 2017視察	
	4 イオン　「新高」試食・販促活動	
11月18日～19日	「新高」梨プロモーション，ホーチミン市	イオン，タンフーセラドン店

出所：関係者への聞き取り，および各種資料より作成。

トナムへと輸出される。こうして販売された12.6トンの梨は完売し，プロモーションの成功を収めたのである。この梨プロモーションの関係者を図９-２にまとめた。以下，今回の梨プロモーションに関わった各アクターの取り組みについてインタビュー調査をもとに述べていく。

3.3　コーディネーター：福島県庁・県産品振興戦略課，農産物流通課

福島県庁の県産品振興戦略課，農産物流通課は今回の梨プロモーションにおいて，企画，情報提供，助成金支援など，コーディネーターとしての役割を担った。福島県は海外販路開拓支援助成事業[(8)]を行っており，海外における県産

(8)　福島県貿易促進協議会 HP「海外販路開拓支援事業について」http://www.f-bsk.com/information/1889.html。

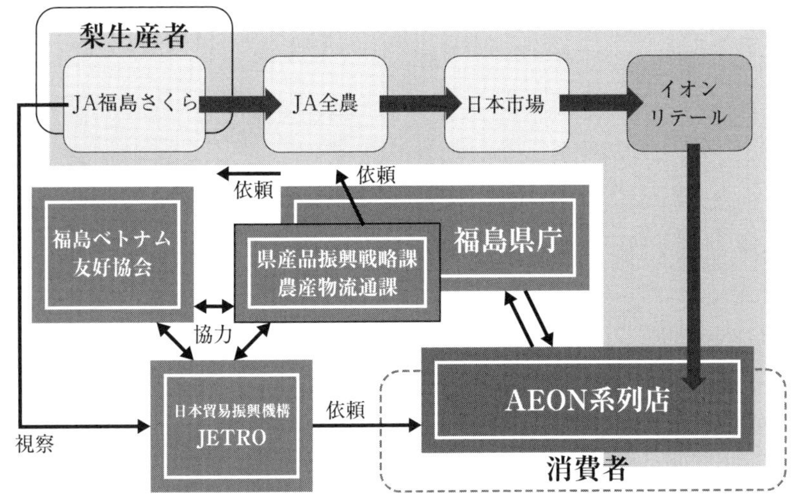

図9－2　福島県の梨のプロモーション相関図

出所：関係者への聞き取りおよび各種資料より，筆者作成。

品の商談や販売促進活動，あるいは，新たな市場への販路開拓に取り組む会員に対して，その経費の一部を助成することにより，県産品の海外販路開拓を図っている。また，福島県庁のＡ氏によると，今回の梨プロモーションの大きな目的は３つある。第一に，少子化に伴う更なる消費減少を海外市場で補うこと，第二に，国内における福島県産食品に対する風評被害を国外から払拭すること。第三に，自分たちが作った梨が海外で販売されることによる生産者の意欲向上を図ることである。

８月25日に行われた「幸水」梨の店頭プロモーションには内堀知事も参加し，ホーチミンのイオンベトナム店で試食品の提供やPRなどの店頭プロモーションを行い，「幸水」梨の魅力を発信した。コストパフォーマンスを考える必要はあるがこうしたトップセールスによる広告効果，象徴的な意味はあると評価できる。

3.4　梨生産者

2017年12月14日に，いわき梨部会Ｂ氏，Ｃ氏からお話を伺った。

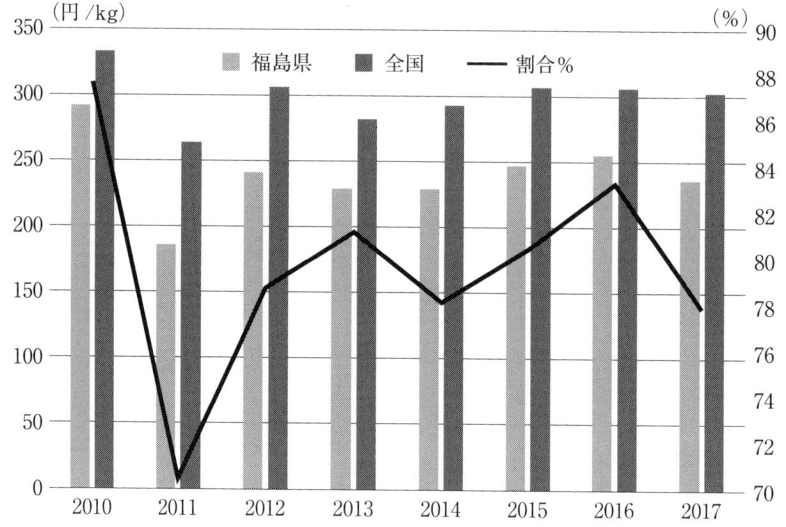

図９－３　原発事故前後における梨価格の推移（福島と全国の比較）

出所：東京都中央卸売市場ホームページ「市場統計情報」より作成。

（１）　いわき市における梨生産の特徴

原発事故以前の2010年でも福島県の梨価格は全国価格と比べて88%と低かったが，原発事故の影響によりその価格はさらに下落し，全国価格の70%に落ち込んだ。その後も，原発事故以前の価格には回復していない（図９－３参照）。「そもそも資材や肥料も高くなっているのに，20年前とほとんど変わっていない」とＣ氏は語る。

いわき市の梨生産には傾斜地を利用することが多く，今回のベトナムへの梨輸出に関わる植物検疫条件の一つである1haに満たない小規模な農家が多い。そのため，いわき市では大量生産ではなく，高品質の梨を生産するように心がけている。梨の価格は県内で最も高い。

（２）　梨輸出の経緯

いわき市の梨農家は，ベトナムへの輸出の話を持ちかけられたとき，その植物検疫条件の厳しさを知り，消極的だった。しかし，県職員からの熱心な説得や手厚いサポートを受けたこと，また海外へ輸出することで少子高齢化が進む日本以外での新たなマーケットを獲得できる可能性を感じ，梨輸出にかかわることを決めたという。フルーツキャップ（発泡ポリエチレン製の緩衝材）に入れるまでを，生産者がすることになっていたが，県職員，市職員，農協職員10名も土日もないくらいに手伝ってくれた。フルーツキャップの費用は，県が助成してくれるが，作業などの生産者の負担が大きい。ただ今回の輸出でモールドパック（非木材紙のパッケージ）でも品質に問題なかったことがわかったので来年からは全部モールドパックにするつもりである。

（３）　生産者からみた梨輸出の成果

今回，いわき市では，「幸水」梨を3.8トン，「新高」梨を１トン輸出した。震災前，いわき市では台湾と香港に梨を輸出していたが，その輸出量は200～300kg程度であり，震災以前をはるかに上回る結果となった。Ｂ氏は「今回のベトナムへの輸出数量は想定以上に多く，この成果により，梨生産者の輸出意欲を高めることにも繋がった」と語る。梨農家の方々は，2017年11月に，ベトナムへ市場視察行ってきたが，茨城産，韓国産などと比べても，大きさ，糖度などの点で，いわき産の方が優れていると感じたという。国内市場は，産地間競争が激しく，差別化を図らなければならないため厳しい。それに対して，国外，特にベトナムにはライバルがいないため，輸出の可能性を感じている。2018年も引き続き取り組みたいとのことであった。

（４）　生産者からみた梨輸出の課題

ベトナムへの梨輸出で見えてきた課題もある。それは植物検疫体制の厳しさである。ベトナムの植物検疫条件はタイやシンガポールなどの他国と比較しても詳細に規定されており[(9)]，それらを全部満たすことが難しい。また，今回の初輸出では生産者の袋かけに対する認識が甘く，梨の成長過程で梨にかけていた袋が破れてしまったため輸出できなくなってしまった事例もあったという。

---

(9)　植物防疫所HP,「ベトナム向けの日本産なしの生果実の輸出解禁について」http://www.maff.go.jp/pps/j/search/attach/pdf/detail-5.pdf

（5） 構造的な課題

梨生産者のＣ氏によれば，いわき市の生産者には後継者問題が深刻化している。いわき市の梨農家の平均年齢は73歳と高齢で，92歳の方もいる。管理作業をすることができても，力仕事が厳しくなっている。また，梨価格の低迷により，将来的に賠償がなくなれば辞めるという梨農家もいる。

3.5 JA 福島さくら，いわき梨共同選果場

（1） 園地と選果場の登録

９月21日にJA 福島さくらＤ氏からお話を伺うとともに，いわき梨共同選果場を視察させていただいた。Ｄ氏によれば，ベトナムに梨を輸出する際に，いくつかの植物検疫条件が設けられている。その一つが園地登録であり，1ha 以上の農地が必要であるが，いわき市では小規模農家が多いため，近接した園地をまとめることで基準を満たすようにした。ちなみに園地登録生産者は８名になる。次に，植物検疫条件に基づいて，ベトナムへ梨を輸出するためにはあらかじめ日本の植物防疫所によって認められた選果こん包施設（選果場）を登録しなければならない。今回いわき市では６月末にいわき梨共同選果場を選果場として登録した[(10)]。2017年のいわき梨選果場の選果実績は660トンであった。

（2） 光センサーによる梨選別

JA 福島さくら梨選果場では，生産した梨を光センサーにかけて出荷する梨を選別している。８月17日に，例年より少し遅めに選果を開始した。８月25日に，内堀知事によるベトナムでの店頭販売に間に合うよう，400kg × 2 回を空輸で出荷した。空輸費用は県の助成金による。初回出荷は「急いで出荷したのでまだ少し青かったのが残念」ということだったが，その後は，７～10玉サイズの大きめな梨の中から，糖度の高いものを厳選して出荷した。

(10) 植物防疫所 HP,「ベトナム向け輸出なし登録選果こん包施設一覧表」http://www.maff.go.jp/pps/j/fac/export/pdf/nasi20170615.pdf

3.6　現地コーディネーター：日本貿易振興機構（JETRO）・ホーチミン事務所E氏

JETRO・ホーチミン事務所のE氏は，福島県郡山市出身ということもあり，熱意をもって梨輸出プロモーションをコーディネートしたキーマンの一人である（写真9-1）。

写真9-1　JETRO・ホーチミン事務所にて
出所：筆者撮影。

（1）　梨輸出プロモーションにおけるJETROの役割

2017年に解禁され，第一弾は完売した。その後，海上輸送による継続販売が始まり，すごく売れ行きがいいとは言い難いが，きちんと売れている。JETROとしても徐々に輸出が拡大できるよう力を注いでいる。プロモーションの手法としては，ポスター制作を手掛けるなど，広報活動に力を入れた。

（2）　梨の購買ターゲットと販売戦略

福島県産の梨を販売するにあたっての問題点として，1個当たりの価格が400円～500円程と高いことがあげられる。そこで現地での購買層として，30代～40代のホワイトカラーの女性をターゲットにしているとのことであった。この層の顧客は，年収が350～400ドル以上を得ており，日本より女性の社会進出が進んでいるため，共働きによる収入がある。また核家族化していない家庭が多いため，収入源が一家の中で3，4人おり，かなり富裕な世帯である。ホワイトカラーの人々は，値段がやや高めでも安心・安全なものを購入する傾向があり，実際にTraditional trade（経営層が夫婦や家族で構成されている生業零細店と同一の市場形態）からModern trade（大規模なデパートから中規模スーパー，コンビニといった近代的な市場形態）に普及が増えている。そのため，値段が高くても品質の良い日本産の梨を購入し，良質な物を子供に食べさせたいという都市部の母親層を主なターゲットとしている。さらに，福島産の梨は日常生活の食品としては価格が高いために販売が難しいことを踏まえ，仲秋の贈答用という特別感を持たせて販売している。またベトナム人には梨そのものが浸透していないので，「黄金の梨日本から」というイメージを与えつつ，試食販売を通して梨の存在と美味しさを理解してもらうという販売戦略を行っている。

（3） 福島県産食品に対する風評被害

E氏によれば，ベトナム人は，原発事故や風評被害についての情報をあまり認識しておらず，あえて検査体制や安全性について広める必要はないとのことであった。また，なぜベトナムにおいて風評被害が存在しないのかという原因については，全量検査を信用しているわけではなく，情報自体を認識していないためではないかという推測をされていた。

3.7 販売者：AEONベトナム

福島県の梨の販売を行っているAEONリテールベトナムF氏，イオンモールG氏，H氏から，9月28日に福島県産の梨販売の経緯と課題について，お話を伺った。

国内だけでは大きな売り上げをあげられない茨城県や福島県の梨が新たな市場を求めベトナムへの販売を開始した。贈答用として売れ行きは順調である。ただし，F氏によれば，ベトナムでの福島の梨を販売するためにはいくつか課題がある。第一に，福島県産の梨の品質は良いが価格が高いということである。関税によって梨1個当たり500～600円になってしまっている。より安い韓国産の梨が店頭に並んでいて，糖度は低いが人気がある。そのため，いかに価格を下げるか，あるいは価格が高くても良さを知ってもらうことで購買意欲につなげることが課題として挙げられる。また，日本人の販売員が説明する際の通訳をつけることで，販売コストが倍になってしまうなどの問題も生じている。

第二に，現在はJETROから販売戦略やPR活動への支援を受けているので，活発な広報活動が行えているが，支援がなくなった際に，果たしてビジネスとして成立できるのかが懸念される。

第三に，ベトナムでは，東京，大阪，北海道ぐらいしか認知されておらず，福島産として売り出しても，日本産として認知してもらうことが難しい。福島ブランドにこだわるよりも，JAPANブランドとして，オールジャパンで輸出戦略・販売戦略を立てていくほうが有効ではないかという意見だった。

3.8　梨輸出プロモーションの成果と課題

最後に，インタビュー調査を踏まえて梨輸出プロモーションの成果と課題をまとめておこう。

（1）　梨輸出プロモーションの成果

第一の成果は，福島県の梨輸出が震災前の水準を超えたことである。2017年，福島県のベトナムへの梨の輸出量は2010年の水準を上回り，12トンに達している。

第二に，経営戦略の観点から日本とベトナムの梨市場を見ると，今回の梨輸出事業は競争者がいないブルーオーシャン市場参入の足掛かりとなった。福島県産品と近い品質の梨が流通する日本市場は激しい産地間競争があることからレッドオーシャン市場（競争者が多い血みどろの競争市場）と考えられるが，ベトナム市場では福島県産品のライバルがほとんど存在しない。韓国産の梨が流通しているが，低価格である分，糖度が福島県産の梨より低く，農産品の質に大きな差が存在する。つまり，福島県産品の梨にとってベトナムの梨市場は競合が少なく，ビジネスをしやすいブルーオーシャン市場と見なすことができ，今後，この市場への参入を継続することは国内市場での競争を避ける効果的な手段の１つになり得ると考えられる。

第三に，梨輸出のためのプロモーション事業では現地での試食会が行われ，糖度・食味の点で高い評価を受けた。茨城産，韓国産と比較しても品質の点では優位性がある（図９－４参照）。福島県産の農産物の品質がベトナムの消費者にも認められたという事実は生産者にとって更なる生産意識向上となり，加えて福島県産，日本産の梨は高品質であるというブランドイメージを確立することも期待できる。

第四に，ベトナム側が設定する厳しい検疫をクリアしたうえで，梨を輸出することができたという実績は，日本人に対して福島県産品の安全性と品質の高さを示しており，この事実が広まることで，日本国内の消費者が抱える風評意識にも影響を与え，風評払拭効果が期待できる。

	価格	PR	糖度	食味	差別化
福島産	× 1kg＝1000円	◎ 店頭販売，試食会	◎ 10.0～11.0（%）	◎ シャリ感あり	◎ 高品質，珍しい品種
茨城産	× 1kg＝710円	△ テープカットのみ	○ 7.8, 9.2, 10.0（%）	× 熟しすぎ	△
韓国産	◎ 1kg＝293円	× 特になし	× 4.0, 3.0, 3.4（%）	◎ シャリ感あり	○ 低価格

図９－４　福島産・茨城産・韓国産の比較

出所：関係者への聞き取りおよび「ベトナムにおける梨市場調査及び販売促進活動の報告について」より作成。

第五に，生産者の意欲向上につながっているという点である。梨農家の方々は，当初は輸出に消極的だったが，自分たちの生産した梨が世界で通用するということがわかり，より品質の高い梨を作ろうという意欲が生まれている。

（２）梨輸出プロモーションの課題

他方，今回の梨輸出プロモーションにも課題は多く存在する。第一に，福島県の梨の生産量２万4000トンと比べれば，輸出量はわずか0.05％であり，輸出による経済効果はいまだ小さい。第二に，高コスト体質の問題である。販売経路が複雑である点や，高い関税，運搬コストなどにより，ベトナムでは日本以上の高値になってしまっている。より輸出を拡大するためには，コスト削減が必要である。

第三に，梨輸出プロモーションは，官民が一体となって取り組んだ事業であり，補助金や人的な支援に依存している面がある。今後，補助金などの公的支援がなくなっても，ビジネスベースで輸出を持続的に行えるようにしなければならない。

第四に，ベトナムの植物検疫条件は他のアジア諸国よりも厳しく，梨輸出を行うことができる農家が大規模農家に限られてしまっている。傾斜地が多いなどの地理的要因から県内は小規模農家が多く，梨輸出事業を拡大していくためには県内の小規模梨農家が輸出できるように体制を見直す必要がある。

第五に，今回のベトナムへの梨輸出事業は震災によって起きた風評被害などの課題に対しては，一定の効果が望まれるが，震災以前より福島県の農業全体が抱えていた構造的問題の解決には至っていない。この構造的問題としては，高齢の農業従事者には次第に力仕事に取り組むことが困難となり，後継者不在が問題視されていること，梨の国内価格の長期的な低迷によって十分な収益の確保が難しいことなどが挙げられる。

最後に，輸出の際には，国内の産地間競争を避け，日本の都道府県の各アクターが協働し，日本ブランドとして売り込んでいく「オールジャパン体制」を取ることが必要である。そのためには，政府やJETROなどが主導し，コーディネートできる体制を構築していかなければならない。

4　ベトナムにおける福島県産食品に関する意識調査

第８章で述べたように，2017年に，日本食および原発事故後の福島県産の食品に対してどのような認識を持っているのかについて，世界６ヵ国（中国，韓国，ベトナム，アメリカ，ロシア，ドイツ）の大学生を対象にアンケート調査を実施した。筆者らは，ホアセン大学（９月22日，ホーチミン，私立大学）とハノイ国家大学（９月28日，ハノイ，国立大学）でアンケート調査を行い，それぞれ51名と184名から回答を得た（写真９-２）。

第８章によれば，ベトナムでは，「福島の食品を安全と思う」と「福島の食品を買う」の組み合わせの回答者が，全サンプルの39％を占めている。また，「福島の食品は安全性の検査がされていることを知っている」と「福島の食品を安全と思う」の組み合わせの回答者が，ベトナムの全サンプルの34％と他国に比べて多く，ベトナムでは原発事故による風評被害は比較的小さいと考えることができる。

したがって，先述したように，福島県の輸出戦略や福島県庁，JETRO，AEONへのインタビュー調査では，「ベトナムには風評被害がなく，福島県産

写真９－２　ハノイ国家大学でのアンケート調査光景
出所：筆者撮影。

品を取り巻く検査体制や県産品の安全性を現地の人々へ発信する必要はない」という主張がみられたが，一定の妥当性があると評価できる。

次に，「検査体制の理解」と「安全性の認識」のクロス分析では，「福島の食品の安全性の検査の認知」が広がると「福島の食品の安全性の認識」が高まることが伺われた。また検査体制を理解している人ほど購入意欲が高いことが分かる。

さらに，事前に情報提供されていたホアセン大学（51名）と情報提供されていないハノイ国家大学（184名）に分けて，クロス分析を行った結果，検査体制について知ることが安全性の認識に直接的につながること，また直接的な情報提供によって確固たる信頼へと変化し，購入意思へとつながっていることが示唆された（詳しくは佐野孝治ほか［2018］）。

5　おわりに

本章では，東日本大震災・原発事故後の福島県産農産物の輸出状況と輸出戦略を概観したのち，梨プロモーションについて，インタビュー調査をもとに検討した。主な成果として，①福島県の梨輸出が震災前の水準を超えたこと，②ブルーオーシャン市場参入の足掛かりを得たこと，③福島県産梨の品質が認められたこと，④ベトナムへの輸出による国内の風評払拭効果，⑤生産者の意欲向上などを挙げることができる。これらは，ベトナムや日本国内でインタビューをさせていただいた福島県庁，JETRO，JA，イオンベトナム，梨農家の方々のなどの情熱と懸命な努力，そして専門的な能力なしには，決して達成できなかった大きな成果だと評価できる。

ただし，依然として課題も多く，①生産量に対する輸出量が0.05％と少ないこと，②高コスト，③補助金への依存，④園地登録や検疫などの厳しさ，⑤構造的問題（後継者問題，国内価格の低迷），⑥ JAPAN ブランドの不成立などを挙げることができる。

次に，議論が分かれるのが，「ベトナムに福島県産品の安全性を発信する必要があるか否か」である。福島県の輸出戦略やインタビュー調査では，「ベトナムには風評被害がなく，検査体制や県産品の安全性を現地の人々へ発信する必要はない」という主張を聞くことが多かった。

確かに，現地調査やアンケート調査によれば，韓国や中国など比べると，ベトナムでは風評被害が少なく，「情報検査体制や安全性に関して情報発信しない」という戦略も一定の妥当性を持っているといえる。しかし，アンケート調査をもとに，「検査体制の理解」，「安全性の認識」，「購入意思」との関係を分析すると，ベトナムにおいても，安全性に関する情報発信をすることで，購入意思は高まっており，特に，「わからない」と回答した人たちが肯定的な意見になる可能性が高い。このことは，ベトナムにおいても根拠ある正しい情報発信の発信によって，さらなる顧客層の拡大につなげることができることを示唆している。

今後福島県の農業の復興と発展，農産物の輸出の拡大に向けて，ALL JAPAN，ALL Fukushima の取り組みが必要になっている。

参考文献

日本貿易振興機構（2017）「ベトナム農業関連 ビジネスパートナー発掘調査」。
日本貿易振興機構（2011）「農林水産物・食品試験輸出調査（ベトナム）報告書」。
日本貿易振興機構（2014）「日本食品に対する海外消費者アンケート調査―ホーチミン編―」。
日本貿易振興機構（2017）農林水産物・食品関連企業への輸出に関するアンケート調査」。
日本貿易振興機構（2014）「ベトナム日本食品消費動向調査」。
日本貿易振興機構（2017）「日本食品消費動向調査ベトナム」。
日本貿易振興機構（2017）「日本産海外有望農林水産品目発掘調査研究事業 水産品分野調査報告書」。
農林水産省（2016）「国・地域別の農林水産物・食品の輸出拡大戦略」。
農林水産省（2017）「東京電力福島第一原子力発電所事故に伴う各国・地域の輸入規制強化への対応」。
農林水産省（2017）「ベトナム向けの日本産なしの生果実の輸出解禁について」。

福島県観光交流局・県産品振興戦略課（2013）「福島県県産品振興戦略」。

福島県農林水産部（2015）「福島県農林水産物販売促進基本方針（第３次）ふくしまの恵み販売促進プラン～」。

福島県（2018）「福島県県産品輸出戦略」。

植物防疫所 HP「ベトナム向けの日本産なしの生果実の輸出解禁について」。

福島県貿易促進協議会 HP「海外販路開拓支援事業について」。

ふくしま復興ステーション・復興情報ポータルサイト「福島県産食品の輸入規制の状況」。

第10章

日本・福島への「インバウンド」についての海外の大学生の認識比較[(1)]

マクマイケル ウィリアム

1 はじめに

東日本大震災・福島第一原子力発電所事故により，福島県は，地震，津波，放射能事故という複合災害に加え，国内外での風評被害に直面してきた。そして，震災から10年が経過し，震災そのものの記憶が薄れつつあり，福島への関心の低下という新たな局面を迎えている。今後，福島の食をはじめとする産品や，福島の観光・いわゆるインバウンドを国際的に振興させていくには，福島の食や観光が海外の消費者にどのように認識されているかを把握しておくことが必要と考えられる。

第2部で示された通り，福島大学経済経営学類グローバル人材育成企画委員会（以下，グローバル企画委員会）では，福島大学生による世界6カ国での大学生の意識調査を，授業や演習の一環として行っている。2018年度は，第6章で示したように韓国・中国・タイ・ロシア・ドイツ・アメリカにおいて，大学生に日本および福島の観光についての意識調査を行った。本章は，この観光に関するアンケート調査の結果をとりまとめたものである。

---

(1) 本章は，マクマイケル ウィリアム・沼田大輔・佐野孝治・朱 永浩・伊藤俊介・吉川宏人・クズネツォーワ マリーナ・グンスケフォンケル マルティーナ・マッカーズランド フィリップ（2020）「日本・福島へのインバウンドについての海外の大学生の認識比較―韓国・中国・タイ・ロシア・ドイツ・アメリカでのアンケート調査をもとに―」『福島大学地域創造』第32巻第1号，23-53ページを加筆修正したものである。

これまで海外の観光客の福島に対する印象や福島への訪問希望などについての調査には，日本投資政策銀行（2018），関谷（2017），とうほう地域総合研究所（2017）などがあるが，大学生に焦点をあてた研究は見られないように思われる。一方，国土交通省観光庁（2017）によると，韓国・台湾・香港・中国からの観光・レジャー目的の初めての訪日客の45％～70％は20代であり，大学生は20代が相対的に多いと考えられ，本章は，この20代に焦点をあてて，日本・福島へのインバウンドについて検討したものと位置付けられる。

なお，2018年度の研修内容の詳細や，グローバル人材育成教育プログラムとしての側面などについては，第６章を参照されたい(2)。

本章の構成は次のとおりである。２節では，この観光に関するアンケートの実施概要・構成・回答者の属性を述べる。３節では，海外の大学生の旅行スタンスについての調査結果，４節では海外の大学生の日本・福島への観光・インバウンドについての調査結果を示す。そして，５節で，本章のまとめを示す。

2　観光についての海外の大学生の認識に関するアンケートの概要

本節では，2018年度にグローバル企画委員会で実施した観光に関するアンケートの実施概要・構成・回答者の属性を述べる。表10-１は，各国での調査がどのように実施されたかをまとめたものである。韓国・ロシア・ドイツ・アメリカについては語学研修の一環として行い，中国についてはアジア経済に関する専門演習，タイについては開発経済学に関する専門演習の中で行った。なお，タイ・アメリカについては，アンケートを２つ以上の大学で実施した。アンケートの実施場所・方法は，研修内容に応じて引率教員と現地との調整により決めた。

調査に使われたアンケートは，グローバル企画委員会に在籍している教員の授業・ゼミなどの受講生からの意見を適宜取り入れて作成した。付録10-１は，実際のアンケートの日本語版を，選択肢などとともに示したものである。アンケートでは，まず，性別・年齢・海外渡航経験を問い（付録10-１のＱ１，Ｑ２，

(2)　なお，成果報告会の時点においては観光についてのアンケート調査を行っていなかったドイツの結果も，本章は含んでいる。

表10-1　観光に関するアンケートの実施概要

国名	韓国	中国	タイ	ロシア	ドイツ	アメリカ
引率教員	伊藤俊介教授	朱永浩教授	佐野孝治教授	クズネツォーワ マリーナ准教授	グンスケフォンケルン マルティーナ教授	マッカーズランド フィリップ教授
福島大学における授業名	韓国朝鮮語	朱専門演習	佐野専門演習	特別演習 実践ロシア語演習	特別演習 実践ドイツ語演習	特別演習 Work Experience Abroad
渡航した学生数	18名	12名	13名	3名	7名	8名
渡航先での滞在期間	2018年 7月31日～8月19日	2018年 9月4日～14日	2018年 9月19日～10月1日	2018年 8月12日～19日	2019年 2月24日～3月30日	2018年 8月6日～9月27日
アンケートの実施場所（カッコ内は所在地）	中央大学校（ソウル）	広東海洋大学寸金学院（広東省）	チェンマイ大学（チェンマイ），シーナカリン・ウィロート大学（バンコク）	極東国立交通大学（ハバロフスク）	ルール大学ボーフム（ボーフム）	セントトーマス大学・ヒューストン大学（いずれもヒューストン）など
アンケートの実施方法	大学構内で聞き取り	授業中にアンケート配布	授業中，大学構内でアンケート配布	授業中にアンケート配布	大学構内で聞き取り	授業中にアンケート配布，インターネットで回答

出所：筆者作成。

Q４），旅行へのスタンス（付録10-１のＱ３，Ｑ６）や海外への旅行に関する情報入手経路（付録10-１のＱ５）について尋ねた。次に，日本に来た場合の観光行動（付録10-１のＱ７，Ｑ８），福島の認知や福島で行いたい観光行動（付録10-１のＱ９，Q10）について尋ねた。さらにアンケートの末尾に，東日本大震災の認識および福島の食の安全性についての認識を尋ねた（付録10-１の Q11，Q12，Q13，Q14）。完成した日本語版アンケートは韓国語・中国語・タイ語・ロシア語・ドイツ語・英語に翻訳し，海外の大学の関係者と調整して，アンケートを実施した。

表10-２は，各国におけるサンプル数，および，各国の全回答者数に占める「男性の割合」「24歳までの割合」「日本に来たことがある割合」をまとめたものである。なお，付録10-１の各設問について，各国で，無回答がある個票，付録10-１に示したアンケートにない選択肢を回答した個票，回答可能数を超えて回答した個票の状況は様々であり，まずは全体の傾向をつかむため，基本

表10-2　観光に関するアンケートの回答者の属性

	韓国	中国	タイ	ロシア	ドイツ	アメリカ
サンプル数	129	181	458[注1]	119	170	103[注2]
男性の割合（%）	72.9%	54.7%	31.7%	39.5%	42.9%	44.7%
24歳までの割合（%）	45.7%	99.4%	93.7%	100.0%	50.0%	87.4%
日本に来たことがある割合（%）	63.6%	3.3%	15.7%	4.2%	7.1%	20.4%

注1：チェンマイ大学 71，シーナカリン大学 387
注2：セントトーマス大学 63，ヒューストン大学 33，その他 7
出所：筆者作成。

的に，本章ではそれらの個票もサンプルに含めている。表10-2より，「男性の割合」「24歳までの割合」「日本に来たことがある割合」はいずれも国によって大きく異なることが伺える。すなわち，男性の割合は，韓国で72.9%に対し，タイで31.7%，24歳までの割合は，ロシアで100%に対し，韓国やドイツでは50%以下，日本への渡航経験は，韓国は63.6%に対し，中国・ロシア・ドイツでは一桁台にとどまっている。

3　海外の大学生の旅行へのスタンスについての調査結果

本節では，海外の大学生の旅行へのスタンスについての調査結果を示す。3.1項では旅行に求めるもの，3.2項ではインターネットで海外への旅行に関する情報を得る場合の入手先，3.3項では快適な海外旅行のためにあればいいと感じることを示す。

3.1　旅行に求めるもの

表10-3は，「旅行に求めるもの（3つまで回答可）」（付録10-1のQ3）の各選択肢について，回答数が表2で示したサンプル数に占める割合を，各国別にまとめたものである。縦軸は旅行に求めるものについての選択肢，横軸は国であり，灰色に塗ったセルは各国の上位3回答であることを示している。これを見ると，いずれの国も，「他ではできない体験や学び」が上位3回答に入っている。また，4カ国（韓国・中国・ロシア・アメリカ）では，「美味しい食べ物を堪能する」が上位3回答に入っている。そして，「周りの友人や知人が行っ

表10-3　旅行に求めるもの（3つまで回答可。表10-2で示した各国のサンプル数に占める割合で表記）

	韓国	中国	タイ	ロシア	ドイツ	アメリカ
他ではできない体験や学び	61.2%	50.3%	53.5%	89.1%	63.5%	59.2%
他人に見せる・ＳＮＳに投稿する写真を撮る	20.9%	6.6%	8.5%	16.0%	6.5%	7.8%
周りの友人や知人が行ったことのない場所・経験	24.0%	19.3%	38.6%	12.6%	22.4%	47.6%
リラクゼーション	26.4%	74.6%	26.0%	36.1%	39.4%	30.1%
自己成長	3.9%	28.7%	7.4%	19.3%	35.3%	23.3%
観光・ショッピング	39.5%	40.3%	60.0%	37.8%	13.5%	31.1%
アウトドアスポーツ	9.3%	6.6%	9.2%	14.3%	4.7%	3.9%
美味しい食べ物を堪能する	41.9%	47.0%	34.5%	40.3%	18.8%	54.4%
現地の人たちとの交流	19.4%	25.4%	6.1%	39.5%	20.6%	39.8%
どれでもない	3.1%	0.0%	29.7%	0.8%	0.6%	0.0%

出所：筆者作成。

表10-4　インターネットで海外への旅行に関する情報を得る場合の入手先（複数回答可。表10-2で示した各国のサンプル数に占める割合で表記）

	韓国	中国	タイ	ロシア	ドイツ	アメリカ
TripAdvisor.com	10.9%	2.2%	20.3%	19.3%	36.5%	48.5%
Booking.com	12.4%	1.7%	28.2%	26.9%	47.6%	27.2%
Expedia.com	8.5%	2.2%	14.6%	4.2%	11.8%	34.0%
Youtube	27.1%	14.4%	64.6%	81.5%	40.0%	62.1%
Rakuten Travel	0.8%	2.8%	0.9%	0.0%	0.0%	1.0%
Japanican	0.0%	1.7%	1.7%	1.7%	0.0%	1.9%
Weibo（微博）	0.8%	76.2%	2.2%	0.0%	1.2%	3.9%
Naver	43.4%	4.4%	1.3%	0.0%	1.2%	7.8%
旅行アプリ	7.0%	81.8%	27.3%	12.6%	15.9%	21.4%
友達・個人のSNSページやブログ	60.5%	35.9%	34.5%	68.9%	41.2%	16.5%
インターネット以外	10.9%	19.9%	48.5%	10.9%	37.6%	31.1%
どれでもない	3.9%	2.8%	5.5%	0.8%	8.8%	8.7%

出所：筆者作成。

たことのない場所・経験」はタイ・アメリカで，「リラクゼーション」は中国・ドイツで，「観光・ショッピング」は韓国・タイで，「自己成長」はドイツで，「現地の人たちとの交流」はロシアで，上位3回答に入っている。

3.2　インターネットで海外への旅行に関する情報を得る場合の入手先

表10-4は，「インターネットで海外への旅行に関する情報を得る場合の入手

表10-5　快適な海外旅行のためにあればいいと感じること（3つまで回答可。表10-2で示した各国のサンプル数に占める割合で表記）

	韓国	中国	タイ	ロシア	ドイツ	アメリカ
外国語（英語／母国語）による案内が普及していること	31.8%	14.9%	39.3%	63.0%	31.2%	39.8%
言葉が通じること	14.7%	64.1%	27.1%	29.4%	39.4%	44.7%
インターネット・Wi-Fi 環境	53.5%	48.6%	21.4%	50.4%	34.7%	61.2%
両替及び支払いシステム	11.6%	37.0%	12.2%	30.3%	18.2%	28.2%
キャッシュレス環境（クレジット・デビットカードや電子決済システム）の普及	7.0%	13.8%	38.0%	21.8%	9.4%	24.3%
わかりやすい観光案内	54.3%	16.0%	20.5%	26.1%	22.4%	8.7%
安くて便利な交通システム	33.3%	51.9%	31.0%	20.2%	26.5%	33.0%
割引，免税制度	13.2%	5.0%	11.6%	10.1%	0.6%	1.9%
安全性・安心感	38.0%	55.2%	47.8%	52.9%	49.4%	49.5%
どれでもない	0.8%	0.6%	22.5%	0.0%	0.6%	0.0%

出所：筆者作成。

先（複数回答可）」（付録10-1のQ5）の各選択肢について，回答数が表10-2で示したサンプル数に占める割合を，各国別にまとめたものである。縦軸はインターネットで海外への旅行に関する情報を得る場合の入手先についての選択肢，横軸は国であり，灰色に塗ったセルは各国の上位3回答であることを示している。これを見ると，中国以外の5カ国でYoutubeが上位3回答に入っている。また，Booking comはロシア・ドイツで，Trip Advisor.comとExpedia.comはアメリカで，Weibo・旅行アプリは中国で，Naverは韓国で，インターネット以外はタイで上位3回答に入っている。

3.3　快適な海外旅行のためにあればいいと感じること

表10-5は，「快適な海外旅行のためにあればいいと感じること（3つまで回答可）」（付録10-1のQ6）の各選択肢について，回答数が表2で示したサンプル数に占める割合を，各国別にまとめたものである。縦軸は快適な海外旅行のためにあればいいと感じることについての選択肢，横軸は国であり，灰色に塗ったセルは各国の上位3回答であることを示している。これを見ると，いずれの国も「安全性・安心感」が上位3回答に入っている。また，「インターネット・Wi-Fi環境」が4カ国（韓国・ロシア・ドイツ・アメリカ）で，「言葉が通じ

表10-6　日本への旅行で経験したいこと（5つまで回答可。表10-2で示した各国のサンプル数に占める割合で表記）

	韓国	中国	タイ	ロシア	ドイツ	アメリカ
グルメ	84.5%	66.3%	77.1%	84.0%	71.2%	82.5%
日本のお酒を飲む	34.9%	22.7%	26.2%	22.7%	8.8%	19.4%
旅館に泊まる	26.4%	40.3%	35.4%	19.3%	29.4%	18.4%
温泉に入る	56.6%	47.0%	59.2%	51.3%	27.1%	33.0%
自然景勝地を観光する	10.9%	69.6%	55.5%	73.9%	69.4%	60.2%
街歩きをする	32.6%	37.6%	40.6%	47.9%	28.8%	64.1%
ショッピングをする	20.9%	31.5%	49.1%	37.0%	10.6%	33.0%
テーマパークに行く	21.7%	23.2%	34.3%	26.1%	4.7%	19.4%
ウィンタースポーツをする	6.2%	2.2%	13.1%	15.1%	2.9%	1.9%
伝統的な日本文化を体験する	54.3%	64.1%	39.5%	28.6%	74.1%	55.3%
アニメグッズや漫画を買う	9.3%	24.3%	5.2%	9.2%	10.6%	21.4%
地元の人達と交流をする	34.9%	25.4%	13.1%	35.3%	45.9%	37.9%
どれでもない	0.0%	0.6%	7.9%	0.0%	0.0%	0.0%

出所：筆者作成。

ること」が3カ国（中国・ドイツ・アメリカ）で上位3回答に入っている。そして，「外国語による案内が普及していること」はタイ・ロシアで，「キャッシュレス環境の普及」はタイで，「わかりやすい観光案内」は韓国で，「安くて便利な交通システム」は中国で，上位3回答に入っている。

4　海外の大学生の日本・福島への観光についての認識に関する調査結果

本節では，海外の大学生の日本・福島への観光についての認識に関する調査結果を示す。4.1項では日本への旅行で経験したいこと，4.2項では日本への旅行で買って帰りたいもの，4.3項では福島への旅行で経験したいこと，4.4項では福島について知っていることを示す。

4.1　日本への旅行で経験したいこと

表10-6は，「日本に旅行で来た場合に経験したいこと（5つまで回答可）」（付録10-1のＱ7）の各選択肢について，回答数が表2で示したサンプル数に占める割合を，各国別にまとめたものである。縦軸は日本への旅行で経験したいことについての選択肢，横軸は国であり，灰色に塗ったセルは各国の上位5回答

表10-7　日本への旅行で買って帰りたいもの（5つまで回答可。表10-2で示した各国のサンプル数に占める割合で表記）

	韓国	中国	タイ	ロシア	ドイツ	アメリカ
食品・菓子類	76.0%	69.6%	83.0%	74.8%	62.9%	71.8%
日本のお酒	40.3%	24.3%	24.2%	28.6%	18.8%	21.4%
タバコ	2.3%	5.5%	7.6%	10.9%	0.0%	4.9%
民芸品	17.1%	75.1%	21.6%	22.7%	53.5%	37.9%
家電・電気製品	13.2%	7.7%	11.1%	27.7%	15.9%	22.3%
化粧品・香水	24.0%	38.1%	48.3%	46.2%	12.9%	28.2%
ブランド品	7.8%	12.7%	38.9%	41.2%	7.1%	13.6%
本類・書籍類	9.3%	32.0%	19.4%	5.9%	14.7%	39.8%
医薬品・健康食品	13.2%	24.3%	16.4%	45.4%	1.8%	6.8%
衣類	28.7%	42.5%	44.3%	62.2%	41.2%	68.9%
アニメ・漫画類	14.0%	41.4%	25.1%	12.6%	21.2%	37.9%
電子ゲーム類	9.3%	15.5%	21.2%	21.0%	10.0%	35.9%
どれでもない	3.1%	0.6%	0.9%	0.0%	4.7%	1.0%

出所：筆者作成。

であることを示している。

これを見ると，「グルメ」が，いずれの国も上位5回答に入っている。「自然景勝地を観光する」が韓国を除く5カ国で，「温泉に入る」が4カ国（韓国・中国・タイ・ロシア）で，「伝統的な日本文化を体験する」が4カ国（韓国・中国・ドイツ・アメリカ）で，上位5回答に入っている。そして，「街歩きをする」が3カ国（タイ・ロシア・アメリカ）で，「地元の人たちと交流をする」が3カ国（韓国・ドイツ・アメリカ）で，「旅館に泊まる」が中国・ドイツで，「ショッピングをする」がタイ・ロシアで，「日本のお酒を飲む」が韓国で，上位5回答に入っている。

4.2　日本への旅行で買って帰りたいもの

表10-7は，「日本への旅行で買って帰りたいもの（5つまで回答可）」（付録1のQ8）の各選択肢について，回答数が表2で示したサンプル数に占める割合を，各国別にまとめたものである。縦軸は日本への旅行で買って帰りたいものについての選択肢，横軸は国であり，灰色に塗ったセルは各国の上位5回答であることを示している。

これを見ると，「食品・菓子類」「衣類」が，いずれの国も上位5回答に入っ

表10-8　福島への旅行で経験したいこと（5つまで回答可。表10-2で示した各国のサンプル数に占める割合で表記）

	韓国	中国	タイ	ロシア	ドイツ	アメリカ
グルメ	30.2%	69.6%	68.8%	64.7%	51.2%	48.5%
日本のお酒を飲む	24.8%	22.7%	21.6%	12.6%	12.9%	21.4%
旅館に泊まる	23.3%	54.7%	38.6%	15.1%	20.0%	26.2%
温泉に入る	39.5%	35.9%	54.6%	37.8%	17.1%	31.1%
自然景勝地を観光する	20.9%	53.6%	58.1%	61.3%	50.0%	65.0%
街歩きをする	27.1%	63.0%	42.6%	36.1%	24.1%	64.1%
ショッピングをする	14.7%	26.0%	36.2%	22.7%	8.2%	32.0%
震災や原子力事故について学ぶ	25.6%	17.1%	12.2%	46.2%	尋ねていない	26.2%
ウィンタースポーツをする	8.5%	3.3%	15.1%	12.6%	5.3%	3.9%
歴史・文化に触れる	19.4%	46.4%	31.7%	37.8%	48.8%	45.6%
アニメグッズや漫画を買う	5.4%	18.8%	8.1%	6.7%	5.3%	13.6%
地元の人達と交流をする	20.9%	19.3%	14.8%	31.9%	43.5%	39.8%
どれでもない	10.1%	1.7%	2.2%	2.5%	7.6%	3.9%

出所：筆者作成。

ている。「民芸品」が4カ国（韓国・中国・ドイツ・アメリカ）で，「化粧品・香水」が4カ国（韓国・中国・タイ・ロシア）で，「アニメ・漫画類」が4カ国（中国・タイ・ドイツ・アメリカ）で，上位5回答に入っている。そして，「日本のお酒」が韓国・ドイツで，「ブランド品」がタイ・ロシアで，「本類・書籍類」がアメリカで，「医薬品・健康食品」がロシアで，上位5回答に入っている。

4.3　福島への旅行で経験したいこと

表10-8は，「福島に旅行で来た場合に経験したいこと（5つまで回答可）」（付録10-1のQ10）について，回答数が表10-2で示したサンプル数に占める割合を，各国別にまとめたものである。縦軸は福島への旅行で経験したいことについての選択肢，横軸は国であり，灰色に塗ったセルは各国の上位5回答であることを示している。なお，「震災や原子力事故について学ぶ」は，ドイツでは選択肢に入れていないため，そのことを表10-8では追記している。

これを見ると，「グルメ」が，いずれの国も上位5回答に入っている。「自然景勝地を観光する」が韓国を除く5カ国で，「街歩きをする」がロシアを除く5カ国で，「歴史・文化に触れる」が4カ国（中国・ロシア・ドイツ・アメリカ）で，「温泉に入る」が3カ国（韓国・タイ・ロシア）で，上位5回答に入ってい

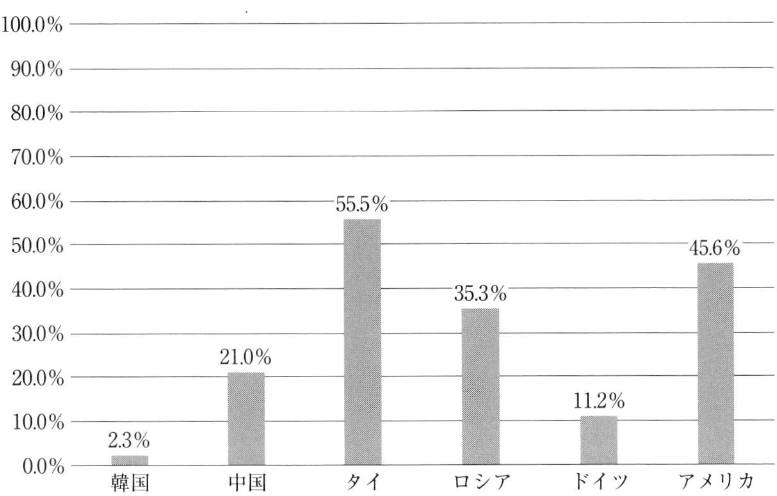

図10-1　福島の食品を安全と思う回答者の割合（%）

出所：筆者作成。

る。そして，「旅館に泊まる」が中国・タイで，「震災や原子力事故について学ぶ」が韓国・ロシアで，「地元の人達と交流をする」がドイツ・アメリカで，「日本のお酒を飲む」が韓国で上位５回答に入っている。

なお，表10-８を表10-６と比べると，多くの国で，特にグルメについて，値が小さくなっていることが伺われる。特に，韓国は，日本への旅行で経験したいこととしてグルメが表10-６では84.5%であったが，表10-８の福島への旅行で経験したいことではグルメは30.2%に大きく減っている。一方，図10-１は，「福島の食を安全だと思いますか」（付録10-１の Q12）に対する回答を表10-２で示した各国のサンプル数（無回答を含む）に占める割合で示したものである。これを見ると，韓国は福島県の食べ物を安全と回答していないことが特に伺われ，このことが上記の背景にあるのではと推察される。

4.4　福島について知っていること

表10-９は，「福島について知っていること（３つまで回答可）」（付録10-１の Q９）の各選択肢について，回答数が表10-２で示したサンプル数に占める割合を，各国別にまとめたものである。縦軸は福島について知っていることの選

表10-9　福島について知っていること（3つまで回答可。表10-2で示した各国のサンプル数に占める割合で表記）

	韓国	中国	タイ	ロシア	ドイツ	アメリカ
おいしい果物	12.4%	15.5%	24.2%	14.3%	5.3%	25.2%
有名な日本酒	11.6%	21.5%	8.5%	6.7%	1.8%	14.6%
美しい自然風景	13.2%	43.1%	39.3%	23.5%	17.1%	25.2%
ゆったりできる温泉	17.1%	23.2%	32.3%	10.9%	2.4%	20.4%
伝統ある歴史・文化	7.8%	32.0%	14.4%	24.4%	15.9%	27.2%
スキーリゾート	3.1%	12.7%	12.2%	4.2%	2.4%	9.7%
原子力発電所事故 東日本大震災	76.0%	59.1%	27.1%	80.7%	88.8%	50.5%
どれでもない	7.8%	11.6%	25.3%	7.6%	2.4%	23.3%

出所：筆者作成。

択肢，横軸は国であり，灰色に塗ったセルは各国の上位 3 回答であることを示している。

これを見ると，「原子力発電所事故，東日本大震災」はどの国も福島について知っていることの上位 3 回答に入っており，タイを除く 5 カ国でその割合は最も多い。「美しい自然風景」は韓国を除く 5 カ国で，「伝統ある歴史・文化」は 4 カ国（中国・ロシア・ドイツ・アメリカ）で，上位 3 回答に入っている。そして，「おいしい果物」は韓国・アメリカで，「ゆったりできる温泉」は韓国・タイで，上位 3 回答に入っている。

5　まとめ

本章では，グローバル企画委員会における，韓国・中国・タイ・ロシア・ドイツ・アメリカなどの経済・文化・言語を扱う学生・教員が現地で海外の大学生に行った観光に関するアンケートの回答を用いて，日本・福島への観光・インバウンドに関する認識を体系的に整理した。その結果，海外の大学生は，旅行に対して，例えば次のスタンスを持っていることが伺われた：他ではできない体験や学びを旅行に求めている；Youtube で海外への旅行に関する情報を入手する；快適な海外旅行のために安全性・安心感を求めている。そして，日本・福島への観光について，海外の大学生は例えば次の傾向があることが伺われた：福島への旅行で経験したいこととしては，グルメ・自然景勝地観光・街歩きという回答が多く見られるが，特にグルメについては，福島の食の安全性に対する認識のためか，日本への旅行で経験したいことよりも回答者の割合が大きく下がる国が複数見られる；福島について知っていることとしては，いずれの国も原子力発電所事故・東日本大震災のイメージが強いが，美しい自然風景，伝統ある歴史・文化という回答も見られる；食品・菓子類，衣類を主に買って帰りたいと考えている。このような海外の大学生の認識を踏まえ，それに合致したシーズを提供していきながら，新しい需要を開拓していくことが，日本・福島のインバウンド戦略の一つの方向性であろう。

付録10-1　本章で実施した観光に関するアンケートの日本語版

Q1．性別	○ 男性 ○ 女性 ○ その他
Q2．あなたの年齢は？	○ 20歳未満 ○ 20～24歳 ○ 25～29歳 ○ 30～39歳 ○ 40歳以上
Q3．あなたが旅行に求めるものは何ですか？（3つまで選択）	○ 他ではできない体験や学び ○ 他人に見せる・SNS に投稿する写真を撮る ○ 周りの友人や知人が行ったことのない場所・経験 ○ リラクゼーション ○ 自己成長 ○ 観光・ショッピング ○ アウトドアスポーツ ○ 美味しい食べ物を堪能する ○ 現地の人たちとの交流 ○ どれでもない
Q4．海外に渡航をしたことはありますか？	○ 海外渡航経験なし ○ 海外渡航経験あり（日本） ○ 海外渡航経験あり（日本以外）
Q5．インターネットを使って海外への旅行に関する情報を得る場合，あなたはどこから入手しますか？（複数回答）	○ TripAdvisor.com ○ Booking.com ○ Expedia.com ○ Youtube ○ Rakuten Travel ○ Japanican ○ Weibo ○ Naver ○ 旅行アプリ ○ 友達・個人の SNS ページやブログ ○ インターネット以外 ○ どれでもない
Q6．快適な海外旅行のためには，何があればいいと感じますか？（3つまで選択）	○ 外国語（英語 / 母国語）による案内が普及していること ○ 言葉が通じること ○ インターネット・Wi-Fi 環境 ○ 両替及び支払いシステム ○ キャッシュレス環境（クレジット・デビットカードや電子決済システム）の普及

	◯ わかりやすい観光案内 ◯ 安くて便利な交通システム ◯ 割引，免税制度 ◯ 安全性・安心感 ◯ どれでもない
Q7．日本に旅行で来た場合，次の内，どれを経験してみたいですか？（5つまで選択）	◯ 日本食を食べる ◯ 日本のお酒を飲む ◯ 旅館に泊まる ◯ 温泉に入る ◯ 自然景勝地を観光する ◯ 街歩きをする ◯ ショッピングをする ◯ テーマパークに行く ◯ ウィンタースポーツをする ◯ 伝統的な日本文化を体験する ◯ アニメグッズや漫画を買う ◯ 地元の人達と交流をする ◯ どれでもない
Q8．日本に旅行で来た場合，次の内，何を買って帰りたいですか？（5つまで選択）	◯ 食品・菓子類 ◯ 日本のお酒 ◯ タバコ ◯ 民芸品 ◯ 家電・電気製品 ◯ 化粧品・香水 ◯ ブランド品 ◯ 本類・書籍類 ◯ 医薬品・健康食品 ◯ 衣類 ◯ アニメ・漫画類 ◯ 電子ゲーム類 ◯ どれでもない
Q9．福島についてあなたが知っていることは何ですか？（3つまで選択）	◯ おいしい果物　（桃，リンゴなど） ◯ 有名な日本酒 ◯ 美しい自然風景 ◯ ゆったりできる温泉 ◯ 伝統ある歴史・文化 ◯ スキーリゾート ◯ 原子力発電所事故，東日本大震災 ◯ どれでもない
Q10．次の内，福島に旅行に来たら経験してみたいことはどれですか？（5つまで選択）	◯ グルメ ◯ 日本のお酒を飲む ◯ 旅館に泊まる ◯ 温泉に入る ◯ 自然景勝地を観光する

	○	選択肢
	○	街歩きをする
	○	ショッピングをする
	○	震災や原子力事故について学ぶ
	○	ヴウィンタースポーツをする
	○	歴史・文化に触れる
	○	アニメグッズや漫画を買う
	○	地元の人達と交流をする
	○	どれでもない
Q11. 2011年3月11日に発生した東日本大震災による福島の被害（地震，津波，原子力発電所事故）について知っていますか？	○ ○	知っている 知らない
Q12. 福島の食品は安全だと思いますか？	○ ○ ○	はい いいえ どちらとも言えない
Q13. 福島の食品が市場に出る前に，安全性（放射線量など）の検査がされていることを知っていますか？	○ ○	知っている 知らない
Q14. もし福島の食品がスーパーで売られていたら，購入しますか？	○ ○ ○	はい いいえ どちらとも言えない

参考文献

クズネツォーワ マリーナ・佐野孝治・沼田大輔・伊藤俊介・吉川宏人・朱永浩・マッカーズランド フィリップ・グンスケフォンケルン マルティーナ・マクマイケル ウィリアム（2019）「「観光」を通したグローバル人材育成～福島大学の成果事例報告～」『福島大学地域創造』第31巻第1号，2019年9月，pp.107-128，http://ir.lib.fukushima-u.ac.jp/repo/repository/fukuro/R000005303/18-339.pdf（2020年7月11日アクセス）

国土交通省観光庁（2017）「訪日外国人旅行者の訪日回数と消費動向の関係について」https://www.mlit.go.jp/common/001230647.pdf（2020年4月7日アクセス）

朱永浩・佐野孝治・沼田大輔・吉川宏人・伊藤俊介・クズネツォーワ マリーナ・マッカーズランド フィリップ・グンスケフォンケルン マルティーナ・マクマイケル ウィリアム（2018）「「食」を通じたグローバル人材育成～福島大学の成果事例報告～」『福島大学地域創造』第30巻 第1号，2018年9月，pp.105-124，http://ir.lib.fukushima-u.ac.jp/repo/repository/fukuro/R000005195/（2020年7月11日アクセス）

関谷直也（2017）「国内と諸外国における風評被害の実態 -2017年度調査及び国際比較調査」東京電力福島第一原子力発電所事故後の風評被害に関する懇談会（第一回福島大学・東京大学原子力災害復興連携フォーラム（2017年12月5日））配布資料

とうほう地域総合研究所（2017）「福島県のインバウンド復活に向けた現状と課題について～復活による経済波及効果の試算結果を踏まえて～」『福島の進路』2017年3月号，pp.26-37

日本政策投資銀行（2018）『2018東北インバウンド意向調査』https://www.dbj.jp/ja/topics/region/area/files/0000032336_file2.pdf（2020年４月６日アクセス）

沼田大輔・佐野孝治・朱永浩・伊藤俊介・吉川宏人・クズネツォーワ マリーナ・グンスケフォンケルン　マルティーナ・マッカーズランド フィリップ・マクマイケル ウィリアム（2018）「福島県の「食」についての海外の大学生の認識比較」『福島大学地域創造』第30巻 第１号，2018年９月，pp.43-53，http://ir.lib.fukushima-u.ac.jp/repo/repository/fukuro/R000005190/（2020年７月11日アクセス）

謝辞

本稿の作成にあたり，アンケート調査にご協力くださいました方々を始め，多くの皆様に大変お世話になりました。本調査は，2018年度福島大学学生教育支援基金・2018年度福島大学経済経営学類プロジェクト経費・2018年度福島大学学長裁量経費の補助を受けて実施いたしました。また，本稿はJSPS科研費（課題番号JP19K12522「福島県の食と観光についての海外の認識に関する国際比較研究」）による研究成果の一部です。ここに記して感謝いたします。

第11章

タイから日本・福島へのインバウンドの可能性[(1)]

佐野　孝治

1　はじめに

東日本大震災・原発事故の影響を受け，福島県への外国人延べ宿泊者数は，2010年の8.7万人から，2011年には2.4万人に激減してしまった。長い低迷が続いたが，官民一体となった誘客活動により，2017年に初めて震災以前の水準を超え，9.6万人に達した。さらに，2018年には前年比47％増の14.1万人に増加し，2010年の1.6倍になっている。しかし，全国では2010年の860万人から2017年の3119万人（3.6倍）に激増しているのと比較すれば，極めて低調である。

次に，福島県における国別外国人延べ宿泊者数を見ると，2011年には，台湾，韓国，米国，中国の順でそれぞれ4000人弱であったが，2017年では，１位台湾２万8350人，２位中国１万2920人，タイ３位9740人となっている（図11-１参照）。韓国人観光客が原発事故の風評もあり停滞しているのに対し，台湾やタイは急増している。特に，タイは新たな観光市場として福島県のみならず日本各地から注目を受けている。そこで本章では，インタビュー調査，アンケート調査，パンフレット分析，SNS分析をもとに，タイから福島へのインバウンド観光の可能性について考察する。

---

(1)　本章は，佐野孝治，海外フィールドワーク実習メンバー（芦田直樹，石崎勇，伊藤大貴，川島卓人，斉藤亮太，佐浦拓樹，鈴木康祐，須藤菜々，反保祐希，沼澤峻史，本名将，松川育実，持尾雄輔）［2019］「タイから日本・福島へのインバウンドの可能性―海外フィールドワーク実習報告―」『福島大学地域創造』第31巻第１号，29～47ページを加筆修正したものである。

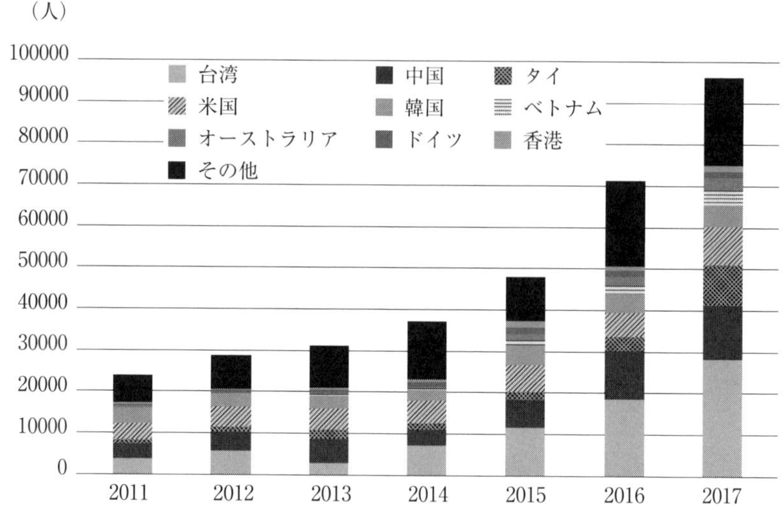

図11-1　福島県における国別外国人延べ宿泊者数の推移

注：従業員10人以上の施設に対する調査から作成。値はすべて速報値である。
出所：観光庁［2019］「宿泊旅行統計調査」。

2　タイからのインバウンドに関するインタビュー調査

本節では，政府機関，タイの日系旅行会社，タイ系旅行会社，タイの旅行コンサルタント企業，福島県観光交流局などへのインタビュー調査をもとに，タイから日本・福島へのインバウンドについて考察する。

2.1　在チェンマイ日本国総領事館　2018年９月21日

チェンマイは，タイ東北部に位置し，人口規模は27万人のバンコクに次ぐタイ第２の都市である。地方都市から見た日本へのインバウンドの可能性について，A 領事よりお話を伺った（写真11-１）。

2018年１月に日本政府観光局（JNTO）と協力してチェンマイワールドフェアを開催した。主に千葉市や神戸市が地域振興を目的とした物産展を開催し，数万人が参加した。タイ人はインターネットで日本についてある程度知っているため，日本の細かい情報を伝えられるよう対面型のブースにした。

写真11-1　チェンマイ総領事館
出所：筆者撮影。

タイでは，日本とは異なり，SNSが年代を問わず浸透している。ただし，情報を得ても，実体験が遅れている。タイ人に日本の伝統文化を体験してもらうことで，日本の文化への理解を深めてもらうことを目的に，毎年，JNTOと協同でチェンマイ大学において日本祭を開催している。日本に行くきっかけは，SNSより口コミが大きく，まだ日本を体験したことのないタイ人を対象に開催した体験型のイベントは口コミに有効であると考えられる。

日本の良さは，誠実さ，勤勉さ，創造性がある文化分野（アニメ，ゲーム，漫画），伝統，歴史と思われている。またチェンマイでは定年退職後の長期滞在者が多く，ボランティア活動を行なっているので，日本に対して良いイメージを抱いている。日本には幅広い世代の人が興味を持っており，日本が初めての海外旅行先という人も多い。

タイ人は，最初は東京・大阪等の大都市を訪問するが，２回目以降は，より深い場所，他の人が知らない場所に行きたがる。リピーターとして新たに日本の観光地を開拓したいという考えを持つ人（富裕層）が地方に関心を持っている。

「地方に行きたい」よりも「兼六園に行きたいがその辺りに他に何がある？」のような具体的な質問をタイ人はするときがある。より深く行きたい場所など，深掘りするのは富裕層が多い。しかし，チェンマイなどの地方では，最初は東京などに行きやすい。

最後に，福島の風評被害については，チェンマイでは，風評よりも，心配し応援する気持ちの方が大きかった。チェンマイで行われるコムローイ祭りで，震災復興を祈願して，ランタンを空にあげた。また基本的に日本のものには抵抗感よりも，安心できるというイメージの方が強い。

2.2　タイの日系旅行会社へのインタビュー調査

⑴　JTB バンコク支店　2018年９月25日

①JTB バンコク支店の企業概要

JTB は，バンコクにウォークインタイプの２店舗があり，従業員は約180人である。タイからのアウトバウンドは，法人営業が５割であり，レジャーの割合が５割である。タイ人の方が人数の割合が高いが，支出額の割合は在タイの日本人の方が高い。主力マーケットは日本だが，在タイ日本人が年末年始に近隣諸国に旅行に行くケースも多い。

タイは経済成長していることもあり，リピーターが増えている。最初はパッケージツアーを利用し，２～３度目はLCC（格安航空会社）などを利用した個人旅行が増えている。また JTB は，商品を売り込む機動力において現地旅行会社には負けてしまう。したがって，JTB は，マーケティング調査によるターゲットやニーズの特定を踏まえて，ツアーの質にこだわり，富裕層，アッパーミドル層向けの高付加価値商品を販売していかなければならないと考えている。主なターゲットは月収３万バーツ（10万円）以上で，コアとなる年齢は40代，50代である。女性の社会進出により，女性の顧客が意外と多い。

他の旅行業者との差別化については，ブランディングを徹底し，信頼してもらえる企業になるべく努力している。実際に，法令順守も現地企業に比べて徹底しており，サービスの面でも評価が高い。しかし，大企業であるがゆえにスピードが遅いという弱みもある。

パンフレットや宣伝などには写真を多めに使うが，リスクマネジメントもしっかりとする必要があるので，必要な情報は必ず掲載するようにしている。タイ人はあまり英語を読まないので，タイ語のパンフレットを作らなければならない。

②タイから日本へのインバウンド

タイ人は，とにかく写真を撮ることを好む。歴史やその説明にはあまり興味はない。ショッピングが大好きでアウトレットをツアーに組み込むこともある。食べ放題，カニも人気である。温泉には，やはり恥ずかしいという気持ちがあり，あまり入りたがらないが，露天風呂は人気がある。部屋に露天風呂が付いている形などなら入りやすいので，そういった旅館は人気のスポットになるが，値段が高い。温泉の雰囲気を楽しむ，そこで写真を撮る，などはタイ人にも受けがいい。

日本のライバルになる国は韓国，台湾である。日本の強みは安心，安全で物価が安いということである。また，商品はバラエティが豊富で値段の割に質も良い。さらにタイと日本の友好関係や日本に対するイメージがいいことも強みである。日本が安心であるがゆえに，レンタカーの利用者数が増加している。つまり，外国人も安心して利用できる交通インフラの整備が進んでいると言える。

一方，弱みは，まだまだ地方になると外国人に対して身構えてしまうことや，東京は困っている外国人に冷たいことなどが挙げられる。交通インフラだけでなく，インバウンド政策に合わせた観光インフラ（ガイドや添乗員の人材育成等）の整備を官民連携で行っていく必要がある。継続的な本当のおもてなしをするためには，商店などの観光関連産業が協力的でなくてはいけない。

③福島へのインバウンドの可能性

タイ人は福島といってもどこにあるかわからない。各自治体の PR パンフレットを並べても各自治体の見分けがつかない。日本の場所をやっと知っているくらいの人たちとビジネスをするという認識が必要である。

企業側の目線からすると，収益性が重要になる。客側目線からすると，今までにない何か新しいものを生み出すことが重要になる。自治体は，PR する観光地において，持続性や収益性を見るだけでなく，行きやすさ等の指標をみるべきである。

大切なことは相手を知ること，自分をよく知ることである。今ある既存の観光地などをゼロだと思って新しいものを生み出す必要がある。タイと日本の人では考え方も違うので，求めるものや常識も違う。日本で人気のないスポットも人気観光地と成り得る。自分たちの常識を捨て去ることが重要で，トレンドは来るものではなく作るものである。自治体は腰が重いし，固定概念に縛られやすい。大学生が自主的に動いてプランを考え，提案するくらいの方が良い。最近では東北の知名度も上がってきている。東北にある，「キツネ村」がタイの人にとって人気であり，タイ人は興味のあるものに対しては，なんとかして行こうとする。

福島県単体でのプロモーションは難しいので，ゴールデンルート（東京・大阪・京都など定番の観光コース）や仙台と連携したほうがいい。東北6県でオール東北となって取り組むことは，すでに行われてはいるが，民同士や官同士だけでの取り組みでなく官民の連携が必要である。しかし，実際はなかなか連携を取るのが難しい状況である。民は自分たちの利益優先になってしまい，協力することが難しい。仙台―タイ間の直行便については，観光客よりビジネス客がいるかどうかに注目する。観光客は波があるが，ビジネス客は波が少なく安定した採算性が見込まれるからである。

復興ツーリズム，ダークツーリズムについての可能性については，タイ人はやはりショッピングなど楽しいことが好きで，個人での旅行となるとあまり期待はできない。教育旅行であれば可能性はある。

⑵　H.I.S.TOURS CO., LTD.　2018年9月24日

① H.I.S.TOURS CO., LTD. の企業概要

店舗数はタイに24店舗で，従業員400人弱である。タイ人が大部分で，日本からの出向者4人，現地採用日本人約60人である。事業内容は，インバウンド事業（日本→タイ）21年目，アウトバウンド事業（タイ→日本）7年目であり，日本人の受入れ事業が主である。売上は年間約120億円である。

2013年の Visa 解禁が後押しし，タイ人の日本への観光客数は，97万人まで増加した。特に，インターネットや LCC の普及によって，FIT 化（個人旅行化）しており，現在6割を占めている。残りの4割が店舗で購入しており，バンコク市内に住む，アッパーミドル層，20代～30代女性が中心である。タイは，家族の結びつきが非常に強く，家族全員で旅行することが多い。

H.I.S の強みは，店舗ビジネスの展開であり，店舗の専門店化，サービス品質の向上により，他社との差別化を図っている。自社独自のアクティビティ（例えば，K-POP アイドルのコンサートなど）を自社で企画・運営し，それに合わせた航空券等を販売している。量より質で勝負しており，Meeting（会議・研修・セミナー），Incentive tour（報奨・招待旅行），Convention・Conference（国際会議，学会），Exhibition（展示会）などの MICE 事業に力を入れている。

JNTO，JETRO との連携については，銀行融資による情報交換はしているが，

民間主導型で観光発展を目指している。政府や各自治体はインフラ整備を担うなど役割分担している。

②タイから福島へのインバウンドの可能性

2011年の東日本大震災時，日本行きのツアーがゼロになった。現在，風評はあまりないと思われるが，福島に対する認知度は高くない。地方でも佐賀県のようにタイ人が行く可能性があるところもある。映画のロケ地になったこともあるが，タイ語の表記が多く努力している。

福島県も他県と連携するとともに，確立した観光資源を何か一つ見つけるべきである。例えば冬であれば，蔵王の樹氷を見て，会津で日本食を食べるような，特色のある観光資源が必要だと思う。

2.3　タイ系旅行会社 S.M.I Travel Co., Ltd. へのインタビュー調査

2018年9月25日

① S.M.I Travel Co., Ltd. の概要

設立は，1980年9月であり，親会社は，サイアム・モータース株式会社である。従業員数は，日本人17名，タイ人75名，専属ガイド112名である。事業内容は，インバウンド，修学旅行，企業インセンティブ，MICE マーケットなどであり，ツアーブランド名は Wendy tour である。

手配旅行の取扱いが一番多い。例えば，秋田での農業体験は，地方自治体とのコネクションで商品開発した。またビュートラベルの商品販売の代理業務を行っている。小さい旅行会社にとって代理業務は重要である。次に，受注型企画旅行では，私立校などで秋田での農家民宿を取り入れた修学旅行教育旅行を実施している。FIT 化に対応して，スキー商品も行っている。

顧客からの照会・販売ツールは，LINE40％，Facebook25％，電話30％，来店5％とほとんど SNS である。タイ人は年齢を問わず簡単なチャットツールでの連絡を好む。小さい旅行会社だからこそ親密な関係でサポートできる。

今後の展開として，LCC や OTA（Online Travel Agent インターネット上だけで取引を行う旅行会社）の台頭が著しく，FIT の割合が高い中で，旅行会社は顧客に何を提供できるかを考えている。まず，社員旅行や報酬旅行の需要は無くならないので，企業顧客・教育旅行の取り込みを進めていく。次に，小グル

ープ（5～10名）の取り込みを進める。部屋や移動手段などの手配の面倒さを請け負うことで，小さな利益を獲得する。小さな積み重ねが大きな信頼の獲得につながっており，これが現地旅行会社の生き残り術である。続いて，顧客が自身で手配できない商品の追求である。自治体と協力してオリジナリティーのある商品を開発している。まだ流行っていない所に行きたいという需要もある。

官民連携は重要であり，住民の理解と協力があってこそ観光地になり得る。当社はルートや日程の提案，相談，滞在中の顧客サポートをLINEや電話で行う。

②タイから日本・福島へのインバウンドの可能性

日本の強みは，四季や街の清潔感である。弱みは，航空券代，宿泊費が高いので長期滞在が難しいこと，地方は交通の便が悪く，外国人慣れしていないことである。

観光地としての知名度を上げるためには，ドラマ，映画，Youtuber，インフルエンサー（有名人など人々の行動に大きな影響を与える人物）などを使う方法があるが，効果が一時的である。そもそも，そこを訪問する日本人観光客が増加すれば利便性が上がるとともに，知名度も上がる。

ダイヤモンドルートについては，地域に核となる名所をつくる。そうすれば止まってもらえる。JR East passの東北エリアを活用すれば，北海道イン東京アウト，仙台イン東京アウト等ダイヤモンドルート以外にも，面白いモデルルートはいくらでも考えられる。

福島の桃は空港近くで買えてしまう。わざわざ遠くまでは行かないので観光資源としては弱い。ただ桃パフェなどはインスタ映えすると思う。

東南アジアに向けた訪日プロモーションは，ターゲット理解，タイ人の価値観に訴求することが成功のポイントである。

2.4　タイの旅行コンサル企業へのインタビュー調査

(1)　ASIA Click　2018年9月25日

訪日インバウンドPR事業や旅行代理店へのセールス代行などを行うASIA ClickのJ氏から，東北・福島へのインバウンドの可能性についてお話を伺った。

インバウンドで最も重要なことは，イメージを持たせることである。例えば，シンガポールは，行ってみると同じような風景が並んでいて決してすべてが魅力的なものではない。しかし，マーライオンなどのイメージが世界中に定着しているためそれを目当てにターゲットが来る。シンガポールはイメージ戦略が上手い。

一方で東北のイメージは一つもない。一つだけでもいいからみんなが思い浮かぶイメージを作ることが大事である。

タイでは体験できないものを PR することが必須である。四季だけではユニークではない。四季は日本中にあるし，台湾や韓国にもある。四季単体を推してはだめである。秋田のきりたんぽはタイの東北地方にもあるためタイ人にとって物珍しい感じはない。また宮城県の松島は泳げないので，タイ人にとってあまり魅力的ではない。

現在の東北インバウンドは訪日 4 回目の外国人観光客をターゲットにしている。またターゲット層は上層，中間層でホワイトカラーの人である。地域によっては，市長だけがインバウンドに力を入れている地域や観光客に来てほしくない地域もある。会津や秋田は本気度が高いと思う。

PR ではビジュアルが大切で，文字よりも写真でインパクトを出して，わかりやすさ重視にすべきである。タイ人からみた日本の観光パンフレットは教科書のように読みづらい。ホームページも文字は少なく写真から興味のあるものを検索できるようにする方が良い。またツアーを組むときは日帰りにならないように 1 泊必ず宿泊せざるを得ないようにする。

福島にも観光資源はたくさんあるが，なんでも推すとその分魅力は薄まる。リピーターを増やすためにはストーリー作りが大切である。例えば，地味であまり外国人が手を出さないそばでも，大内宿にあるネギそばを好きになるタイ人もいる。

福島の原発を気にしたり，心配したりしているタイ人は全体の 7 %程度だと思うが，復興ツーリズム，ダークツーリズムはここ数年では難しい。ただし，CSR，環境，教育など MICE 旅行なら可能性はある。

⑵　BANGKOK Porta Co., Ltd　2018年 9 月25日

トラベルビジネスサポート事業，フードビジネスサポート事業などを行う

BANGKOK Porta（2008年6月設立）のK氏から，タイ人観光客の特徴，東北・福島へのインバウンドの可能性についてお話を伺った。

①タイ人観光客の特徴

タイからの訪日観光客は2013年のビザの免除措置から，約6倍になっている。2013年当時は，募集型のパッケージツアーが主流だったが，最近ではFITに形態が変わり。85％近くになってきている。最初は東京・大阪等ゴールデンルート，次に北海道になった。一番重要なのは飛行機（直行便，LCC）が飛んでいるかどうかである。仙台・福島間は福岡・熊本間と同じくらいの距離なので，二次交通の方法を考える必要がある。

タイ人は，SNS映えする見かけのいいもの，有名なもの，楽しいことが好き。フィーリングで生きている。ライフスタイル経験（非日常感）を好む。JRか私鉄等のローカル線を使う人が多く，移動距離・時間は長くても辛いと感じないようだ。FITで皆の知らないところに行きたがることから地方によってはチャンスである。個人旅行になったことでパッケージに入っていないところにはチャンスがある。

エリアパスとか一日向けの観光パックとか外国人向けに分かりやすくしたFITパッケージが売れている。1年間有効のJRパスやディズニーとかUSJのパスも売れている。だから，地方では，パックを作って，タイ人に認知させるとチャンスがある。現在，地方では，自治体が直接売り込みに来て，オンラインで直接販売できるよう努力している。

②タイから福島へのインバウンドの可能性

福島は二次交通で行く目的地だから，福島の良いところを，外に出てPRしないといけない。知ってもらってはじめて商談は成り立つ。福島の強みは何かを考えて，学生が動いて前のめりに進んで，挑戦するしか方法はない。そのアクションプランを地方自治体が作るストーリーにのせるのが日本の鉄板である。

福島には，温泉，会津（鶴ヶ城），桜，ハワイアンズ，果物狩りなどがある。今，果物狩りが人気で，タイ人はイチゴが好きだが，桃はまだタイ人にフィットしていない。りんごもそれほど人気がない。

福島より佐賀の方が認知されている。佐賀県のフィルムコミッションがタイに特化して営業している。40人分のすべて経費の半額を自治体が補助している。

地域の売り上げは数百万円程度だった。

復興ツーリズム，ダークツーリズムの可能性については，やってみないとわからない。タイ人からすれば，過去のものという感覚だが，楽しい気持ちになるものではないのでそのあとの観光プランが必要である。広島に原爆ドームがあるから行くのではなく，他に魅力があるから行く。タイの人は日本人以上にセンシティブだから受けるかどうかわからない。そこの比重をあげるのは旅行としてはちがうのではないかと思う。神戸のパッケージ旅行で，自治体の要望で阪神大震災についての説明をタイの旅行会社にしたり，博物館を視察させたりするが，我々とは心の温度差がある。日本の傾向として，悲しみを共有する力は強いが，幸せを共有するというところは弱いのではないかと思う。

2.5　福島県観光交流局・観光交流課へのインタビュー調査　2018年7月27日

①福島県のインバウンド戦略について

福島県庁の観光交流課の事業として，2020年オリンピックに向けて，外国人宿泊客数20万人の誘客を目標にしている。震災・原発事故前は，韓国と中国が最大市場だったが，風評被害のため韓国はあまり期待できない。そこで，2016年以降は風評被害の少ないタイ，ベトナム，台湾を中心に誘客を進めている。また，冬にはスキー客狙いで，オーストラリアも重視している。地域的には，会津メインのプロモーションを進めている。特に，2018年は「戊辰150周年」ということで，サムライがいた精神を福島県の魅力として海外に広めたい。また，今後は，4泊6日くらいで東北～東京のルートに福島を入れたFITモデルルートを作りたい。そもそも東北に観光客が来ていないこともあるが，福島県は通り過ぎるだけになっている。長期滞在ツアーで泊まってもらうなど工夫をしなければならない。団体でないと旅館にお金が落ちないので，旅行会社向けに，もっと売り込みが必要である。

今後，浜通りなどは観光客も少ないため，ホープツーリズムとして原発を推すことを考えている。風評が広まることの懸念はあるが，丁寧に伝えれば伝わるのではと考えている。嫌なイメージでも，本当のことを出していく時期だとも考えている。

②タイから福島へのインバウンドについて

福島県を訪れるタイ人観光客は年々増加している。その理由として，第一に，SNS の更新があげられる。2016年度から，タイ語の Facebook ページを開設し，毎日，タイ人目線を重視した福島の情報発信を行っている。第二に，タイ人のインフルエンサーを誘致している。2017年から，台湾人を含めて100人のインフルエンサーを福島に招聘し，その人が書いた記事（写真，コメント）をいつでも見られるように公開している。タイ人は口コミで旅行先を決めるため，効果は大きい。第三に，タイに現地窓口を設置し，日系のトップ企業など90社ほどと連携している。

タイ人の旅行の傾向については，年齢層は40歳代で，旅行は２カ月前に口コミで決めてしまう。ツアー旅行に飽き始めている印象で，FIT が主流である。タイでは見られない桜，花，紅葉，雪などを目的に来日している。ソンクラン（タイの旧正月，４月13日から15日）の時期は桜の満開時期と重なるため春の時期が多い。福島は４月の桜の時期が売りだが，桜を見てもらうだけで周りにはそれほどお金を落としてもらえるようなものがないことが課題である。

タイ人は旅館好きが多いが，裸を見せ合う習慣がないため，温泉に入らない人が多い。そのため，裸を見せなくても入れるような温泉も検討しなければならない。またタトゥー対策も必要である。

3　タイの大学生の観光に関するアンケート調査

本節では，チェンマイ大学とシーナカリン・ウィロート大学での観光に関するアンケート調査をもとに，タイの大学生の観光についての意識を明らかにする。われわれは，バンコクにあるシーナカリン・ウィロート大学の386名，タイ北部の山岳地帯にあるチェンマイ大学の71名の，計457名の大学生に対して観光についてのアンケート調査を実施した（写真11-２参照）。アンケート結果については，６章と10章で詳しく述べているので，訪日経験の有無で比較したいくつかのデータを紹介する。

福島に来たら経験してみたいことを，訪日経験の有無で比較すると，両グループとも，「グルメ」が68％と第１位を占めているが，訪日経験なしのグループが第２位に「自然景勝地を観光する」，第３位に「温泉に入る」であるのに対し，訪日経験ありのグループは，第２位に「温泉に入る」，第３位に「旅館に泊まる」となっている（図11-２参照）。インタビュー調査によればタイ人にとって，東北および福島は最初に観光したい場所ではなく，東京，京都，大阪，名古屋といったゴールデンルート，そして札幌などの次に行きたい場所となっている。今後，福島県は，比較的所得の高いリピーター層をターゲットに，福島の温泉地での宿泊をアピールすることが重要である。

写真11-２　チェンマイ大学でのアンケート
出所：筆者撮影。

次に，福島について知っていることは（複数回答可），美しい自然風景（39％），ゆったりできる温泉（35％），原子力発電所事故・東日本大震災（29％）が多く，

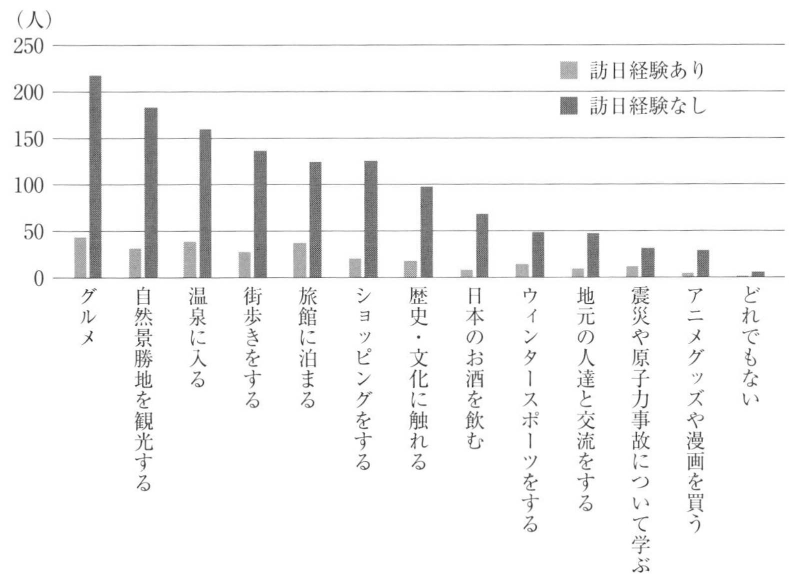

図11-２　福島に旅行に来たら経験をしてみたいもの（５つまで選択）
出所：筆者作成。

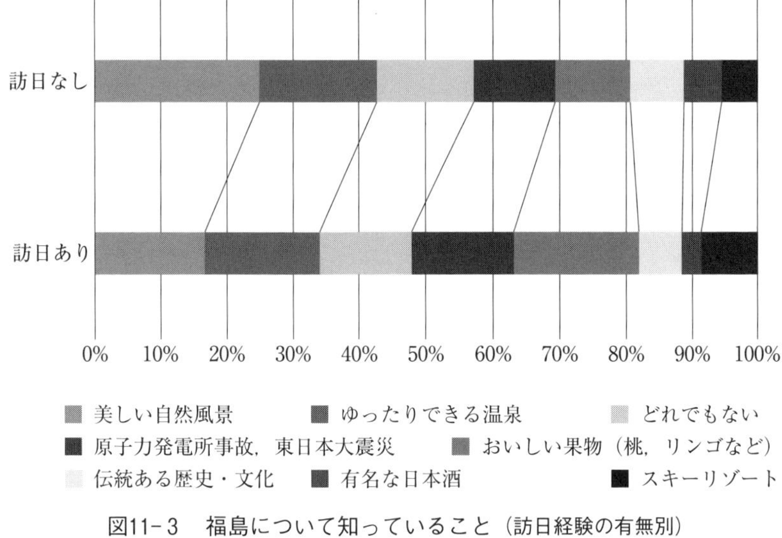

図11-3　福島について知っていること（訪日経験の有無別）
出所：筆者作成。

訪日経験の有無別にみてみると，訪日経験ありの大学生では，経験なしの大学生に比べて，美しい自然風景，有名な日本酒，伝統ある歴史文化が少なく，代わって原子力発電所事故・東日本大震災，おいしい果物，スキーリゾートが多くなっている（図11-3参照）。

4　訪日パックツアーのパンフレットに見る福島

本節では，タイに代理店を置く旅行会社がどのような訪日旅行を企画し，タイ人向けに販売を行っているのかを調査するため，パンフレットを収集し，分析した。

JNTOが実施した「Japan Tourism Award in Thailand 2017」でトップエージェント賞を受賞した企業37社のうち9社の代理店を訪問し，パンフレットを収集した（表11-1参照）。さらに取得したパンフレットと各社webページにおけるパッケージツアー紹介欄に掲載のあるツアーを行先，価格等から比較した。

表11-1　訪問したトップエージェント受賞の旅行会社とパンフレットの有無

企業名	パンフレット	ウェブサイト
ACCORD TRAVEL SERVICE CO., LTD	○	○
WORLD SURPRISE	○	○
JOYFULL HOLIDAY. CO., LTD	×	○　web のみ
NEW TOYO TRAVEL CO., LTD	○	○
JPLANHOLIDAY	×	○
SOGO WORLD TRAVEL CO., LTD	店舗なし	○
O_2ASIATRAVEL DESIGN CO., LTD	○	○
H.I.S TOURS CO., LTD	○	○
UNITHAI TRAVEL CO., LTD	×	○　web のみ
JTB (THAILAND) LIMITED	○	○
ST DELUXE TOUR CO., LTD	×	○

出所：筆者作成。

タイ市場において訪日促進に貢献したとされる企業37社のうち，東北地方へのツアーがあるのは15社（40.5%）に過ぎないことから，東北地方は団体ツアーに組み込まれにくいことがわかる。パンフレットに掲載されている観光地数は宮城20件，福島11件，青森11件，秋田10件，山形９件，岩手８件である（図11-４）。

福島県を含むツアーの主なルートは２つで，東京→日光→福島，あるいは東京→日光→福島→宮城である。ほとんどが，東京発着で福島・栃木・茨城県の３県を巡る「ダイヤモンドルート」に沿ったバスツアーである。パッケージツアー価格は２万バーツ（７万円）〜7.7万バーツ（28万円）とツアーによって様々である。ちなみに，観光庁（2019）によれば，2019年４〜６月期の訪日タイ人１人当たりの団体パッケージツアー価格の平均は12万7440円，個人向けパッケージツアー価格の平均13万8866円であり，訪日外国人平均よりは数千円程度安い[(2)]。

パンフレットに記載されている福島県内の観光地は，鶴ヶ城，大内宿，猪苗代湖など大部分が会津地方で，会津の温泉旅館に１泊〜２泊宿泊するツアーが多い。中通りは，花見山と岳温泉が１件ずつ，浜通りは１件もない。浜通りや

(2)　観光庁（2019）「訪日外国人消費動向調査　2019年４―６月期」。

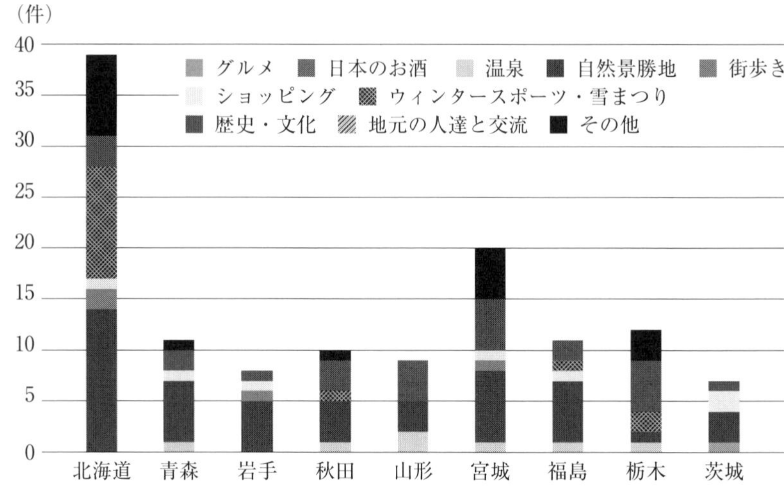

図11-4　都道府県別パンフレット掲載観光地数

出所：各社パンフレットより筆者作成。

中通りにおける観光資源（滝桜，花見山など）をPRしていかなければ，福島＝会津という傾向は今後も続くと思われる。

5　SNSにおける福島

本節では，FITが訪日する際に，最も参考にすると思われるYouTubeとInstagramにおいて福島がどのように取り上げられているのかを分析する。

5.1　YouTubeでの情報発信

先述した大学生を対象としたアンケート調査では，インターネットを使った海外旅行に関する情報の入手先ではYouTubeが1位であった。

2017年2月からYouTubeに登録されているDiamond Route Japanは，ダイヤモンドルートに当たる福島，栃木，茨城の三県の観光PR動画である。特に，歴史にちなんだ武士文化の動画や，山間部でのアウトドア動画，健康をテーマにした温泉動画などの再生回数が多い。2019年8月時点で，チャンネル登録者数1万3096人であり，動画14本の総視聴回数は5765万回を超えている。

次に，タイ語で福島（ฟุกุชิมะ）を検索してみると，関連度順のランキングでは，東日本大震災・原発事故関連の動画が10位以内に５件（２位，３位，４位，６位，７位に）ランクインしている。また視聴回数を見ると，１位は TomoNews Thailand の「巨大魚，放射線の影響？　福島原発事故が原因かもしれません」が52万2985回，６位に PPTV HD36の Ghost Town of Japan が８万9938回再生されており，いまだに原発事故関連の動画が視聴されていることがわかる。ただし，それ以外は，We love Fukushima の Unseen Fukushima が２位で33万回，４位で21万回など，福島の良さをアピールする動画が上位に入っている。再生回数が多かった先述の Diamond Route Japan は，タイ語での検索にはヒットしないので，英語だけではなく，タイ語や中国語などターゲット国の言語でも検索できるなどの工夫が必要だと考える。

5.2　インスタグラムによる「福島」関連投稿

インスタグラムの投稿状況をタイ語で都道府県別に検索してみると，１位が北海道で４万1900件，２位が東京で２万3300件，３位が京都で7565件の順である。東北地方では，宮城147件，福島121件，秋田53件，山形46件，岩手12件，青森４件と上位の都道府県に比べると格段に投稿数が少ない。東北の他県に比べれば，福島は比較的多いが，投稿の約７割が会津・喜多方地方を対象としており，雪景色の写真を用いた投稿が多い。スキー場においては，雪遊び又はソリ滑りを楽しむ傾向にあり，スキーやスノーボードをする人は少ないと思われる。比較的只見線や五色沼の写真等，自然風景を映した写真の投稿が多かった（表11-２参照）。

6　おわりに

本章では，インタビュー調査，アンケート調査，パンフレット分析，SNS 分析をもとに，タイから福島へのインバウンド観光の可能性について考察した。

まず，タイ人観光客の団体ツアーは，減少こそしていないものの，１回目はパッケージツアーを利用し，２回目以降は LCC や OTA などを利用する個人旅行が主流になっている。そのため，店舗を持つ JTB や HIS などの日系旅行

表11-2　SNS（インスタグラム）の福島関連記事（2018年10月現在）

投稿者	内容	件数
旅行会社広告	果物狩り	2
	会津・喜多方	2
	スキー場	1
	五色沼	1
	只見線	1
	合計	7件
個人投稿	只見線	8
	五色沼	6
	スキー場	4
	三春滝桜	3
	会津・大内宿	3
	会津・鶴ヶ城	2
	吾妻山	2
	猪苗代湖	1
	奥会津博物館（会津塗り体験）	1
	果物狩り	1
	餃子	1
	合計	32件
その他	東日本大震災・原発事故	3
	分類不可能	13
	合計	16件

出所：「福島」（ฟุกุชิมะ）で検索した結果，121件中，閲覧可能な55件を対象に，筆者作成。

会社はツアーの質にこだわり，富裕層，アッパーミドル層向けの高付加価値商品や独自企画を開発したり，MICE に力を入れたりしている。

また小規模なタイ系の旅行会社は機動力を生かし，MICE や少人数向けや個人旅行者向けのサービス，自治体とのコラボ企画などで活路を見出している。「Japan Tourism Award in Thailand 2017」でトップエージェント賞を受賞した企業でも，店舗を持たず，募集型のパッケージツアーも行っていないところがあり，パンフレットも Web 上でだけというところが多かった。

このように団体ツアーは次第に最も観光客が多いボリュームゾーンに対応できなくなってきており，高付加価値化や MICE で生き残りを図る必要がある。

福島県はタイに現地窓口を設置し，旅行会社と連携して，観光プロモーションを積極的に行っている。また東京発着で福島・栃木・茨城県の３県を巡る

「ダイヤモンドルート」を構築し，侍の魂が今も残る地として，SNS を活用して世界に発信している。MICE や「ダイヤモンドルート」を活用した団体ツアーの誘客に力を入れることで，タイ人観光客の増加に結び付けている。

これは中期的には合理的で成功していると評価できるが，長期的にはタイ人の FIT 化のトレンドと乖離していく懸念も残る。リピーターの増加は地方にとってチャンスである。東京・大阪・京都・北海道の次の訪問先として，東北や福島が選択される可能性も出てきている。今後，「ダイヤモンドルート」と連携した，FIT を対象としたルートの構築やタイ語での情報発信などによって，持続可能なインバウンド戦略が必要になってくるといえる。

参考文献

新井直樹（2017）「インバウンド観光と地域振興」『地域政策研究』第19巻第 3 号。

梅原克彦（2015）「東南アジア諸国から秋田県，東北地方への観光客誘致に関する考察」『研究紀要』第 1 号。

観光庁（2019）「訪日外国人消費動向調査　2019年 4 ― 6 月期」。

観光庁（2019）「宿泊旅行統計調査」。

北邦弘（2015）「タイ国アウトバウンド市場から見る訪日旅行」『国際研究論叢』28（ 2 ）。

とうほう地域総合研究所（2017）「福島県のインバウンド復活に向けた現状と課題について」『福島の進路』2017年 3 月号。

東北運輸局観光部（2017）「東北地方における観光の現状」。

日本政策投資銀行（2018）『2018東北インバウンド意向調査』。

日本政府観光局（2017）「訪日外国人旅行者の訪日回数と消費動向の関係について」。

日本政府観光局（2018）『訪日観光データハンドブック』。

日本政府観光局（2019）「福島県インバウンド事例調査レポート」。

福島県商工労働部（2018）「福島県観光客入込状況」。

第12章

若者の消費行動についての海外の大学生の認識比較[(1)]

朱　永浩

1　はじめに

福島大学経済経営学類グローバル人材育成企画委員会（以下，グローバル企画委員会）では，2017年度から福島大学の学生による世界各国での大学生の意識調査を，授業や演習の一環として行っている。2019年度は，第７章で示したようにアメリカ・ロシア・韓国・中国・台湾・マレーシアの６カ国・地域において，大学生に若者の消費行動についての意識調査（伊藤ほか，2020）を実施した。

大学生の消費行動についての先行研究を概観すると，日本の大学生については，全国大学生活協同組合連合会が1963年以降，毎年定期的に全国の国公立および私立大学の学部生を対象に実施したアンケート結果をもとに「学生の消費生活に関する実態調査」を作成している[(2)]。そこでは，日本の大学生の生活，主に経済的な側面と大学生の意識や行動が明らかにされている。また，大学生意識調査プロジェクト（2019）の報告書では，デジタル時代を生きる現代の日本の大学生による消費行動の意識と実態が解析されている。他方，海外の大学生については，朱・荒木（2015），陳・加茂（2014），白・李（2016）のような，

(1)　本章は，朱永浩・沼田大輔・佐野孝治・伊藤俊介・吉川宏人・クズネツォーワ マリーナ・マッカーズランド フィリップ・村上雄一・グンスケフォンケルン マルティーナ・マクマイケル ウィリアム（2021）「若者の消費行動についての海外の大学生の認識比較―アメリカ・ロシア・韓国・中国・台湾・マレーシアでのアンケート調査をもとに」『福島大学地域創造』第30巻 第２号，pp.139-147を加筆・修正したものである。

(2)　詳細は全国大学生活協同組合連合会のホームページ（https://www.univcoop.or.jp/press/ 2020年12月１日アクセス）を参照されたい。

特定の国・地域を対象とした（または日本と比較した）研究は多数あるが，同時に複数の国・地域の大学生に焦点を当てた若者の消費行動についての国際比較研究はあまり行われていない。

そこで本章では，世界6カ国・地域における若者の消費行動についてのアンケート調査の結果をとりまとめ，若者の消費行動についての大学生の認識を明らかにし，それらを国際比較していきたい。本章の構成は次のとおりである。まず第2節では，若者の消費行動についての海外の大学生の認識に関するアンケートの実施概要・構成・回答者の属性を述べる。次いで第3節では，海外の大学生に対する若者の消費行動に関する調査結果を読み解く。最後に，本章のまとめと今後の課題を示す。

2　若者の消費行動についての海外の大学生の認識に関するアンケートの概要

本節では，2019年度にグローバル企画委員会で実施した「若者の消費行動」に関するアンケートの実施概要・構成・回答者の属性を述べる。表12-1は，各国・地域での調査がどのように実施されたかをまとめたものである。アメリカ・ロシア・韓国については語学研修の一環として行い，中国についてはアジア経済に関する専門演習，マレーシアについては特別演習（海外調査）の中で行った。なお，台湾については，福島大学行政政策学類・村上雄一教授が訪問先の文藻外語大学で実施した。アンケートの実施場所・方法は，それぞれの研修内容に応じて引率教員と現地関係者との調整を行い決めた。

本調査に使われたアンケートは，グローバル企画委員会に在籍している教員の授業・ゼミなどの受講生からの意見を適宜取り入れて作成した。付録12-1は，実際のアンケートの日本語版を，選択肢などとともに示したものである。アンケートでは，まず，性別・年齢を問い（付録12-1のQ1，Q2），主なお金の使い道（Q3）や，商品購入時の情報源（Q4），商品購入時の決済方法（Q5），消費行動に影響を与える要因（Q6），魅力的な日本のブランドイメージ（Q7），贅沢する時のお金の使い道（Q8），消費を我慢しないといけない場合の優先順位（Q9）について尋ねた。さらにアンケートの末尾に，沼田ほか（2018），マ

表12-1　若者の消費行動に関するアンケートの実施概要

国・地域名	韓国	中国	台湾	マレーシア	ロシア	アメリカ
引率教員	伊藤俊介教授	朱永浩教授	村上雄一教授	佐野孝治教授	クズネツォーワ　マリーナ准教授	マッカーズランド　フィリップ教授
福島大学における授業名	韓国朝鮮語	専門演習	—	特別演習（海外調査）	特別演習 実践ロシア語演習	特別演習 Work Experience Abroad
渡航した学生数	14名	12名	—	11名	4名	5名
渡航先での滞在期間	2019年8月11日～23日	2019年9月1日～13日	2019年9月[注1]	2019年8月21日～9月5日[注2]	2019年8月18日～25日	2019年8月12日～9月28日
アンケートの実施場所（カッコ内は所在地）	培材大学校サマープログラム （大田）	広東海洋大学寸金学院（広東省湛江市）	文藻外語大学（台湾）	University Malaya, Sunway University, National University of Malaysia, International Islamic University Malaysi（クアラルンプール）	極東国立交通大学（ハバロフスク）	セントトーマス大学（ヒューストン）など
アンケートの実施方法	大学構内で聞き取り	大学生交流会，授業中にアンケート配布	授業中にアンケート配布	大学構内でアンケート配布	授業中にアンケート配布	街頭などでアンケート配布，インターネット上で回答

注1：福島大学行政政策学類・村上雄一教授が2019年9月に文藻外語大学を訪問した際にアンケート調査を実施した。
　2：2019年8月22日～25日はブルネイにおいて研修を行ったが，同国においてアンケート調査は実施していなかった。
出所：筆者作成。

クマイケルほか（2020）と同様に東日本大震災の認識および福島の食の安全性についての認識を確認した（付録12-1のQ10，Q11，Q12，Q13）。完成した日本語版アンケートは英語・ロシア語・韓国語・中国語・マレーシア語に翻訳し，6カ国・地域の各大学の関係者と調整して，アンケートを実施した。

表12-2は，各国・地域におけるサンプル数，および各国・地域の全回答者

表12-２　若者の消費行動に関するアンケートの回答者の属性

	韓国	中国	台湾	マレーシア	ロシア	アメリカ
サンプル数	55	198	58	124	150	116
男性の割合（%）	47%	38%	22%	43%	59%	38%
24歳までの割合（%）	55%	100%	98%	83%	97%	84%

出所：筆者作成。

数に占める「男性の割合」「24歳までの割合」をまとめたものである。「男性の割合」「24歳までの割合」はいずれも国・地域によって大きく異なるが，全体的に男性の回答者数が少ない。なお，付録12-１のＱ３～Ｑ９の各設問について，本章では各国・地域のサンプル数から，無回答がある個票，付録12-1に示したアンケートにない選択肢を回答した個票，回答可能数を超えて回答した個票，選択肢以外の回答をした個票を除いて有効回答のみで解析を行った。

3　海外の大学生に対する若者の消費行動に関する調査結果

本節では，海外の大学生に対して行った若者の消費行動についての調査結果を読み解いていきたい。具体的には，3.1項では「海外の大学生のお金の使い道と商品購入時の決済方法」（付録12-１のＱ３，Ｑ５，Ｑ８）を，3.2項では「海外の大学生の消費行動」（付録12-１のＱ４，Ｑ６，Ｑ９）を，3.3項では「海外の大学生から見た魅力的な日本のブランドイメージ」（付録12-１のＱ７）を分析し，その結果と主な特徴を示す。

3.1　海外の大学生のお金の使い道と商品購入時の決済方法

表12-３は，「主なお金の使い道（３つまで回答可）」（Ｑ３）の各選択肢について，回答数がサンプル数に占める割合（有効回答のみ）を国・地域別にまとめたものである。横軸は国・地域であり，縦軸はお金の使い道についての選択肢の順位（割合）を示している。これを見ると，いずれの国・地域も，「グルメ」もしくは「旅行」が最上位の回答になっている。また，アメリカ・ロシア・台湾・マレーシアでは，「レジャー」が第２位の回答になっている。そして，韓国では，「ファッション・ブランド品」が，中国では，「自己研磨」が，第２位

表12-3　海外の大学生の主なお金の使い道

	韓国	中国	台湾	マレーシア	ロシア	アメリカ
1位	旅行（56.4%）	グルメ（73.5%）	グルメ（77.2%）	旅行（71.5%）	グルメ（79.5%）	グルメ（92.6%）
2位	ファッション・ブランド品（41.8%）	自己研磨（57.7%）	レジャー（45.6%）	レジャー（52.8%）	レジャー（68.5%）	レジャー（51.1%）
3位	自己研磨（38.2%）	ファッション・ブランド品（36.5%）	自己研磨（42.1%）	ファッション・ブランド品（48.0%）	ファッション・ブランド品（32.2%）	ファッション・ブランド品（38.3%）
4位	美容・健康（27.3%）	レジャー（33.9%）	ファッション・ブランド品（33.3%）	美容・健康（38.2%）	美容・健康（32.2%）	美容・健康（35.1%）
5位	投資（14.5%）	美容・健康（31.2%）	旅行（31.6%）	自己研磨（22.0%）	自己研磨（21.9%）	自己研磨（33.0%）
6位	グルメ（12.7%）	旅行（19.0%）	美容・健康（24.6%）	グルメ（20.3%）	旅行（21.2%）	旅行（26.6%）
7位	レジャー（10.9%）	投資（16.4%）	投資（1.8%）	投資（14.6%）	投資（8.9%）	投資（26.6%）

注：アメリカでは，「旅行」と「投資」が同率6位。ロシアでは，「ファッション・ブランド品」と「美容・健康」が同率3位。
出所：筆者作成。

に入っている。

図12-1は，「大学生の商品購入時の決済方法（1つのみ回答可）」（付録12-1のQ5）の各選択肢について，回答数がサンプル数に占める割合（有効回答のみ）を国・地域別にまとめたものである。最もよく使う決済手段をみると，台湾とマレーシアは現金決済の割合が高い。その一方で，中国は96.9%の大学生がモバイル決済を利用している。そして，アメリカ・ロシア・韓国はクレジットカード，デビットカード・プリペイドカードが最もよく使う決済手段として挙げられており，若者の消費行動の特性としてキャッシュレス決済が浸透しているといえる。

表12-4は，「贅沢する時のお金の使い方（2つまで回答可）」（付録12-1のQ8）の各選択肢について，回答数がサンプル数に占める割合（有効回答のみ）を，国・地域別にまとめたものである。縦軸は贅沢する時のお金の使い方についての選択肢，横軸は国・地域であり，灰色に塗ったセルは各国の上位2回答であることを示している。これを見ると，いずれの国・地域とも「旅行に行く

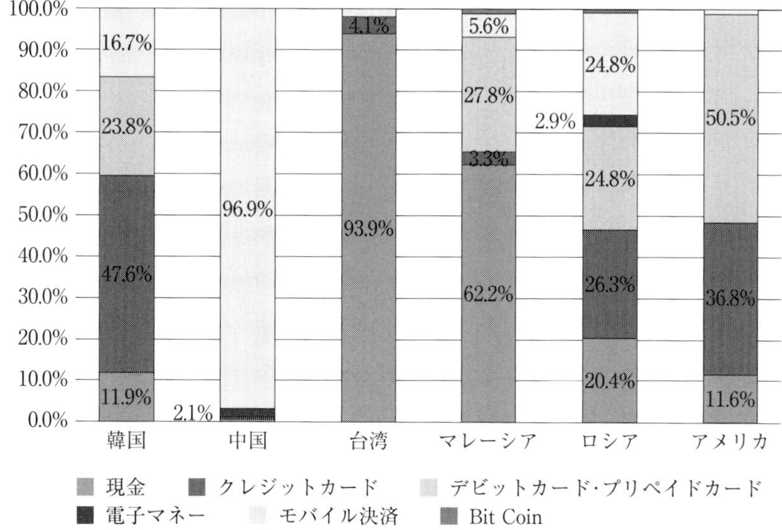

図12-１　海外の大学生の商品購入時の決済方法

出所：筆者作成。

表12-４　海外の大学生が贅沢する時のお金の使い方

	韓国	中国	台湾	マレーシア	ロシア	アメリカ
高い食べ物・飲み物	19.2%	14.6%	27.3%	23.1%	15.0%	45.7%
ブランド品	15.4%	18.9%	12.7%	27.8%	18.6%	34.0%
旅行に行く（海外を含む）	63.5%	61.6%	41.8%	82.4%	72.9%	47.9%
最新型の電化製品	15.4%	36.8%	23.6%	21.3%	17.9%	23.4%
パーティー	13.5%	4.3%	3.6%	7.4%	5.7%	10.6%
親孝行	19.2%	49.2%	20.0%	1.9%	52.1%	14.9%
その他	5.8%	0.0%	0.0%	13.9%	8.6%	4.3%

注：韓国では，「高い食べ物・飲み物」と「親孝行」が同率２位。
出所：筆者作成。

（海外を含む）」が１位であると答えている。一方，ロシア・韓国・中国では「親孝行」，アメリカ・韓国・台湾では「高い食べ物・飲み物」，マレーシアでは「ブランド品」が２位に入っている。

3.2　海外の大学生の消費行動

表12-５は，「商品購入時の情報源（複数回答可）」（付録12-１のＱ４）の各選

表12-5　海外の大学生における商品購入時の情報源

	韓国	中国	台湾	マレーシア	ロシア	アメリカ
SNS	55.6%	50.8%	52.8%	78.9%	81.3%	10.5%
インターネットのサイト	74.1%	74.1%	71.7%	71.9%	80.7%	85.3%
テレビ	3.7%	2.5%	7.5%	8.8%	8.0%	11.6%
ラジオ	1.9%	10.7%	1.9%	3.5%	0.0%	3.2%
雑誌・新聞・チラシ等	1.9%	5.6%	11.3%	4.4%	6.7%	4.2%
クチコミ	35.2%	42.1%	32.1%	14.0%	16.7%	55.8%

出所：筆者作成。

表12-6　海外の大学生の消費者行動に影響を与える要因

	韓国	中国	台湾	マレーシア	ロシア	アメリカ
環境にやさしい	40.7%	32.8%	34.5%	44.8%	14.2%	62.1%
健康に良い	31.4%	59.5%	32.7%	53.4%	41.4%	62.1%
フェアトレード	29.6%	54.0%	56.3%	25.8%	17.6%	25.2%
シンプルなデザイン	0.0%	35.8%	52.7%	31.8%	21.7%	20.0%
オーガニック素材	12.9%	4.0%	7.2%	13.7%	8.1%	33.6%
チャリティー性	16.6%	8.0%	12.7%	9.4%	4.7%	23.1%
お一人様	20.3%	9.0%	3.6%	57.7%	9.5%	6.3%
地産地消	3.7%	4.5%	16.3%	14.6%	18.3%	6.3%
その他	9.2%	27.2%	9.0%	6.0%	25.1%	3.1%

出所：筆者作成。

択肢について，回答数がサンプル数に占める割合（有効回答のみ）を国・地域別にまとめたものである。縦軸は商品購入時の情報源，横軸は国・地域であり，灰色に塗ったセルは各国・地域の上位２回答であることを示している。これを見ると，アメリカ以外の５カ国・地域において商品を購入するときの情報源としては，「SNS」と「インターネットのサイト」が上位２回答に入っており，他方，テレビ，ラジオといった旧来のマスコミ媒体を参考にする比率は低い。また，「クチコミ」の割合がアメリカ（55.8%）・中国（42.1%）・韓国（35.2%）・台湾（32.1%）では高くなっている点も特徴として挙げられる。

表12-６は，「消費行動に影響を与える要因（３つまで回答可）」（付録12-１のQ６）の各選択肢について，回答数がサンプル数に占める割合（有効回答のみ）を国・地域別にまとめたものである。縦軸は消費行動に影響を与える要因についての選択肢，横軸は国・地域であり，灰色に塗ったセルは各国・地域の上位２回答であることを示している。これを見ると，いずれの国・地域も「環境に

表12-7　消費を我慢しないといけない場合の海外の大学生の優先項目

	韓国	中国	台湾	マレーシア	ロシア	アメリカ
食事代	40.0%	41.9%	61.4%	21.5%	26.7%	42.1%
お酒代	32.7%	58.6%	43.9%	14.0%	58.0%	21.1%
本・雑誌・漫画	5.5%	24.7%	43.9%	8.3%	35.3%	11.6%
交通費	3.6%	26.8%	17.5%	21.5%	16.7%	2.1%
衣服代	25.5%	49.5%	42.1%	19.0%	40.7%	48.4%
美容代（散髪含む）	5.5%	35.9%	29.8%	26.4%	18.0%	28.4%
通信代（携帯代，スマホ代等）	0.0%	12.1%	5.3%	14.0%	5.3%	0.0%
趣味	12.7%	54.0%	35.1%	13.2%	24.7%	10.5%
交遊費	32.7%	31.8%	29.8%	31.4%	70.7%	34.7%

出所：筆者作成。

表12-8　消費を我慢しないといけない場合の海外の大学生の優先項目（上位３項目）

	韓国	中国	台湾	マレーシア	ロシア	アメリカ
1位	食事代	お酒代	食事代	交遊費	交遊費	衣服代
2位	お酒代，交遊費	趣味	お酒代，本・雑誌・漫画	美容代	お酒代	食事代
3位	衣服代	衣服代	衣服代	食事代，交通費	衣服代	交遊費

出所：筆者作成。

やさしい」「健康に良い」「フェアトレード」の項目が多く選ばれている傾向があり，各国・地域の大学生はこれらに比較的関心を持っていることがわかる。ただし例外として，マレーシアでは「お一人様」が最も選ばれており，マレーシアの半数以上の大学生は自分の空間・時間を大切にするという意識を持ちながら行動していることが読み取れる。

表12-7は，「日常生活の中で消費を我慢しないといけない場合，我慢したいこと（複数選択可）」（付録12-1のＱ９）の各選択肢について，回答数がサンプル数に占める割合（有効回答のみ）を国・地域別にまとめたものである。縦軸は消費を我慢したいことについての選択肢，横軸は国・地域である。表12-8は，表12-7について上位３項目を示したものである。いずれの国・地域でも，我慢したい項目として「食事代」「お酒代」「衣服代」「交遊費」の割合が相対的に高いのに対して，中国では「趣味」，台湾では「本・雑誌・漫画」，マレーシアでは「美容代」という項目の比率も高い。他方，韓国では「美容代」，マ

レーシアでは「衣服代」と回答した割合が他の国・地域と比較して特に低い。

3.3 海外の大学生から見た魅力的な日本のブランドイメージ

表12-9は,「魅力的な日本のブランドイメージ(3つまで回答可)」(付録12-1のQ7)の各選択肢について,回答数がサンプル数に占める割合(有効回答のみ)を国・地域別にまとめたものである。縦軸は日本のブランドイメージについての選択肢,横軸は国・地域であり,灰色に塗ったセルは各国・地域の上位3回答であることを示している。これを見ると,日本のブランドイメージでは国・地域ごとの特徴があるものの,いずれの国・地域においても共通するのが,日本ブランドの「高品質」と「先進的な技術」に対する高い信頼感である。そして,中国・マレーシアでは「アニメ・漫画/かわいい」,アメリカ・ロシアでは「コストパフォーマンス」も高く評価されている。また,地理的・歴史的・文化的に近い中国からは「アニメ・漫画/かわいい」,「伝統工芸・文化的なデザイン」への注目度はかなり高い一方で,ロシアにとってその関心は少ない。

表12-9 海外の大学生における魅力的な日本のブランドイメージ

	中国	台湾	マレーシア	ロシア	アメリカ
高品質	63.2%	85.7%	56.9%	70.3%	59.8%
アニメ・漫画/かわいい	51.9%	26.8%	37.1%	13.5%	30.4%
先進的な技術	37.8%	44.6%	76.7%	50.7%	33.7%
安全	22.2%	37.5%	28.4%	19.6%	29.3%
低価格	14.1%	12.5%	19.8%	18.2%	29.3%
コストパフォーマンス	20.5%	14.3%	17.2%	50.7%	37.0%
伝統工芸・文化的なデザイン	42.2%	32.1%	22.4%	5.4%	32.6%
ヘルシー	5.9%	1.8%	11.2%	22.3%	18.5%

注1:韓国でのアンケート調査には,本設問が含まれていない。
2:ロシアでは,「先進的な技術」と「コスパ」が同率2位。
出所:筆者作成。

4 おわりに

本章では,グローバル企画委員会における,アメリカ・ロシア・韓国・中国・台湾・マレーシアなどの経済・文化・言語を扱う学生・教員が現地で海外の大学生に対して若者の消費行動に関するアンケート調査を行い，結果をまとめた。ここまでの考察を踏まえて，次の３点を指摘することができる。

第１に，大学生のお金の使い道に対する意識については，各国・地域の大学生は消費選択の際に，「グルメ」「レジャー」「ファッション・ブランド品」といった自分自身のための選択軸を重視していることが分かる（表12-３）。そして，贅沢する時のお金の使い方については，いずれの国・地域でも最もお金を費やしたいものとして捉えたのが「旅行に行く（海外を含む）」となっている（表12-４）。また，アメリカ・ロシア・韓国・中国では，デジタルネイティブ世代の大学生の商品購入時の決済方法として，モバイル決済，クレジットカード，デビットカード・プリペイドカードを含む「キャッシュレス決済」が浸透していることが明らかになった（図12-１）。

第２に，大学生の消費者行動については，限りある時間とお金を使う際，その消費行動は文化的・社会的・個人的要因に影響を受けるが，「環境にやさしい」「健康に良い」「フェアトレード」が各国・地域の大学生の消費行動への影響要因となっている（表12-６）。その一方で，「日常生活の中で消費を我慢しないといけない場合，我慢したいこと」については，「食事代」「お酒代」「衣服代」「交遊費」等の項目の割合が相対的に高く，各国・地域は似ている点が多い（表12-７，表12-８）。さらに世界的にICT技術が急速に進展している中，商品購入時の情報源を見ていくと，いずれの国・地域でも大学生の回答が特に多かったのは「インターネットのサイト」「SNS」となった（表12-５）。海外の大学生も日本の大学生と同様にデジタル交流に慣れ親しんでいることがうかがえる。

第３に，日本のブランドイメージについては，海外の大学生は日本ブランドに対して圧倒的に「高品質」「先進的な技術」といったイメージを持っていることがわかった（表12-９）。他方，「低価格」「ヘルシー」については評価が相対的に低い。今後，世界の若者に向けて日本ブランドの「存在感」を一層高めていく余地は十分にあると考えられる。

付録12-1　本章で実施した若者の消費行動に関するアンケート（日本語版）

Q1．性別	○ 男性 ○ 女性 ○ その他
Q2．あなたの年齢は？	○ 20歳未満 ○ 20～24歳 ○ 25～29歳 ○ 30～39歳 ○ 40歳以上
Q3．主に何にお金を使いますか？（3つまで選択可）	○ ファッション・ブランド品 ○ 自己研磨 ○ レジャー ○ グルメ ○ 旅行 ○ 美容・健康 ○ 投資
Q4．主に何を参考に商品を購入しますか？（2つまで選択可）	○ SNS ○ インターネットのサイト ○ テレビ ○ ラジオ（インターネット・ラジオ，ラジオアプリ含む） ○ 雑誌・新聞・チラシ等 ○ クチコミ
Q5．一般的に，よく使う決済方法は？（1つのみ選択可）	○ 現金 ○ クレジットカード ○ デビットカード・プリペイドカード ○ 電子マネー ○ モバイル決済 ○ ビットコイン（Bitcoin）
Q6．次の消費トレンドの内，あなたの消費行動に最も影響するものはどれですか？（3つまで選択可）	○ 環境に優しい ○ 健康に良い ○ フェアトレード ○ シンプルなデザイン ○ オーガニック素材 ○ チャリティー性（被災地支援など） ○ “一人様” ○ “地産地消” ○ その他
Q7．次の日本のブランドイメージの内，あなたが最も魅力的だと感じるのはどれですか？（3つまで選択可）	○ 高い品質 ○ アニメ・漫画 /“かわいい” ○ 先進的な技術 ○ 安全 ○ 低価格 ○ コストパフォーマンス

	○	伝統工芸・文化的なデザインヘルシー
Q8．あなたが贅沢するとしたら何にお金を使いますか？（2つまで選択可）	○ ○ ○ ○ ○ ○ ○	高い食べ物・飲み物 ブランド品 旅行に行く（海外を含む） 最新型の電化製品 パーティー 親孝行 その他
Q9．日常生活の中で消費を我慢しないといけない場合，どこから我慢をしますか？（複数選択可）	○ ○ ○ ○ ○ ○ ○ ○ ○	食事代 お酒代 本・雑誌・漫画 交通費 衣服代 美容代（散髪含む） 通信代（携帯・スマホ代等） 趣味 交遊費
Q10．2011年3月11日に発生した東日本大震災による福島の被害（地震，津波，原子力発電所事故）について知っていますか？	○ ○	知っている 知らない
Q11．福島の食品は安全だと思いますか？	○ ○ ○	はい いいえ どちらとも言えない
Q12．福島の食品が市場に出る前に，安全性（放射線量など）の検査がされていることを知っていますか？	○ ○	知っている 知らない
Q13．もし福島の食品がスーパーで売られていたら，購入しますか？	○ ○ ○	はい いいえ どちらとも言えない

参考文献

伊藤俊介・吉川宏人・沼田大輔・クズネツォーワ マリーナ・佐野孝治・朱永浩・マッカーズランド フィリップ・マクマイケル ウィリアム（2020）「『若者の消費行動』を通したグローバル人材育成～福島大学の成果事例報告～」『福島大学地域創造』第32巻 第1号，pp.59-78

朱美華・荒木徹也（2015）「中国大学生の一般食品及び冷凍食品の消費志向」『北東アジア地域研究』第21号，pp.129-143

大学生意識調査プロジェクト〔FUTURE2019〕編（2019）『大学生1,000人にきいた「大学生と消費」に関する意識調査結果報告書：大学生の新・消費行動』東京広告協会，pp.1-119，http://www.tokyo-ad.or.jp/activity/publication/pdf/future2019_full.pdf（2020年12月1日アクセス）

陳秋容・加茂祐子（2014）「日・台における若者の果物消費・購買行動の諸特徴：大学生へのアンケート調査をもとに」『農林業問題研究』第64巻 第4号，pp.143-148

白金龍・李海峰（2016）「中国における若年層の広告意識と消費行動：大学生に対する実態調査分析を中心に」『山口経済学雑誌』第50巻 第２号，pp.737-771

沼田大輔・佐野孝治・朱永浩・伊藤俊介・吉川宏人・クズネツォーワ マリーナ・グンスケフォンケルン　マルティーナ・マッカーズランド フィリップ・マクマイケル ウィリアム（2018）「福島県の『食』についての海外の大学生の認識比較」『福島大学地域創造』第30巻 第１号，pp.43-53

マクマイケル ウィリアム・沼田大輔・佐野孝治・朱永浩・伊藤俊介・吉川宏人・クズネツォーワ マリーナ・グンスケフォンケル マルティーナ・マッカーズランド フィリップ（2020）「日本・福島へのインバウンドについての海外の大学生の認識比較～韓国・中国・タイ・ロシア・ドイツ・アメリカでのアンケート調査をもとに～」『福島大学地域創造』第32巻 第１号，pp.23-32

第13章

中国におけるキャッシュレス化の現状と課題[(1)]

―O2Oマーケティングの可能性―

朱　永浩

1　はじめに

情報通信技術(Information and Communications Technology：ICT)の著しい進展により，中国経済･社会には大きな変革が生じている。とりわけ近年では，スマートフォン(以下，スマホ)でアプリケーション(以下，アプリ)を用いて二次元コード(QRコード)を読み取るだけで決済が完了できるモバイル決済(モバイル・ペイメント)の利用は急速に拡大し，消費者の利便性向上を追求したキャッシュレスが普及しつつある中国経済・社会の動向が世界中から注目されている。

日本ではキャッシュレス決済の比率が低く[(2)]，今も現金払いが主流だが，その一方で，中国ではモバイル決済が消費者の幅広い支持を獲得しており，現金での支払いを受け付けない店も増えている。こうしたモバイル決済を中心としたキャッシュレス化が中国社会に広く浸透し，ありとあらゆる経済活動や日常生活に不可欠な社会インフラとなりつつある。

そして中国におけるモバイル決済の覇権を握ったのは，9割以上の市場シェアを占めているアリババ集団（中国語：阿里巴巴，英語：Alibaba）傘下のAlipay（中国語：支付宝，日本語：アリペイ）およびテンセント（中国語：騰訊控

(1)　本章は，朱永浩（2019）「中国におけるキャッシュレス化の現状と課題―O2Oマーケティングの可能性」『ERINA REPORT（PLUS)』第146号，pp.9-15を加筆・修正したものである。

(2)　2017年の時点，韓国と中国のキャッシュレス決済比率はそれぞれ97.7%，70.2%であるのに対し，日本は21.4%にとどまっている（キャッシュレス推進協議会，2020：13)。

股，英語：Tencent）傘下の WeChat Pay（中国語：微信支付，日本語：ウィーチャットペイ），という第三者決済事業者である。アリババ集団とテンセントは，今や単なるオンライン（インターネット店舗）とオフライン（リアル店舗）で利用するモバイル決済サービスの提供だけではなく，金融サービス，物流，クラウド，ビッグデータを含む様々な分野にもその支配力が拡大している。

本章では，中国の社会インフラの一部として急激な発展を遂げているモバイル決済の現状を分析し，2018年９月に実施した現地調査の結果を踏まえてキャッシュレス社会がもたらす中国経済・社会の変化について考察する。その上で，モバイル決済が市民生活に広く浸透している中国の直面する新たな課題，O2O マーケティングの可能性についても検討していきたい。

2　急速に進むスマートフォンの普及

キャッシュレスとは，「物理的な現金（紙幣・硬貨）を使用しなくても活動できる状態」を指す（経済産業省，2018b：４）。その主な決済手段として，①銀行預金を使ったシステム（たとえば，クレジットカード），②電子マネー（たとえば，交通系・流通系の IC カード），③仮想通貨，④電子通貨などに分類できる（川野祐司，2018b：７）。

本章で取り上げる中国におけるキャッシュレス化の進行の土台は，スマホのアプリを用いて QR コードを表示させてそれを読み取ることで決済が完了するモバイル決済が広く普及している点にある。モバイル決済が中国で急速に普及した背景には，パソコンの時代を飛び越えて情報通信機器としてのスマホの急激な普及が挙げられる。図13-１に示したように，近年におけるインターネットユーザーの増加ペースはやや鈍化したものの，依然として全体的に増加傾向が続いている。

2018年６月の時点で，中国のインターネットユーザー数は８億166万人で2017年末に比べて2968万人増加し，インターネット普及率は57.7% となった。そのうち，モバイルインターネットユーザー数は７億8774万人で3509万人増となり，インターネットユーザー数全体に占めるその割合は2013年６月の78.5%から2018年６月の98.3%へと増加を続けている（図13-２）。

図13-1　中国のインターネットユーザー数とインターネット普及率の推移

出所：CNNIC（2018）『第42回中国互聯網絡発展状況統計報告』p.20より筆者作成。

図13-2　インターネットユーザー数全体に占めるモバイルインターネットユーザー数の割合の推移

出所：CNNIC（2018）『第42回中国互聯網絡発展状況統計報告』p.21より筆者作成。

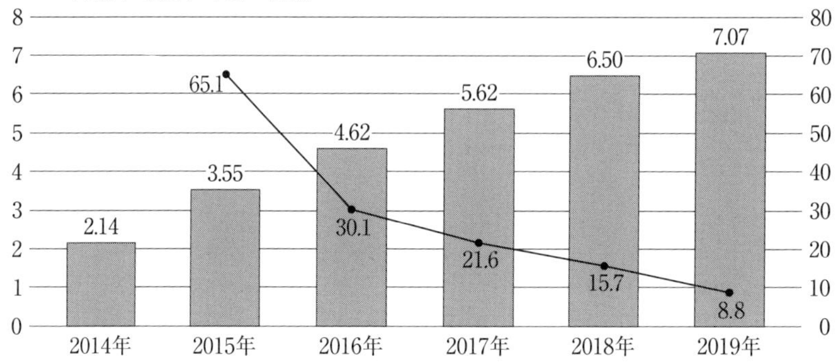

図13-3　中国におけるモバイル決済のユーザー数の推移

注：2018年，2019年は推計値。
出所：iiMedia Research の資料より筆者作成。

3　モバイル決済の躍進と2巨頭による競争

中国における急激なスマホの普及およびフィンテック（FinTech）[(3)]のイノベーションの流れの中で，モバイル決済のユーザー数は，図13-3に示したとおり，2014年の2億1400万人から2017年には前年比21.6%増の5億6200万人に拡大し，モバイルインターネットユーザー数全体の74.7%を占めている。

2011～2017年の中国の決済システム運営状況を見ると，2011年のモバイル決済の取扱金額はわずか1兆元だったのが，2014年には22.6兆億元，2015年には108兆元，2016年には158兆元，2017年には203兆元に急増し，世界最大のモバイル決済市場となっている（図13-4）。また，モバイル決済ユーザーの利用頻度は極めて高く，図13-5に示したように，モバイル決済を毎日利用するユーザーは全体の78.7%を占めている。

(3)　フィンテック（Fintech）とは，金融（Finance）と技術（Technology）を組み合わせた造語であり，ICT技術を駆使して既存の金融分野に新たな付加価値やビジネスモデルを生み出す動きを指す。

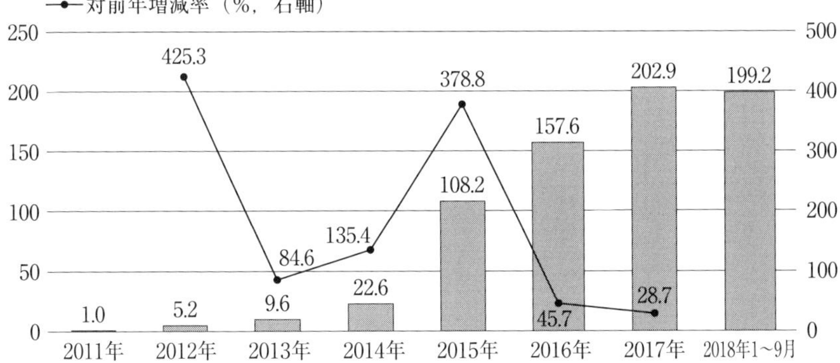

図13-4　中国におけるモバイル決済の取扱金額の推移

出所：iiMedia Research の資料より筆者作成。

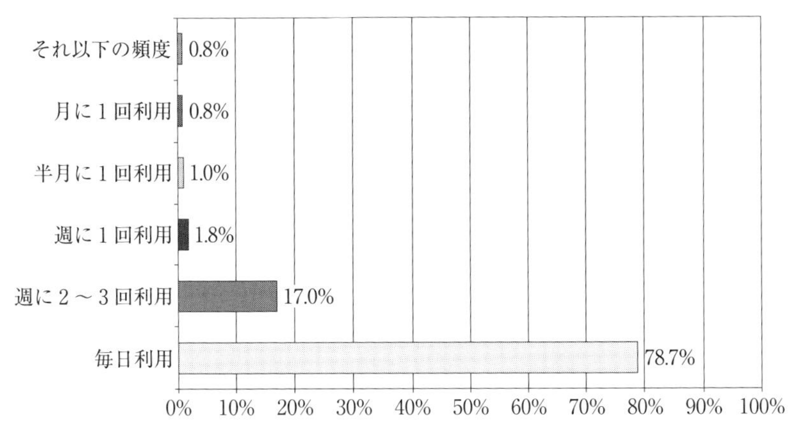

図13-5　中国のスマホ決済ユーザーの利用頻度（2017年）

出所：中国支付清算協会（2018）『2018移動支付用戸調研報告』より筆者作成。

この中国におけるモバイル決済の急速な普及を牽引しているのは，Alipay と WeChat Pay である。Alipay の決済額は2012年の700億ドルから2016年の1兆7000億ドルへ拡大し24.3倍増加した。一方，ライバルの WeChat Pay（QQ pay も含まれる）は2012年の116億ドルから2016年の1兆2000億ドルへ100倍以上も増加した（Better Than Cash Alliance, 2017）。2018年3月の時点で，モバ

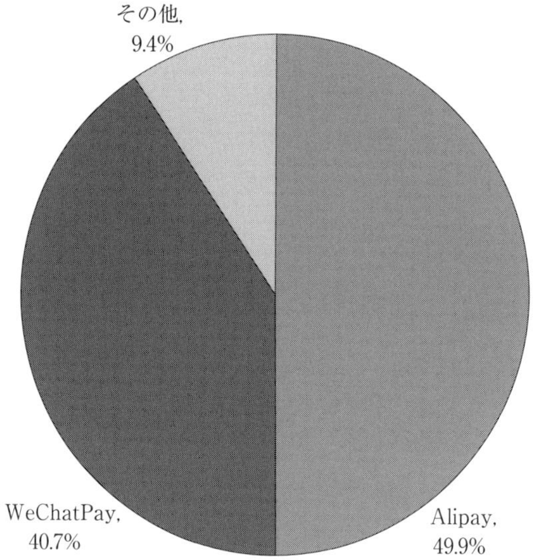

図13-6　中国のモバイル決済におけるシェア率（2018年第1四半期）
注：WeChat Pay のシェアには，テンペイ傘下の QQpay も含まれる。
出所：iiMedia Research の資料より筆者作成。

イル決済2巨頭を通じた取引額は中国モバイル決済額の90.6％の市場シェアを占めている（図13-6）。さらに，オフライン決済に限ってみれば，モバイルユーザー全体に占める Alipay と WeChat Pay の比率はそれぞれ95.6%，78.1% に上り，ユーザーから圧倒的な支持を得ている（CNNIC，2018：41-42）。

2004年に開始された Alipay は，もともとアリババ集団の一部門として決済サービス事業に乗り出したが，2014年10月以降はアリババ集団の金融子会社のアント・フィナンシャル（中国語：螞蟻金服，英語：Ant Financial）によって運営されている。当初の Alipay は主にオンラインショッピングや電子商取引（EC）で利用されていたが，今では公共料金の支払い，クレジットカードの返済，オンライン・オフライン店舗での決済，タクシーや病院の予約・支払い，資産運用など多様な分野をカバーする決済サービスとなっている。

『中国消費金融年鑑2018』によれば，2018年における Alipay のユーザー数は5億2000万人に達している。Alipay の利用方法に関しては，ユーザーが事前に自分の銀行口座からAlipay決済アプリの口座にチャージし，決済時に支払先のQRコードをユーザーのスマホで読み取る場合もあるし，あるいはユーザーのスマホに表示させたQRコードを支払先に読み取ってもらうという，２つの方法がある。また，ユーザーは使い残したアプリの口座の残高を自分の銀行口座宛に出金することも可能である。

一方，2013年８月から中国で開始されたWeChat Payは，テンセント傘下の「テンペイ」（中国語：財付通，英語：Tenpay）が提供する決済サービスである。テンセントのSNSアプリの「ウィーチャット（WeChat）」にモバイル決済機能が導入されたため，WeChatへのユーザー依存は高い(4)。ユーザーはWeChatのアカウント，銀行口座（複数も可能），スマホの番号をWeChat Payに紐づけてQRコードを読み取るだけで決済が利用できる。WeChat Payの強みはSNSの機能を生かした社交性にあり，中国版LINEとも言われているWeChatを通じたプロモーションキャンペーンの配信だけでなく，アフターフォローを充実させることも可能であるということである。手数料無料の送金や割り勘といった個人間（アカウント間）のやり取りに関してはWeChat Payの汎用性が高いため，支払額別にみるモバイル決済のシェア率をみると，WeChat PayはAlipayと比べて少額な決済に用いられることが多い（図13-７）。

2018年９月，筆者は海外大学との学生交流（海外研修引率）と学術交流を行うため，３週間の日程で中国の広東省（深圳市，湛江市）と吉林省（長春市）を訪れた(5)。その傍ら，モバイル決済利用の実態を調べるため，「モバイル決済の普及が進んでいる中国都市部で現金を使わない生活は可能なのか」を体験してみた。実際，訪問した３都市で検証した結果，都市の規模に関わらず現金で買い物をする人の姿をほとんど見かけなかった。このほか，滞在期間中の筆者はモバイル決済だけで「衣食住」の支払いをすべてカバーし，一度も現金を使わ

(4)　2018年９月の時点，WeChatの月間アクティブユーザー数は10億8200万人となっている（テンセント「騰訊公布2018年第三季度業績」2018年11月14日付，p.3）

(5)　深圳市，湛江市における海外研修の詳細については，本書第６章を参照されたい。なお，中国の各都市の人口力，生産力，消費力などの指標によって評価された「都市の格付け（１～５級）」が公表されているが，それによれば，深圳市が１級都市，長春市が２級都市，湛江市が３級都市となっている（21世紀中国総研，2014：26-30）。

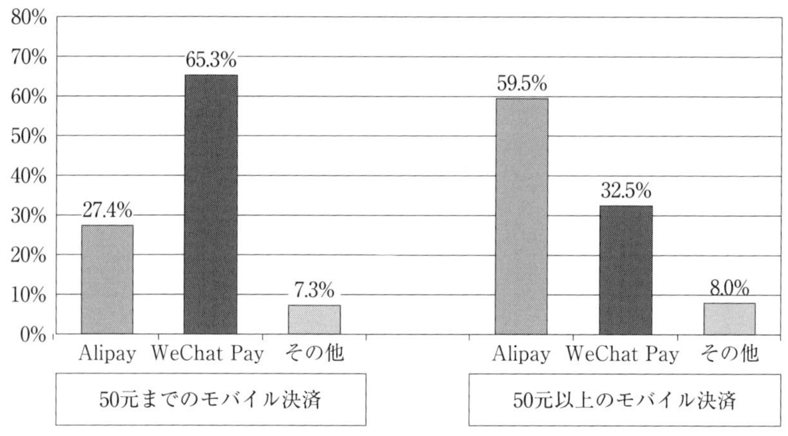

図13-7　支払額別にみるモバイル決済のシェア率（2018年第1四半期）

注：1元は約16円に相当する。

出所：iiMedia Research の資料より筆者作成。

ずに生活することができた。

たとえば，QR コードで読み取り地下鉄の改札を通れるようになったことが確認できた。そして地下鉄駅の構内にある自動販売機のガラスに取り付けられた QR コードをスマホで読み取って支払いを済ませると，ガラス戸のロックが解除され，ユーザーは IC タグが貼られた商品を取り出すことができた（写真13-1）。また，百貨店から小さな飲食店，町端の屋台までもモバイル決済が当たり前になっていた（写真13-2）。さらに，レストランではテーブル上の QR コードをスマホで読み込むことで，モバイル決済の機能だけではなく，料理を注文・追加することも可能だった（写真13-3）。ほとんどのリアル店舗で Alipay と WeChat Pay のマークと QR コードが同時に設置され，両者は熾烈な競争を繰り広げていることが実感できた。

4　中国におけるモバイル決済の普及要因

テンセント研究院（2017）『2017智慧生活指数報告』によれば，中国ではモバイル決済は急速に進んだ結果，日常的に持ち歩く現金が100元（1600円）以下の中国人は全体の40％に上るという。では，なぜモバイル決済が急速に普及したのだろうか。その背景には，「偽札の横行によるユーザーの現金への不信」や，「モバイル決済による個人間送金サービスの無料化」，「Alipay と WeChat Pay が潤沢な資金力を活かしてユーザーを取り込むために行われた大規模なプロモーションキャンペーン」などが要因として挙げられる（趙，2018a：30）。

写真13-1　モバイル決済のみ対応の自動販売機

注：QR コードを読み込んで WeChat Pay または Alipay で決済してから商品を取り出す仕組み。

出所：筆者撮影（深圳市，2018年９月）。

さらに，支払者側のメリットのみならず，モバイル決済を受け入れる側の加盟店・小売店にもメリットがある。加盟店側は読取用の専用リーダーやタブレットを用意する必要がなく，Alipay または WeChat Pay の QR コードを貼っておくというもシンプルな方法でモバイル決済が利用できる。クレジットカード決済を利用する場合，加盟店側は１～３％の手数料を負担しなければならない。しかしその一方で，モバイル決済で行う場合，加盟店に課せられる決済手数料は平均で０～0.6％の低さである。

そもそも中国ではクレジットカードがほとんど普及しておらず，銀聯カード[(6)]に代表されるような，支払いと同時に銀行口座から引き落とされるデビッ

(6)　銀聯（UnionPay）とは，2002年に中国人民銀行（中央銀行）が中心となって設立された金融機関の連合，銀行間の決済ネットワークのことである。銀聯カードとは，銀聯の加盟銀行が発行するキャッシュカードとクレジットカードを指し，そのほとんどはデビットカードである。

写真13-２　飲食店内の QR コード

注：WeChat Pay と Alipay の決済専用 QR コード，Alipay の特典専用 QR コードが設置されている。

出所：筆者撮影（湛江市，2018年９月）。

トカードが主なキャッシュレス決済手段であった。しかし，2013年７月の非金融機関による決済業務（第三者決済事業者）の参入許可の規制緩和を機に，Alipay と WeChat Pay を中心としたインターネット系の新規第三者決済事業者が次々と決済分野に進出し，銀聯を経由せずオフラインの清算機能を直接銀行と接続するようになった。その結果，わずか数年でリアル店舗から街中の屋台までモバイル決済が一気に広がっていったのである。

中国支付清算協会が2018年に実施したインターネットユーザーへのアンケート調査（複数回答）では，モバイル決済を利用する最も多い理由は「スマホ操作が簡単で利便性が高いから」で，モバイル決済ユーザー全体の95.6%，次が「現金やデビットカードを持たなくて済むから」で同80.8% を占めた。３番目に多い理由は，「割引キャンペーンや特典が多いから」で同47.3%，続いて「小売店側（加盟店）の支持が得られるから」の同34.5%，「安全性が高いから」の同33.0%であった。１，２番目の理由と３，４，５番目の理由の間には大きな開きがあり，利便性が圧倒的に大きな利用要因であることがうかがえる（図13-８）。

しかし，モバイル決済による利便性の向上が評価される一方で，QR コードの安全性（他人による不正利用，個人情報の漏洩）や取引決済の流れの不透明化（マネーロンダリングに利用されるリスク）などのセキュリティに対するユーザーの不安が高まっている。その対応策として，中国人民銀行は2018年６月にモバイル決済に対する監督の強化を図るため，「非銀行決済機構のインターネット決済プラットフォーム」（中国語：網聯，英語：NUCC）という機関を新設し，Alipay，WeChat Pay などの第三者決済事業者と金融機関（銀行）の間に入って安全な取引を担保する仕組みの導入を強く推進したのである。

5　中国の O2O マーケティングの可能性

中国におけるモバイル決済の急激な普及と連動し，オンライン・オフラインのチャネル間の有機的な連携により新たな価値を生み出すための手法として，近年では O2O マーケティングが注目されている。ここでいう「O2O」とは Online to Offline の略語で，オンラインでのプロモーション活動を通じてオフラインへユーザーの購買行動を誘導する手法，またはオンラインでの情報収集・分析をもってオフラインでの集客力アップ

写真13-3　レストランのテーブル上の QR コード

注：QR コードで料理を注文・追加することができる。
出所：筆者撮影（長春市，2018年 9 月）。

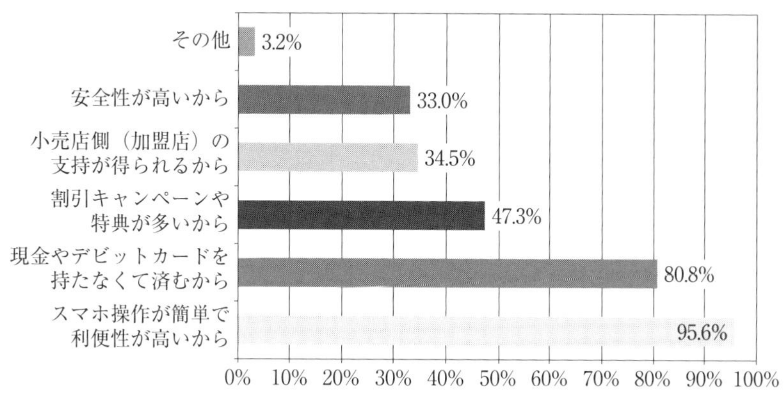

図13-8　中国のインターネットユーザーがモバイル決済を利用する主な理由
出所：図 5 に同じ。

や販売促進につなげる仕組みのことを指す。

さらに，近年の中国では「O2O」よりも「OMO」という概念が浸透しつつある。オンラインからオフラインへと繋げるというO2Oの特徴に対し，「OMO」はOnline Merges with Offlineの略語で，オンラインとオフラインを区別せず，ユーザー一人ひとりの食事や移動，レジャーといった購買行動をデータ化・集約してユーザー体験（UX）を高めるマーケティングを行う特徴がある。そのため，OMOは「オンラインとオフラインの融合」とも言われている。

前述したように，Alipay，WeChat Payというモバイル決済の2巨頭のいずれも背景には億人単位の膨大なユーザー数の存在がある。モバイル決済が進むと，これまでの現金支払いの流れでは把握しにくかった「誰が，何時，何処で，何を，いくらで買ったか」といった情報，すなわち「多くの加盟店・ユーザーから集められた商品（またはサービス）の販売・購入履歴とその特徴」をビッグデータとして蓄積・共有することができる。さらに，ビッグデータを人工知能（Artificial Intelligence：AI）で分析することで需要予測を行い，AIの分析結果を通じた販売促進，チャネル拡大，顧客起点の商品・サービスの効率的な開発につながることが期待される。

アリババ集団の例を見てみよう。同社のO2Oマーケティングの効果的な事例としては，①仮想現実（Virtual Reality：VR）ショッピング「BUY＋」（2016年11月開業），②オンラインとオフラインが結合した生鮮スーパー「盒馬鮮生（Hema Fresh）」（2017年9月開業），③オンラインショッピングモール「天猫（T-mall）」での「自動車自動販売機」（2017年12月開業），④小規模な「パパ・ママショップ」のソリューション「零售通」を利用した「天猫小店」（2017年8月開業）などの事業がすでに展開されている（渡邉，2018：41）。

これら事業のうち，顧客から圧倒的に支持される生鮮スーパーマーケット「盒馬鮮生」[(7)]の最大の特徴はオンライン（インターネット店舗）とオフライン（リ

(7)　盒馬鮮生のホームページによれば，2018年12月現在，同社は上海市に24店舗，北京市に19店舗，深圳市に8店舗，広州市に4店舗，成都市に10店舗，杭州市に5店舗，武漢市に9店舗，西安市に7店舗，南京市に4店舗，蘇州市に3店舗，昆山市に2店舗，南通市に2店舗，寧波市に2店舗，貴陽市に4店舗，福州市に3店舗，海口市に1店舗進

アル店舗）の両方を運営している点にある。盒馬鮮生の店内で購買する場合，決済はAlipay専用のセルフレジで行うが，オンラインで注文すれば届け先は店舗から3キロメートル圏内であれば送料無料で30分以内に配達するという（写真13-4，13-5）。ユーザーの購買活動をAlipayと結びつけることで，ユーザーの購入履歴とその特徴の情報の関連付けができ，新商品・サービスの開発や，売上の予測，在庫管理などがより効率的にすることができる。

写真13-4　深圳市内にある盒馬鮮生の店舗入り口

出所：筆者撮影（深圳市，2019年9月）。

写真13-5　生鮮スーパーマーケット「盒馬鮮生」の配送バイク

出所：筆者撮影（深圳市，2018年9月）。

上記のアリババ集団の事例にとどまらず，2016年以降，O2Oマーケティングを活用したビジネスモデルとして急速に拡大したのがタクシー配車サービス（たとえば，滴滴出行＝Didichuxing），フードデリバリーのアプリ（写真13-6），シェアサイクル（写真13-7），カーシェアリングサービス（写真13-8），シェアモバイルバッテリなどである。写真13-6の「美団（Meituan）」はテンセントの資本を受けれているフードデリバリーのアプリだが，その最大のライバル「餓了麼（Ele.me）」はアリババ集団の子会社である。つまり，こうしたO2Oビジネスにおいても，

出し，計16都市の107店舗に上る（https://www.freshhema.com/，2019年1月1日アクセス）。

写真13-6　フードデリバリーのアプリ（美団）の配送用電動自転車
出所：筆者撮影（湛江市，2018年９月）。

アリババ集団とテンセントによる熾烈なシェア争いが勃発している。

6　おわりに

これまで見てきたように，中国では「現金がいらない。クレジットカードもデビットカードもいらない。」というキャッシュレスの時代に突入しつつある。Alipay と WeChat Pay を中心としたモバイル決済の急速な普及により，社会全体の取引コストが減少する利点は明白である。また，近年中国における O2O ビジネスの急速な展開は，社会インフラとしての役割を担うモバイル決済に支えられ，イノベーションの創出を促していると言える。今後も電気自動車（EV）やサイクル，モバイルバッテリーなどをシェアリングするような画期的なビジネスモデル，新たなライフスタイルが絶えず生み出されてくるであろう。

一方，モバイル決済が広く社会に浸透するとともに，多くのユーザーが懸念する個人情報に関するセキュリティやプライバシーの確保対策や保護意識が今まで以上に求められる。そのため，今後は中国政府による規制強化の動きが広がっていく可能性がある。さらに中国社会にはモバイル決済をうまく使いこなせない高齢者やそもそもスマホを所持していない貧困層がまだ相当数存在することも忘れてはいけない。モバイル決済を推進することは目的ではなく，より良い経済社会を目指すための手段である。したがってこれからは，「キャッシュレスの流れに遅れをとっている人をどのように助けるか。」といった議論も重要である。

写真13-7　WeChat Payで決済するシェアサイクル

出所：筆者撮影（深圳市，2018年9月）。

写真13-8　大学構内のカーシェアリングサービス（電気自動車）

注：カーシェアリングサービス料金は専用アプリを通じてWeChat PayまたはAlipayで決済を行う。

出所：筆者撮影（広東海洋大学寸金学院キャンパス内，2018年9月）。

参考文献

川野祐司（2018a）『キャッシュレス経済―21世紀の貨幣論』文眞堂。

川野祐司（2018b）「キャッシュレス化を支える決済インフラ」『世界経済評論』Vol.62 No.6，国際貿易投資研究所，pp.6-14

キャッシュレス推進協議会（2020）『キャッシュレス・ロードマップ2020』（https://www.paymentsjapan.or.jp/wordpress/wp-content/uploads/2020/06/roadmap2020.pdf，2021年3月15日アクセス）

経済産業省（2018a）『通商白書2018―急伸するデジタル貿易と新興途上国経済への対応』勝美印刷。

経済産業省（2018b）『キャッシュレス・ビジョン』（http://www.meti.go.jp/press/2018/04/20180411001/20180411001-1.pdf，2021年2月15日アクセス）

趙瑋琳（2018a）「中銀が規制強化の動き」『エコノミスト』Vol.96 No.39，毎日新聞出版，pp.30-31

趙瑋琳（2018b）「急速に進む中国のキャッシュレス社会―普及要因，主要プレーヤーの成長と規制に関する考察」『世界経済評論』Vol.62 No.6，国際貿易投資研究所，pp.23-29

21世紀中国総研編（2014）『中国都市市場情報―106都市と企業戦略』蒼蒼社。

渡邉真理子（2018）「最先端を走るインターネット企業―『斜陽』国有企業も並存する産業界」服部健治・湯浅健司・日本経済研究センター編『中国 創造大国への道―ビジネス最

前線に迫る』文眞堂，pp.31-58

李智慧（2018）「金融のデジタル化が進む中国」『知的資産創造』Vol.26 №3，野村総合研究所，pp.38-47

侯倩華（2017）「第三方支付平台的営銷策略分析与対策：於支付宝為例」『技術与市場』Vol.24 №1，四川省科技信息研究所，pp.90-94

劉達（2018）「電商平台視角下第三方支付的博弈研究」『商業研究』2018年第2期，哈爾浜商業大学，pp.161-166

姚可（2018）「我国無現金社会的実現方式与路経問題研究」『金融会計』2018年第3期，中国金融会計学会，pp.45-49

中国支付清算協会（2018）『2018移動支付用戸調研報告』（http://www.mpaypass.com.cn/news/201812/27094816.html，2019年1月3日アクセス）

CNNIC（2018）『第42回中国互聯網絡発展状況統計報告』（http://www.cnnic.net.cn/hlwfzyj/hlwxzbg/hlwtjbg/201808/P020180820630889299840.pdf，2018年12月15日アクセス）

Better Than Cash Alliance (2017), *Social Networks, e-Commerce Platforms, and the Growth of Digital Payment Ecosystems in China: What It Means for Other Countries*, UNCDF.

おわりに

グズネツォーワ マリーナ

本書では，2011年３月の東日本大震災からの復興に向けた福島大学のグローバル人材育成の取り組みとして，全学的な活動，ならびに，福島大学経済経営学類の企画が紹介されている。ここでは，その成果や試行錯誤について考えたい。

経済経営学類では，グローバル教育に関わる教員が，グローバル化の進む社会で活躍できる人材の育成を目指し，国際交流教育プログラムへの学生参加を促進するために，学類棟内に海外の関連資料を提示した「多文化ラウンジ」という情報交換を行う空間を設け，「多文化体験による国際人育成プログラムの創出」というプロジェクトを立ち上げて，学生参加により実施してきた。福島の正確な現状を世界に発信し，福島の復興に貢献したいという目標を掲げ，2017年度のプログラムは「食」，2018年度は「観光」，2019年度は「若者の消費行動」をテーマに活動してきた。福島大学学生教育支援基金の支援を受け，中国，韓国，ベトナム，タイ，マレーシア，ブルネイ，アメリカ，ロシアの計９ヵ国の地域に渡り，海外研修プログラムに参加した学生達は，これらの地域・事情について積極的に学び，調べてきた。また，現地で日本・福島のことも紹介した。渡航先では学生が教員と協力してアンケート調査を行い，帰国後は，調査結果を発表するイベントを企画・実施した。福島市アクティブシニアセンター・アオウゼに一般市民を含む参加者が集まり，マスコミにも注目される中，福島大学の学生による「ワールド」シリーズの成果発表，すなわち，「ワールドキッチン in Fukudai—私達が見た世界の食文化」（2017年度），「ワールドツアー with Fukudai—「いきたい！」がここから見つかる」（2018年度），「ワールドマーケット at Fukudai—買いたいを世界中で」（2019年度）は，社会の大きな関心を集めた。本プロジェクトの一つの成果として，福島大学の学生が，世界や日本と福島のことをより深く知り，国際人への道を一歩踏み出したと評価できるだろう。

経済経営学類のグローバル人材育成企画委員会では，渡航先やプログラムによっては，経済経営学類生以外の福島大学生が参加できる海外研修も用意し，様々な学生のニーズや興味関心に応える仕組みになっている。短期海外研修，語学研修，海外フィールドワーク，短期留学プログラム，インターンシッププログラムなど，教員と学生の協働するパターンは多種多様である。プログラムの内容・渡航先により渡航期間は一週間から２カ月間など様々であり，渡航前の授業形態や準備方式，準備期間など，渡航先での行動の仕方も異なるが，本企画は専門領域と外国語領域の教育をグローバルな統一テーマでつなげたタイプのプロジェクトである。渡航先で行われるアンケート調査の質問書の作成，現地語や英語への翻訳から，帰国後のアンケート内容の集計と分析，成果発表の準備・実施までの作業は教員間の連携と学生参加により実現可能なものになっている。なお，渡航先では，教員は引率，学生は主役である。そこで，プログラムの評価を図るために，学生には海外研修によって身についたと思う力について自己評価を行ってもらい，「福島大学・グローバル人材育成・海外研修事後アンケート」を実施し，今後のプログラムの改善に役立てている。

2020年度は「多文化体験による国際人育成プログラムの創出」の取り組みスタイルの延長として，欧米やアジアの諸国における生活と仕事の関係に注目した「ワークライフバランス」をテーマに，福島大学学生教育支援基金の支援を受け，これまでと同様に福島大学国際交流センターと協力し，事業企画に取り組むことを考えていた。しかしながら，新型コロナウィルスの感染が全世界において拡大したため，海外渡航は止むを得ず中止となった。コロナ禍の影響により，主に短期間で行われていた本プログラムの海外研修の見通しがつかなくなった中，2021年度の企画について経済経営学類のグローバル人材育成企画委員会メンバーで模索し始めた。そして，「ワークライフバランス」のテーマを続け，「アフターコロナ」の立場から国内・国外の就労・生活環境の変化について調査を行う事業計画を立てた。今後も海外渡航が困難になった場合，外務省のガイドラインと福島大学の決定に基づき，学生の安全を第一に考え，渡航先の交流協定大学の関係者などの協力を得て，本学の学生が福島を離れずに実施できるオンライン型海外研修やウェブでのアンケート調査を行うことについて検討し続けることにした。

なお，グローバル人材育成企画委員会の教員は，2017から2019年にかけての「多文化体験による国際人プログラムの創出」によって渡航先で実施した調査をもとに集計した多様なデータ等を分析し，ここ数年の間に，共同で研究ノート３本，成果事例報告３本を執筆するなど，研究を続けてきた。また，「福島県の食と観光についての海外の認識に関する国際比較研究」をテーマに，2019-2021年度日本学術振興会科学研究費助成事業の交付を受け，本書を企画し，作成することに至った。

今後，「アフターコロナ」の時代に向けて，グローバル教育と研究をつなげ，福島大学の教員と学生との「多文化体験による国際人育成プログラムの創出」事業が一定の発展を遂げ，より良い成果を得ることを期待したい。

謝辞：

本書の作成にあたり，日本国内・海外において調査にご協力くださった方々を始め，多くの皆様に大変お世話になりました。本書の内容は，2017-2021年度の福島大学学生教育支援基金の補助を受けて実施いたしました。また，本書は2019-2021年度のJSPS科学研究費（課題番号号 JP19K12522「福島県の食と観光についての海外の認識に関する国際比較研究」）による研究成果の一部です。ここに記して感謝いたします。

付録　震災後の福島大学の全学及び経済経営学類による国際交流事業の取り組み

年	主な国際交流事業
2011. 9	ルーマニア政府主催研修旅行へ学生を派遣（ルーマニア）
2011.12	ルーマニア・ブカレスト大学と大学間交流協定締結
2012. 2	ベラルーシ・ベラルーシ国立大学と大学間交流協定締結
2012. 3	Japan Study Program（文部科学省事業）実施
2012. 4	国際交流センター設置
2012. 6	第 1 回 Fukushima Ambassadors Program 実施
2013. 1	第 2 回 Fukushima Ambassadors Program 実施
2013. 2	経済ドイツ海外調査実習（特別演習）
2013. 5	第 3 回 Fukushima Ambassadors Program 実施
2013. 6	アメリカ合衆国・コロラド州立大学と大学間交流協定締結
2013. 6	JENESYSS2.0青少年交流短期招へい事業 SAARC（南アジア地域協力連合）訪日団第 3 陣（インド，アフガニスタン，バングラデシュ）の受入・学生交流
2013. 8	テキサスインターンシッププログラム
2014. 1	第 4 回 Fukushima Ambassadors Program 実施
2014. 1	アメリカ合衆国・サンフランシスコ州立大学と大学間交流協定締結
2014. 2	経済ドイツ海外調査実習（特別演習）
2014. 3	KAKEHASHI Project —The Bridge for Tomorrow—北米地域との青少年交流事業にて学生を派遣（米国）
2014. 4	JENESYS2.0インドネシア大学生日本語劇団「en 塾」訪日団の受入・学生交流
2014. 6	KAKEHASHI Project —The Bridge for Tomorrow—北米地域との青少年交流（米国）米国訪日団大学生の受入・学生交流
2014. 6	第 5 回 Fukushima Ambassadors Program 実施
2014. 7	インドネシア・シアクアラ大学と大学間交流協定締結
2014. 8	フランス・パリで東北復興際〈環 WA〉in PARIS を開催
2014. 8	テキサスインターンシッププログラム
2014. 8	第 6 回 Fukushima Ambassadors Program 実施
2014.11	大韓民国・中央大学校と大学間交流協定締結
2015. 2	経済ドイツ海外調査実習（特別演習）
2015. 6	ドイツ連邦共和国・ハノーファー大学と大学間交流協定締結
2015. 6	アメリカ合衆国・オザークス大学と大学間交流協定締結
2015. 8	テキサスインターンシッププログラム
2015. 8	第 7 回 Fukushima Ambassadors Program 実施
2015. 9	東南アジア海外調査実習（特別演習）
2015. 9	アメリカ合衆国・ジョージア大学と大学間交流協定締結

年	主な国際交流事業
2015.11	JENESYS2015対日理解促進交流プログラムにて本学学生を派遣（台湾）
2016.1	第8回 Fukushima Ambassadors Program 実施
2016.2	ベトナム・ホアセン大学と大学間交流協定締結
2016.2	経済ドイツ海外調査実習（特別演習）
2016.2	ドイツ・タンデム学習プログラム
2016.3	トルコ・アンカラ大学と大学間交流協定締結
2016.4	大学の世界展開力強化事業～経験・知恵と先端技術の融合による，防災を意識したレジリエントな農学人材養成～を新潟大学と共同で開始
2016.4	ドイツ連邦共和国・ルードヴィヒスハーフェン経済大学と大学間交流協定締結
2016.4	カナダ・ブリティッシュコロンビア大学と大学間交流協定締結
2016.4	トルコ・中東工科大学と大学間交流協定締結
2016.5	ハンガリー・カーロリ・ガーシュパール・カルビン派大学と大学間交流協定締結
2016.8	テキサスインターンシッププログラム
2016.8	第9回 Fukushima Ambassadors Program 実施
2016.9	東南アジア海外調査実習（特別演習）
2016.9	中国海外調査実習（特別演習）
2016.12	ベトナム・トゥイロイ大学と大学間交流協定締結
2017.1	第10回 Fukushima Ambassadors Program 実施
2017.1	ロシア・極東国立交通大学と大学間交流協定締結
2017.2	経済ドイツ海外調査実習（特別演習）
2017.2	ドイツ・タンデム学習プログラム
2017.2	対日理解促進交流プログラム KAKEHASHI Project にて学生派遣（米国）
2017.3	英国・スコットランド・グラスゴー大学と大学間交流協定締結
2017.3	セルビア・ベオグラード大学と大学間交流協定締結
2017.3	トルコ・エーゲ大学と大学間交流協定締結
2017.3	対日理解促進交流プログラム KAKEHASHI Project 訪日団（米国）受入・学生交流
2017.6	英国・ポーツマス大学と大学間交流協定締結
2017.7	オランダ・ハンザ大学と大学間交流協定締結
2017.7	英国・ノーサンブリア大学と大学間交流協定締結
2017.7	フィリピン・アテネオ・デ・マニラ大学と大学間交流協定締結
2017.8	テキサスインターンシッププログラム
2017.8	ロシア・ハバロスク海外演習プログラム
2017.8	韓国中央大学サマープログラム
2017.8	第11回 Fukushima Ambassadors Program 実施

年	主な国際交流事業
2017. 9	東南アジア海外調査実習（特別演習）
2017. 9	中国海外調査実習（特別演習）
2017. 8	カナダ・マクマスター大学と大学間交流協定締結
2017. 8	台湾・文藻外語大学と大学間交流協定締結
2017. 8	カナダ・マクマスター大学と大学間交流協定締結
2017.11	アメリカ合衆国・セント・トーマス大学と大学間交流協定締結
2018. 1	第12回 Fukushima Ambassadors Program 実施
2018. 1	JENESYS2015台湾第２陣（日本研究）大学生・大学院生訪日団の受入・学生交流（台湾）
2018. 2	ドイツ・タンデム学習プログラム
2018. 2	スロベニア・リュブリャナ大学と大学間交流協定締結
2018. 2	スペイン・サラゴサ大学と大学間交流協定締結
2018. 5	ドイツ・ミュンスター応用科学大学と大学間交流協定締結
2018. 8	テキサスインターンシッププログラム
2018. 8	ロシア・ハバロスク海外演習プログラム
2018. 8	韓国中央大学サマープログラム
2018. 8	第13回 Fukushima Ambassadors Program 実施
2018. 9	東南アジア海外調査実習（特別演習）
2018. 9	中国海外調査実習（特別演習）
2018.10	アメリカ合衆国・ルイジアナ州立大学と大学間交流協定締結
2018.11	大韓民国・培材大学校と大学間交流協定締結
2018. 2	KAKEHASHI Project―トモダチイノウエプロジェクト―北米地域との青少年交流事業にて学生派遣（米国）
2018. 3	KAKEHASHI Project―トモダチイノウエプロジェクト―北米地域との青少年交流事業の訪日団受入・学生交流（米国）
2018.12	JENESYS2018SAARC 第１陣訪日団の受入・学生交流（アフガニスタン・パキスタン・モルディブ・バングラディシュ）
2019. 2	経済ドイツ海外調査実習（特別演習）
2019. 8	ロシア・ハバロスク海外演習プログラム
2019. 8	韓国中央大学サマープログラム
2019. 8	第14回 Fukushima Ambassadors Program 実施
2019. 9	東南アジア海外調査実習（特別演習）
2019. 9	中国海外調査実習（特別演習）
2020. 4	グローバル特修グログラム（英語による講義）開講開始
2020.10	自主学修プログラム（留学準備等）開講開始

執筆者紹介（執筆順）

佐野孝治（さの　こうじ，序文，第９章，第11章）

福井県出身，慶應義塾大学経済学研究科博士課程単位取得退学。
福島大学副学長，経済経営学類教授。専門分野：開発経済学。

三浦浩喜（みうら ひろき，第１章）

福島県出身，福島大学大学院教育学研究科修士課程修了。
福島大学学長。専門分野：美術教育学，カリキュラム学，生活指導論。

McMichael, William D.Y.（まくまいける　うぃりあむ，第１部序，第２章，第10章）

カナダ出身，福島大学経済学研究科修士課程修了。
福島大学国際交流センター講師。専門分野：グローバル教育学。

McCasland, Philip Leroy（まっかーずらんど　ふいりっぷ　りろい，第３章）

米国出身，Biola University School of Intercultural Studies Teaching English to Speakers of Other Languages（TESOL）修了。
福島大学経済経営学類教授。専門分野：英語教育法（異文化コミュニケーション）。

沼田大輔（ぬまた　だいすけ，第３章，第８章，第３部序）

兵庫県出身，神戸大学大学院経済学研究科博士課程後期課程修了（博士（経済学））。
福島大学経済経営学類准教授。専門分野：環境経済学。

Gunske von Kölln, Martina（ぐんすけふぉんけるん　まるてぃーな，第４章）

ドイツ出身，ルール大学ボーフム修士課程修了。
福島大学済経営学類教授。専門分野：外国語教授法。

吉川宏人（よしかわ　ひろと，第２部序，第５章）

東京都出身，東京外国語大学外国語学研究科スラブ系言語専攻ロシア語学修了。
福島大学経済経営学類教授。専門分野：19世紀ロシア文学。

Kuznetsova, Marina（くずねつぉーわ　まりーな，第６章，おわりに）

ロシア出身，モスクワ国立大学附属アジア・アフリカ諸国大学修士課程修了。
福島大学経済経営学類准教授。専門分野：比較社会論。

伊藤俊介（いとう　しゅんすけ，第７章）

北海道出身，慶熙大学校一般大学院史学科博士課程修了（博士（文学））。
福島大学経済経営学類教授。専門分野：朝鮮近代史。

朱 永浩（ずう よんほ，第12章，第13章）

中国出身，明治大学大学院商学研究科博士後期課程修了（博士（商学））。
福島大学経済経営学類教授。専門分野：アジア経済論。

東日本大震災からの復興に向けた
グローバル人材育成

2022年３月25日　第１刷発行

編　者　福島大学グローバル
人材育成企画委員会

発行者　片倉　和夫

発行所　株式会社　八朔社（はっさくしゃ）
〒101-0062　東京都千代田区神田駿河台1-7-7
Tel 03-5244-5289 Fax 03-5244-5298
http://hassaku-sha.la.coocan.jp/
E-mail：hassaku-sha@nifty.com

組版：森健晃／印刷製本：厚徳社
ISBN 978-4-86014-108-0